AF203744

Eine elegante und bewegende Einfühlung in eine verwundete Metropole. Preußischer Militarismus und männlicher Ingenieurssinn haben Berlin geprägt, die Gewalt des 20. Jahrhunderts hat es traumatisiert. Von Walter Benjamin zu Rosa Luxemburg, von Gabriele Tergit zu Hannah Arendt und hin zu den Bewohner:innen ihres eigenen Gründerzeithauses lässt Kirsty Bell die Menschen sprechen. Noch immer ist die Stadt aus dem Takt, so wie es Bells eigenes Leben war. Doch nur deshalb kann sie Berlin zum Besseren hin erzählen.

»Kirsty Bells Berlin-Betrachtung ist ein Wunder: Ein Blick aus dem Fenster – und es erschließt sich eine ganze Welt voller echter und fantastischer Geschichten.« Jan Brandt

Kirsty Bell ist Kunstkritikerin. Sie studierte in Cambridge Kunstgeschichte und Englische Literatur. Sie schreibt u. a. für Ausstellungskataloge und weltbekannte Museen. Geschult in der Kunst der feinen Beobachtung, nähert sie sich diesmal ihrer neuen Heimat Berlin, wo sie seit 2001 lebt.

Laura Su Bischoff übersetzt seit 2014 Literatur aus dem Englischen, u. a. von Bee Wilson, John Brockman und Pankaj Mishra.

Michael Bischoff übersetzt seit 1977 aus dem Französischen und Englischen, u. a. Werke von Émile Durkheim, Michel Foucault und Richard Sennett.

KIRSTY BELL

GEZEITEN
DER STADT

EINE GESCHICHTE
BERLINS

Aus dem Englischen von Laura Su Bischoff
und Michael Bischoff

kanon verlag

Die Originalausgabe erschien 2022 unter dem Titel
The Undercurrents. A Story of Berlin bei Fitzcarraldo
Editions, London.

Die deutschsprachige Erstausgabe erschien 2021 im
Kanon Verlag Berlin.

Die Arbeit der Übersetzer am vorliegenden Text wurde
vom Deutschen Übersetzerfonds gefördert im Rahmen
des Programms »NEUSTART KULTUR« aus Mitteln
der Beauftragten der Bundesregierung für Kultur
und Medien.

 Die Beauftragte der Bundesregierung
für Kultur und Medien

ISBN 978-3-98568-140-2
1. Auflage 2024
© Kanon Verlag Berlin GmbH, 2021
Umschlaggestaltung: Ingo Neumann / boldfish
nach einem Entwurf von Anke Fesel / bobsairport
Herstellung: Daniel Klotz / Die Lettertypen
Satz: Ingo Neumann / boldfish
Druck und Bindung: Pustet, Regensburg
Printed in Germany

www.kanon-verlag.de

Kirsty Bell
Gezeiten der Stadt
Eine Geschichte Berlins

INHALT

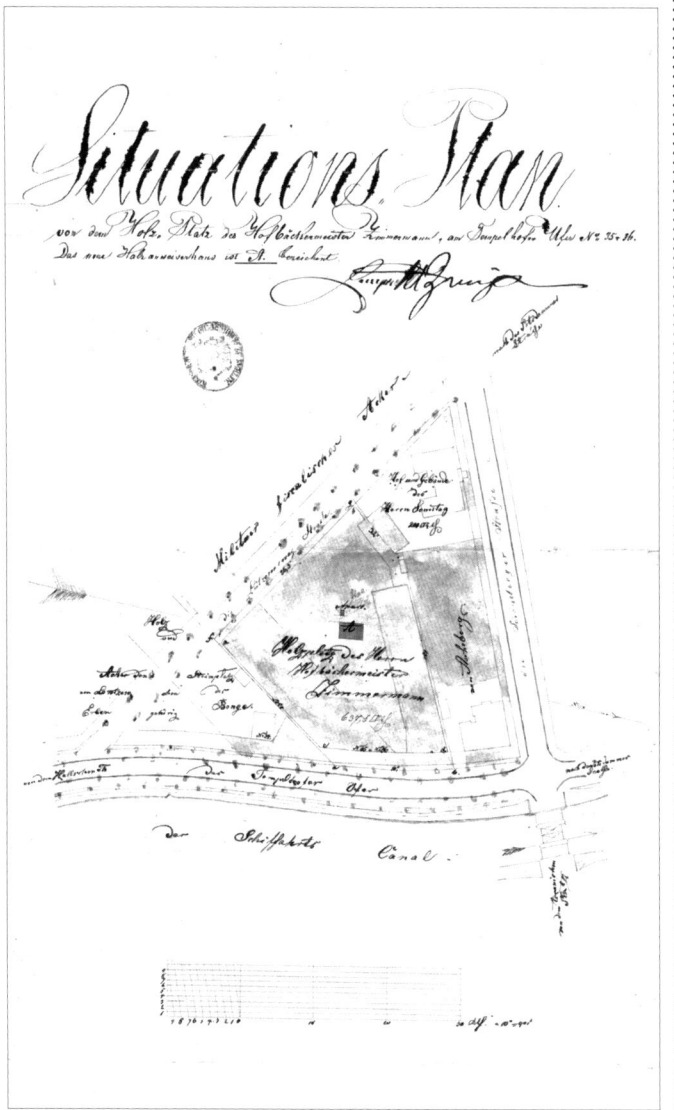

VORSPIEL

EINE GROSSE WASSERLACHE war über Nacht auf unserem Küchenboden aufgetaucht, so leise und unerwartet, als wäre sie ein Trugbild. Leitungswasser war aus einem lecken Rohr unter der Spüle getropft und lautlos in die beiden Stockwerke unter uns hinabgeflossen. Dieser Anblick erwartete uns, als wir am Morgen des neunten Geburtstags unseres Sohnes erwachten. Das war zwar der spektakulärste, aber nicht der einzige Wasserschaden, den wir erlebten. In den Monaten vor und nach diesem Vorfall war ein Sammelsurium an Plastikeimern und Schüsseln zu einem nahezu dauerhaften, von Ort zu Ort wandernden Bestandteil unserer Wohnung geworden, den wir hervorholten, um das Wasser in unterschiedlichen Teilen unseres Heims aufzufangen. Eines Abends, es waren ein paar Monate seit der Überflutung unserer Küche vergangen, bemerkte unser ältester Sohn, dass Wasser aus der Stuckrose in der Mitte unserer Wohnzimmerdecke tropfte. Wir schauten hinauf und erblickten einen verdächtigen, sich ausbreitenden braunen Fleck, während ein Rinnsal aus dem oberen Stockwerk sich seinen Weg über unseren Köpfen bahnte. Wasser findet stets seinen Weg. Meine Söhne und ich holten abermals die Eimer und Schüsseln hervor und legten Handtücher aus, um das Wasser aufzusaugen. Es war, als wollte unsere neue Wohnung uns etwas sagen.

Unsere alte Wohnung im Osten der Stadt hatte mit ihrem paradiesisch anmutenden Verputz aus Reben, Früchten und Blumen, die sich um die Säulen ihrer Fassade rankten, nie diesen Eindruck gemacht. Dort hatten wir zehn Jahre lang gelebt – Mann und Frau, zwei Söhne, zwei Katzen. In all der Zeit war diese Bleibe trotz unserer Schwierigkeiten ständig neutral geblieben. Sie hatte uns nie ihre Anwesenheit spüren lassen oder irgendwelche verhohlenen Gefühle aufgewirbelt. Sie war nichts weiter als ein Behälter, der, wenn überhaupt, wohlwollend die Aufrechterhaltung des Status quo ermöglicht hatte. Unsere neue Wohnung, die näher bei der Schule der Jungs im Westen der Stadt lag, war von Anfang an merkwürdig. Mit ihren Belastungen und Einmischungen brachte sie ständig Warnsignale hervor, die nicht ignoriert werden konnten. Sie intervenierte und erzwang sich die Rolle einer Protagonistin.

· · · · ·

Es gibt Dinge, die kann man sehen, und es gibt Dinge, die kann man nur spüren, die fühlt man auf eine andere Art und Weise – als Flüstern im Geiste oder als eine Schwere in den Knochen. Ein Pfropfen Zweifel hatte sich geformt und den alltäglichen Fluss meiner Gedanken bereits seit Wochen gestört. Gleich einem schmierigen Klumpen aus Abfällen hatte seine undeutliche Kontur an Klarheit gewonnen, als wir entlang der Achse der Stadt von Ost nach West zogen. Er hatte die Form des Unglücks. Und nun war er da und verstopfte meine Gedanken, während ich durch die vielen Zimmer unseres extravagant geschnittenen neuen Zuhauses wanderte. Eine kultivierte Leere im Geiste kann Kräuselungen, Strömungen und Risse ermöglichen. Sie kann Dinge an die Oberfläche zerren, die nicht gesehen werden wollen.

Jene frühmorgendliche Begegnung mit einer spiegelglatten Wasserpfütze auf dem Küchenfußboden war das eindeutige Zeichen einer Entzweiung. Etwas war über die Ufer getreten und konnte nicht länger zurückgehalten werden. Nach Jahren unterdrückter Gefühle, unterbewusst ertragen, um ein funktionierendes Familienleben aufrechtzuerhalten, war diese spontane Zurschaustellung, dieser unerbetene Ausbruch – diese Flut – ein Symbol von fast schon hysterischer Deutlichkeit. Sie bat um eine ebenso extreme Antwort, die pflichtgemäß in Form einer plötzlichen, brutalen und endgültigen Trennung dann auch kam. Eine Trennung der Familieneinheit, wobei ein Teil abbrach und die anderen drei Teile zusammenblieben. Mein Mann ging auf Dienstreise und kehrte nie wieder in unser Heim zurück.

· · · · ·

Wasser findet stets seinen Weg. Es schlängelt sich durch die Spalten dieses alten Gebäudes. Es sickert durch glatt verputzte und gestrichene Oberflächen. Es erscheint ganz plötzlich als feuchte Schimmelstreifen hoch oben in den Ecken. Es sorgt für bröckelnden Putz an den Außenwänden. Es gab stets eine logische Erklärung, einen Grund, woran es lag. Starker Regen auf unversiegelte Dachziegel; angebohrte oder falsch verlegte Leitungen; verstopfte Abflüsse in überlaufenden Duschen. Die oben in der Dachterrassenwohnung werkelnden Bauarbeiter waren ganz offensichtlich ein schludriger Haufen. Und doch begann die Unbarmherzigkeit dieser verschiedenen Vorfälle sich bedrückend und schwer anzufühlen. Es war, als wollten die Oberflächen der Wohnung sich nicht verschließen; als würde ihre Infrastruktur nicht standhalten. Bei jedem Regen wurde ich nervös. Als die Monate vergingen, spürte ich den Drang, die Spritzer und Flecken zu kartieren, die an der Decke, den Wänden und auf dem Boden zurückgeblieben waren. Wenn ich ihre Topografie beschreiben könnte, wäre es mir dann möglich, eine Karte zu erstellen, um diese kleineren häuslichen Katastrophen zu lesen und zu verstehen?

Ich hatte das stete und unangenehme Gefühl, dass sich hinter diesen Vorfällen Vorsatz verbarg. Ein Vorsatz, der nicht auf den ersten Blick ersichtlich war, sondern durch eine Art Divination allenfalls erahnbar wurde. So wie bei der hydromantischen Methode, bei der man Kräuselungen auf der Wasseroberfläche deutet, bestenfalls vom Mondenschein beleuchtet. Als die Grenzen der Wohnung durchlässig wurden, war Eindämmung keine Möglichkeit mehr, ebenso wenig wie Schweigen. Nichts ließ sich mehr zurückhalten. Äußere Vorfälle, emotionale Wahrheiten, historische Ereignisse, all das würde einen Weg finden, auf sich aufmerksam zu machen.

Als die Wasserlache auf unserem Küchenboden auftauchte, war unsere Ehe bereits kaputt, doch sorgte dieses Ereignis für den letzten Bruch. Im Gegensatz zum steten Tröpfeln der Traurigkeit, an das wir uns beide im Laufe der Jahre gewöhnt und das wir so angenehm ignoriert hatten, war dieser Bruch gewaltig. Die Überflutung nahm eine Krise vorweg, die über die vielen Stunden des Aufwischens hinausging. Eine Krise, für die unsere Wohnung anscheinend ebenfalls Verantwortung trug und die durch ihre ureigenen Rohrleitungen auf die Spitze getrieben worden war. Ich war dankbar für dieses, so schien mir, Zeichen der Solidarität, einen Akt des Mitgefühls, der glücklicherweise keine anhaltenden physischen Schäden hinterließ. Unser eigener Holzboden trocknete schnell, und keine Spur blieb zurück. Die Wohnung unter uns, die den größten Schaden durch das Leck davontrug, war zu dem Zeitpunkt nicht vermietet und stand leer. Die gewaltigen Entfeuchter, die man dort aufstellte, um Wände und Räume zu trocknen, konnten ihrem geräuschvollen Geschäft nachgehen, ohne irgendjemanden zu stören. Im Atelier der Malerin im ersten Stock war das Wasser an der einzigen Wand hinabgelaufen, an der keine Bilder hingen. Wundersamerweise waren die riesigen Gemälde an den anderen beiden Wänden, die sie in den letzten sechs Monaten akribisch komponiert hatte, verschont geblieben. Die kugelförmige Glaslampe im Eingangsbereich des Erdgeschosses, in der sich die letzten Tropfen sammelten, wurde einfach abmontiert und ausgekippt, gleich einem Goldfischglas, das keiner mehr braucht.

»Manchmal bedeutet fließendes Wasser ein trauerndes Haus«, las ich im Internet. »Es besteht ein Überfluss an Gefühlen, die verdrängt werden müssen.« Das Bild, das sich auf der Oberfläche der Wasserpfütze formte, spiegelte nicht bloß ein zerstörtes Heim, sondern auch das Haus an sich. Das Gebäude selbst weinte diese Tränen der Trauer. Es sollte bald zu meinem bestimmenden Thema werden.

• • • • •

Zur gleichen Zeit, als der Wasserschaden die Wohnung heimsuchte, bemerkte ich, wie eindringlich sich mir der Blick aus meinem Fenster bot. Er schien mich anzuziehen, weg von den Schicksalsschlägen, die sich drinnen ereigneten, und hin zu einem weiten Himmel, zu Baumspitzen und Gebäuden, die sich bis zum Horizont erstreckten. Im Laufe der Arbeit in meinen vier Wänden wurde diese Konstellation zum wiederkehrenden Motiv: eine Frauengestalt am Fenster mit dem Rücken zum Betrachter, hinausschauend. Bewegungslos an dieser Schwelle verharrend, der Körper vom Geiste losgelöst, so wie das Innere vom Äußeren getrennt ist. Für das Haus selbst bildet das Fenster die Grenze.

Die erste Fotografie der Welt, aufgenommen 1826 von Joseph Niépce, zeigte den Ausblick aus seinem Studiofenster. Man erkennt eine verschwommene Anordnung hellgrauer Flächen und Körper, in der Mitte die Schräge eines Daches. 1838, zwölf Jahre später, nahm Louis Daguerre das erste fotografische Abbild eines Menschen auf, indem er den Blick aus seinem Fenster festhielt. Eine ausladende Aussicht führt eine von Bäumen gesäumte Straße hinab, flankiert von imposanten Gebäuden, sonst aber leer bis auf zwei starre, geisterhafte Gestalten. Diese frühen Fotografien waren so etwas wie Grundlagenrecherchen; Untersuchungen wesentlicher Tatsachen, die beim Offensichtlichsten anfingen: dem Blick von innen nach außen. Eine Positionierung des Ichs innerhalb eines Ortes, eine gewisse Form der Verankerung.

Christopher Isherwood bedient sich in *Leb wohl, Berlin* bekanntlich derselben Herangehensweise. »Vor meinem Fenster die dunkle, ehrwürdige, gewaltige Straße«, heißt es am Anfang des Kapitels »Ein Berliner Tagebuch« aus dem Jahr 1930. Isherwood wird selbst zum Fotoapparat: »Ich bin eine Kamera mit offenem Verschluss, ganz passiv, ich nehme auf, ich denke nicht.«[1] Doch ist die Frauengestalt an meinem Fenster nicht ganz so passiv, während sie auf das Berliner Stadtbild hinausschaut. Sie stellt sich Fragen zur Orientierung. Wie genau ist sie an diesem Ort gelandet? Und was ist das überhaupt für ein Ort, dessen Oberfläche so viele Geheimnisse zu bergen scheint?

• • • • •

Das Haus, in das wir im Sommer 2014 einzogen, steht am Ufer des Berliner Landwehrkanals: Mit seinen Füßen im Westen, blickt es über das Wasser hinweg in den Osten der Stadt. In Berlin, dieser Stadt der Extreme und der unterbrochenen Geschichten, sind schon die einfachen Bezeichnungen »Ost« und »West« mit ideologischer Bedeutung überfrachtet. Standorte sind im wahrsten Sinne des Wortes entscheidend. Das Grundstück, auf dem sich mein Haus befindet, lag Mitte des 19. Jahrhunderts, als es zum ersten Mal bebaut wurde, am Rande der Stadt, gerade jenseits der Zollgrenze, die das Zentrum seit gut einhundert Jahren umschloss. Doch die Achsen der Stadt wurden während der raschen industriellen Entwicklung in den folgenden Jahrzehnten neu gezogen, sodass dieses Gelände einen Logenplatz auf das zentrale Schauspiel Berlins erhielt; den Mittelpunkt ihres staatlichen, journalistischen, verkehrstechnischen und weltstädtischen Lebens. Als Berlin in der zweiten Hälfte des 20. Jahrhunderts in Besatzungszonen aufgeteilt wurde, geriet das Grundstück abermals an die öde Peripherie. Nun aber, in den frühen 2000er Jahren, nimmt es erneut eine zentrale Stellung in einer Hauptstadt ein, die sich immer noch an die Wiedervereinigung gewöhnt.

Berlins klar definierte Wohnbezirke haben jeweils ihren ganz eigenen Charakter, und obwohl dieses Gebäude offiziell in Kreuzberg steht, allerdings an dessen nördlichster Spitze, ist es nur einen Häuserzug von der Grenze zu Tiergarten entfernt und hat direkt Schöneberg im Rücken. Dieses Gebiet ist nicht gerade dicht besiedelt, sondern geräumig und voller zaghafter Lücken, zeitlicher Sprünge und ungezähmter grüner Einsprengsel. Unser Kanalufer heißt Tempelhofer Ufer, da es ursprünglich in das Dorf Tempelhof führte. Trotz der vergleichsweisen Weitläufigkeit dieser Region fällt der Blick aus meinem Küchenfenster im dritten Stock auf einen dichten Flickenteppich städtischer Geschichte. Jenseits seiner sichtbaren Bestandteile scheint jedoch noch etwas anderes am Werk zu sein: der beunruhigende Eindruck von einer Vergangenheit, die die Aufmerksamkeit auf sich zieht, aber nicht genauer betrachtet werden möchte; ein Abwärtssog, der die Gegenwart scheinbar zum Stillstand bringt.

Ich fange an, historische Fotografien, Literatur und Archivmaterial ausfindig zu machen, die ich nach Hinweisen auf diesen Ort durchkämme. Bücher über seine Architektur und die frühe Stadtentwicklung. Ein Jahrhundert alte literarische Werke, die in den Straßen um mich herum spielen. Im Internet schmerzliche Adresssammlungen aus den 1930er Jahren, die alle Häuser mit jüdischen Bewohnern auflisten. Augenzeugenberichte über die letzten Straßenschlachten des Zweiten Weltkriegs. Ich schaue mir Wim Wenders' *Himmel über Berlin* an, den ich 1987 als Teenager in Manchesters Arthouse-Kino sah, als der Film zum ersten Mal lief. Nun suche ich den Bildschirm nach Orten ab, die ich kenne, und nach Ansichten, die mir aus meinem augenblicklichen Alltag geläufig sind. Es gibt sie: die Schienen, die hinter meinem Haus entlangführen, die Schwäne, die auf dem Kanal treiben, den zerstörten Bahnhof, den ich in mittlerer Entfernung aus meinem Fenster heraus sehen kann. Ich beginne, meine eigenen Erlebnisse auf diese Schichten aus Zeiten, Worten und Bildern aufzutragen. Das ist ein Anfang.

• • • • •

Im Sommer 2001 war ich aus New York in Berlin angelangt, eine weitere Neu-Berlinerin, wie sie jüngst zuhauf in eine Stadt strömten, die historisch von Einwanderungswellen geformt worden war. Ich war einem starken Bauchgefühl gefolgt, das jede rationale Vorsicht verdrängte, und hatte meinen Job, meine Freunde, mein Studio in New York zurückgelassen, um zu meinem deutschen Freund in seine riesige Berliner Wohnung zu ziehen. Hohe Decken, hellgrauer Linoleum-Boden, kaum Möbel und das größte Badezimmer, das ich je gesehen hatte. Ich war gut zehn Jahre nach der Wiedervereinigung hier gelandet und hatte bereits das Gefühl, zu spät zu sein. Künstler, Musiker, Schriftsteller, Filmemacher, Schauspieler und Designer waren zu diesem Zeitpunkt schon seit Jahren in Scharen hierhergeströmt, lebten in den verfallenen Wohnungen Berlins, richteten Ateliers ein und verwandelten jedes leerstehende Gebäude in eine Bar, einen Club oder einen Ausstellungsraum. Der schiere Platz hier war spürbare Erleichterung nach der Enge und dem Druck des Lebens in New

York City. Hier gab es eine Wildnis, die zuweilen an Trostlosigkeit grenzte. So viel Leere, so viel Unsicherheit. Ich war gerade 30 Jahre alt geworden und auf der Suche nach Veränderung. Die Verfügbarkeit und die unbestimmten Möglichkeiten dieses Ortes schienen eine Offenheit zu bieten, in der man handeln konnte. Vielleicht konnte sie mir dabei helfen, mit dem Schreiben anzufangen. Ich packte zwei Koffer, suchte mir einen Untermieter für mein New Yorker Studio mit allem darin und machte mich auf den Weg, um ein neues Kapitel an diesem unbekannten Ort aufzuschlagen.

Als ich auf der Türschwelle meines Freundes erschien, lebte der gerade in der Mauerstraße nahe dem Checkpoint Charlie, genau im Zentrum der Stadt. Dieses erstaunlich triste Viertel schien jeden Zweck und Flair zu missen und wurde vor allem von umherstreifenden Touristengruppen bevölkert. Kein Baum war in Sicht. Selbst die Gebäude hier wirkten zurückgezogen, die Augen nach unten auf ihr eigenes Fundament gerichtet. Es hatte eine gewisse Ironie, in einer »Mauerstraße« zu leben, gerade in dieser Stadt, die nach dem Fall der Berliner Mauer so auf Selbsterfindung aus war, doch war die Mauer, auf die sich der Name der Straße bezog, eine andere: die Zollgrenze, die sich im 18. Jahrhundert in der Nähe befunden hatte.

Der Ausblick aus dem Schlafzimmerfenster meines Freundes wurde vollkommen von einem gewaltigen brandneuen Bürogebäude ausgefüllt, das von Philip Johnson entworfen und 1997 während Berlins Nachwende-Boom fertiggestellt worden war. Dieser riesige, aalglatte Bau hatte etwas Merkwürdiges an sich, als wäre er an den falschen Ort gesetzt worden. Es war mir damals noch nicht klar, doch war das American Business Center, wie das Gebäude hieß, auf dem Gelände der Bethlehemskirche errichtet worden, einer Kirche aus dem 18. Jahrhundert – einem der ältesten Gotteshäuser der Stadt, bis es 1943 von Bomben zerstört worden war. Ein spanischer

Künstler installierte 2012 eine Stahlskulptur, die den Umriss der verschwundenen Kirche nachzeichnete. Aber als wir dort lebten, wusste ich nichts von dem verlorenen Bau, diesem fehlenden Puzzlestück. Jenes Wohnhaus war von einem ähnlichen Unbehagen und einer ähnlichen Stille umgeben wie das, in dem ich jetzt lebe. Etwas Verschwiegenem und Verrenktem. Einer unheimlichen Schwere in der Luft.

Kurz nach meiner Ankunft in Berlin verließen mein Freund und ich die Mauerstraße und zogen in das gefälligere Viertel Prenzlauer Berg im ehemaligen Osten der Stadt. In diesem bald schon von der vereinheitlichenden Kraft der Gentrifizierung umgestalteten Bezirk erfüllten wir unabsichtlich alle relevanten Kriterien. Innerhalb von sechs Monaten war ich schwanger, und wir wurden zu einer der vielen jungen Familien in der Gegend. Hier kamen unsere Kinder zur Welt, hier kauften wir unsere erste eigene Wohnung, hier schlossen wir den Bund fürs Leben und legten uns Haustiere zu. Gefangen in der ständigen Aufgabe, Arbeit und Familie nahtlos miteinander zu verbinden, wurden wir abgelenkt und verloren einander aus den Augen. Wir ließen unsere Ehe scheitern. Diese Tatsache war allerdings noch nicht offenkundig, als wir zwölf Jahre später von einem Ende der Stadt ans andere zogen, vom Zentrum Ost ins Zentrum West.

· · · · ·

»Wer sich der eignen verschütteten Vergangenheit zu nähern trachtet, muß sich verhalten wie ein Mann, der gräbt«, rät Walter Benjamin, der in Berlin geboren wurde und dort bis zum Beginn seines Exils in den frühen 1930er Jahren immer wieder lebte.[2] Ist das eine Art Geomantik, die den Boden der Geschichte deuten soll? »Und gewiß ist's nützlich, bei Grabungen nach Plänen vorzugehen«, schreibt Benjamin weiter. »Doch ebenso ist unerläßlich der behutsame, tastende

Spatenstich in's dunkle Erdreich.« Ich beginne mit dem Graben durch dieses Medium, durchkämme und durchsiebe diese Vergangenheit, ohne wirklich zu wissen, wonach ich suche. Erinnerungen aufzuspüren, die nicht die eigenen sind, ist ein schmutziges Geschäft voller Fallstricke. Aber vielleicht kann dieses Unterfangen die Durchlässigkeit eines Ortes aufklären und verdeutlichen, wie dessen Vergangenheit seine Gegenwart prägt? Deshalb fange ich am offensichtlichsten Punkt an: hier, alleine am Küchenfenster, von innen nach außen schauend.

Ich stelle mir die Aufgabe, ein Porträt der Stadt zu verfassen. Vielleicht eine unmögliche Aufgabe, aber das Haus scheint sie irgendwie anzuregen. Was nun kommt, betrifft Erinnerung, die Vergangenheit und deren Wiederherstellung, doch folge ich diesen nicht bloß auf einem einzigen Weg und schreite auch nicht Schritt für Schritt voran. Die Erinnerung an einen Ort liegt nicht flach auf einer geraden Zeitachse; sie ist synkretistisch und simultan. Sie besteht aus Ereignissen und Passagen, Stimmungen und Aufenthalten, die sich in dünnen Schichten abgelagert haben. Sie ist eine Mischung aus assimilierten Handlungen, in die Substanz der Häuser und Straßen eingebunden oder in Worten und Bildern aufgezeichnet, die sich im Laufe der Zeit ansammeln – oder sie hat gar keine greifbare Form und muss erspürt oder neu erdacht werden.

Als wir dieses Haus am Ufer des Landwehrkanals entdeckten, hielt ich das Leben am Wasser für einen Weg, um aufzutauchen. Über den Ort zu schreiben, an dem ich lebe, könnte eine Möglichkeit sein, einen Anker zu setzen und der Strömung zu trotzen. Besonders dann, wenn die Dinge, über die ich schreibe, selbst eine Sache der Strömung sind – Treibgut aus der Vergangenheit, das an den Ufern des Bewusstseins angespült wird. Aber dieses Thema – diese Stadt – verweigert sich der sauberen Eindämmung. Der Text ist ausufernd und unbändig geworden und beginnt so dem Ort selbst zu ähneln, der sich ohne erkennbare Ufer weit ausbreitet. Berlin.

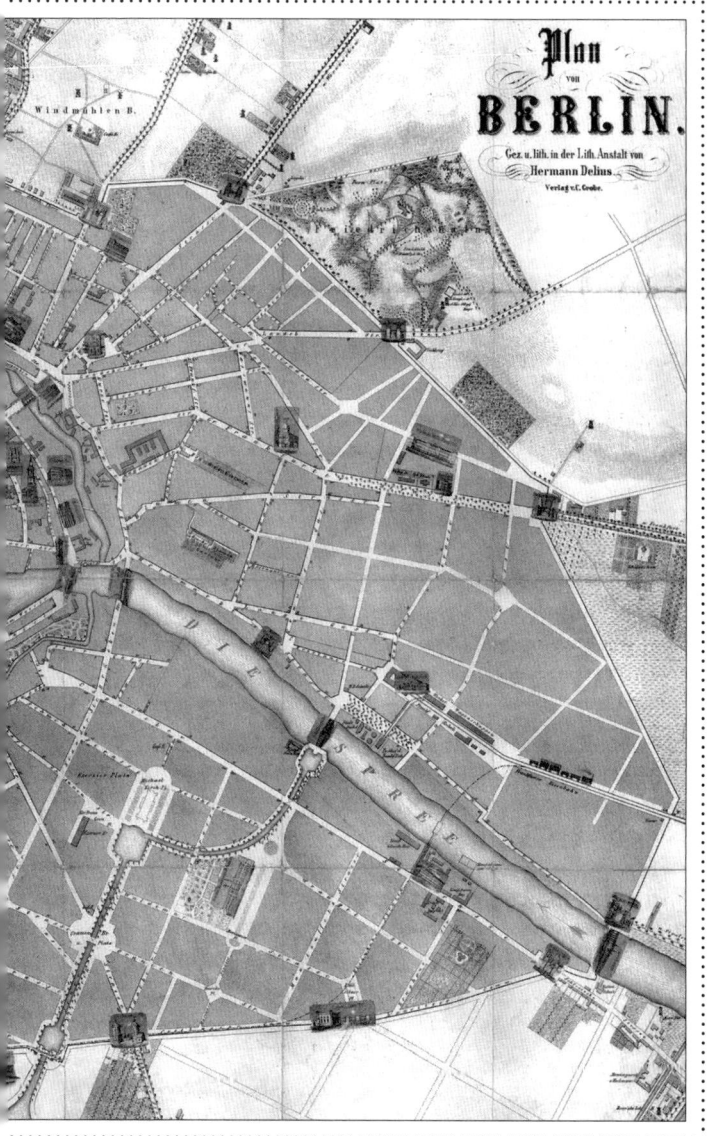

Plan
von
BERLIN.

Gez. u. lith. in der Lith. Anstalt von
Hermann Delius.

Verlag v. C. Grobe.

Windmühlen B.

DIE SPREE

I.
GRABEN

VOM LEBEN AUF DEM WASSER geht ein anhaltender Reiz aus. Seine Oberfläche suggeriert eine Tiefe, die es in einer städtischen Landschaft sonst nicht gibt. Einen Riss in ihrer Betonkruste und eine Erleichterung von ihrem ständig drängelnden Verkehr, dem Fluss an Menschen, den nach oben strebenden Gebäuden. Wasser liegt einfach nur da und bietet Reflexionen – des Himmels, der Bäume, der vorbeiziehenden Vögel, der seine Ufer säumenden Häuser. Ein umgekehrtes Bild der Stadt, durch die es strömt.

Aber ein Kanal ist kein Fluss; er strömt nicht wirklich. Sein Lauf ist aus der Landschaft herausgeschnitten und sein Gewässer von seinen Betonufern eingeschlossen. An manchen Tagen scheint der Kanal vor meinem Fenster sich in die eine Richtung zu bewegen, an anderen Tagen in die andere. Doch meistens liegt er still da und rührt sich kaum. Eine blaue Schleife, vom Nordosten in den Südwesten quer über die Stadt gespannt, mit einundzwanzig Brücken, um ihn an Ort und Stelle zu halten.

Wenn ich aus dem Fenster schaue, sehe ich als Erstes den Landwehrkanal. Er ist jedoch anders als die mir bekannten englischen Wasserstraßen. Der Manchester Ship Canal ist schmal, dreckig und tief und soll der Industrie in den Magazinen und Fabriken aus rotem Backstein an seinen Ufern dienen. Der Bridgewater Canal, an den meine Eltern meine Brüder und mich zu Wochenendspaziergängen mitnahmen, verläuft gerade und flach auf erhöhten Aufschüttungen mit einspurigen Fußwegen auf beiden Seiten. Der Regent's Canal, den ich in meinen frühen Zwanzigern in Nord-London kennenlernte, ist ebenso schmal und bahnt sich seinen Weg durch das zugebaute Stadtzentrum. Mein Berliner Kanal ist dagegen großzügig: ausladend und von Bäumen gesäumt, ebenso breit wie die zweispurigen Fahrbahnen, die seine Ufer säumen, während er durch die Wohnbezirke der Stadt fließt. Die zweispurige Straße auf meiner Kanalseite führt direkt nach Kreuzberg, die am anderen Ufer durch Tiergarten nach Charlottenburg in den Westen.

»Berlin ist aus dem Kahn gebaut«, heißt es in einem alten Sprichwort, und tatsächlich wurde diese Wasserstraße nicht für den Dienst an dreckiger, rauchender Industrie errichtet, sondern vor allem für den Bau der Häuser in der Stadt. Eine Bleistiftzeichnung von Adolph Menzel, Berlins bekanntestem Künstler des 19. Jahrhunderts, die in den frühen 1840er Jahren entstand, zeigt den überfluteten Schafsgraben, wie ein Teil des Kanals damals hieß. Ein knorriger, doppelt gekrümmter Baumstamm ragt aus einem regungslosen Hochwasserteich. Ein Holzzaun hält das Wasser zur Rechten zurück, auf der Linken ist schemenhaft die Vorderseite eines Hauses skizziert.

Der Landwehrkanal folgt dem alten Schafsgraben oder »Landwehrgraben«, wie er landläufig hieß. Diese von Osten nach Westen verlaufende Schutzgrenze wurde im 15. Jahrhundert angelegt. In diesen frühen Jahren war die *Landwehr*, also die Verteidigung des Landes, von oberster Bedeutung, als die Kurfürsten der Hohenzollern die kleine Handelsstadt Berlin übernahmen – ein unbedeutender Ort, bis auf seine

Lage als Tor zu Hamburg, der Ostsee und Osteuropa. Ihr Entschluss, ihn in ein pulsierendes Zentrum der Macht, Politik und Verwaltung zu verwandeln, wurde von einer Armee beachtlicher Größe sichergestellt. Von nun an wuchs Berlins Einfluss beständig, gefestigt durch eine Kombination aus strenger preußischer Bürokratie und nackter militärischer Gewalt. Als im frühen 18. Jahrhundert das Königreich Preußen gegründet und Berlin zu seiner Hauptstadt ernannt wurde, legte man den Lauf des Landwehrkanals fest. Er diente dazu, Flut und Hochwasser von den grandiosen Bauten des neuen Stadtzentrums fernzuhalten und an den schläfrigen ländlichen Stadtrand von Menzels Skizze zu lenken.

· · · · ·

Wenn ich im Internet nach dem Landwehrkanal suche, tauchen zwei Dinge sofort auf. Erstens ist da ein Hinweis auf ein grausames Lied aus der Zeit der Weimarer Republik über eine im Kanal schwimmende Leiche. Zweitens ist da die Schlagzeile eines Zeitungsartikels vom 4. Januar 2009: »21-Jähriger stürzt mit Auto in den Landwehrkanal.«

Ein Foto zeigt das Heck eines schwarzen Kleinwagens, zwei Seile sind an den Hinterrädern befestigt, um ihn aus dem Wasser zu ziehen. Es ist nicht das erste Auto im Kanal, erfahren wir aus dem Artikel. Im Februar 2002 verpasste ein Einunddreißigjähriger eine Kurve und stürzte ebenfalls hinein. Im selben Sommer fuhr eine Zweiundzwanzigjährige mit ihrem Auto in den Kanal. Gleiches geschah einer Frau unbekannten Alters im Dezember 2006. Am 3. November 2007 lenkte eine Vierundzwanzigjährige ihren Wagen aus unerfindlichen Gründen in den Kanal. Die Frau rettete sich auf das Dach ihres untergehenden Autos und wurde von der Polizei geborgen, die sie an der Ecke Tempelhofer Ufer nahe der Schöneberger Brücke an Land brachte. Das ist fast genau vor meinem Haus. Wäre ich Zeugin dieses Unfalls geworden, hätte ich damals bereits dort gewohnt? Hätte ich die Frau gesehen, wie sie verzweifelt und triefend nass auf ihr Autodach kletterte, hilfesuchend mit den Armen rudernd, während ihr Wagen unter die spiegelglatte Oberfläche sank? Wäre ich ihr zu Hilfe geeilt? Hätte ich die Polizei gerufen, wäre ich nach unten gehastet, auf die Brücke gelaufen und hätte ihr den rot-weißen Rettungsring zugeworfen, der, allzeit für den Einsatz bereit, am gelben Geländer der Schöneberger Brücke hängt?

• • • • •

Erst 1840 entstanden Pläne, den Landwehrgraben in eine schiffbare Wasserstraße umzuwandeln. Diese Pläne wurden von Peter Joseph Lenné entworfen, dem gefeierten Landschaftsarchitekten, der sich der Stadtplanung zugewandt hatte. 1789 in eine Bonner Gärtnerfamilie geboren, kam Lenné 1816 jung und ehrgeizig nach Berlin. Er trat sofort eine Stelle im Dienst des Kronprinzen Friedrich Wilhelm IV. an und machte sich an die Umgestaltung der Anwesen und Parkanlagen des zukünftigen Königs in Potsdam, deren steife Symmetrie er durch einen fließenden Archipel aus Seen und Inseln, vielfach gewundenen Buchten und Hainen auflockerte. Der »Landschaftsgarten«, der den Eindruck erweckte, die Natur hätte hier ihren freien Lauf, war Lennés Errungenschaft, und *Wasser*, wie er zu sagen pflegte, sein Hauptmaterial. Seine Vision gefiel dem Kronprinzen, der ästhetisch auf der gleichen Wellenlänge und von der Pracht und Herrlichkeit entzückt war, sodass Lenné schon bald auf den Posten des General-Gartendirektors der königlich-preußischen Gärten befördert wurde. 1838 lebte er in einer neu errichteten Villa in Tiergarten, gemeinsam mit seiner Frau »Fritzchen«, zwei alten Papageien und mehreren Generationen Neufundländern. Ein Jahr später wurde die Straße, in der seine Villa stand, in »Lenné-straße« umbenannt.

1833 begann Lenné mit der Umgestaltung des Tiergartens, dem ältesten Park Berlins. Im 15. Jahrhundert hatten die Hohenzollern-Fürsten das sumpfige Waldland zu ihrem privaten Jagdrevier gemacht. Bereits 1818 hatte Lenné den Tiergarten ins Auge gefasst, als er, gerade einmal zwei Jahre als Gehilfe des Gärtners in Potsdam tätig, am Hof einen Antrag auf dessen Umgestaltung stellte. Die verblasste Zeichnung, auf die ich in einem Katalog seiner gesammelten Werke stoße, zeigt die ursprünglich strahlenförmig angelegten Achsen des Tiergartens, verschönt durch ein Stickmuster aus Teichen, weiten Auen und sich sanft dahinschlängelnden Wegen. Solche Elemente lassen eher an ein Umherschlendern denken, das nicht auf ein Ziel oder ein steifes Promenieren ausgerichtet ist, sondern auf die sinnliche Erfahrung, aus einem dicht beschatteten Wald auf weite, sonnenbeschienene Wiesen zu treten und entlang grasbewachsener Ufer über sanft geschwungene Brücken zu wandeln. Diese Vision, ihrer Zeit voraus und ohne jede Rücksicht auf Fragen ihrer praktischen Realisierbarkeit, wurde damals auf der Stelle abgelehnt. Als Lenné 1833 jedoch eine überarbeitete Fassung einreichte, dieses Mal mit dem offiziellen Siegel der Königlichen Gartendirektion versehen, wurde sein Antrag angenommen. »Auf Befehl Sr. Majestät des Königs bin ich damit beschäftigt, den Tiergarten bei Berlin in einen gesunden und angenehmen Erholungsort für die Bewohner der Hauptstadt umzuschaffen«, erklärte Lenné sein erfolgreiches Ansuchen.[3] Sein Tiergarten sollte Berlins öffentlichster Raum werden, ein »Volksgarten«, wie er es nannte, wo alle Schichten der bürgerlichen Gesellschaft sich über alle Klassen und Einkommen hinweg versammeln konnten, und das zum ersten Mal in der Geschichte Berlins.

Lennés Konzept sah vor, dem unbearbeiteten sumpfigen Terrain eine romantische, malerische Landschaft abzugewinnen. Er legte einen Großteil der Waldstücke trocken, um Platz für gewundene Fußwege zu schaffen, die sich durch Baumgruppen und duftendes Gebüsch schlängelten und den Blick auf weite grüne Wiesen freigaben, welche von Bächen durchzogen und mit Pfaden verbunden waren. Buchtenreiche Seen, übersät von kleinen Inseln und überspannt von unzähligen kleinen Brücken. Wasser und Land gingen ineinander über, bis sich kaum noch erkennen ließ, was Insel und was Festland war. Innerhalb der Grenzen des Parks entstand so der Eindruck einer sich grenzenlos dahinziehenden lieblichen Landschaft. Der Tiergarten sollte mit seinen wenigen, deutlich erkennbaren Blickachsen kein bloßer Durchgangsort werden, sondern ein Ausflugsziel an sich, ein Raum, in dem man sich entspannte und einfach nur das Erlebnis genoss, sich die Zeit inmitten der belebenden Elemente des Wassers und der Natur zu vertreiben. Lennés Vision bot gleichermaßen die Privatsphäre schattiger Abgeschiedenheit wie offene Wiesen, auf denen man zusammenkommen, sehen und gesehen werden konnte, und markierte so das Auftauchen der Freizeit in der städtischen Landschaft. Sie war ein Kontrast zum schnellen Wachstum der Stadt und ihrer industriellen Entwicklung, die zu diesem Zeitpunkt immer mehr bäuerliche Landbevölkerung zum Arbeiten in die Stadt strömen ließ.

• • • • •

Als ich im Sommer 2001 nach Berlin kam und in die Wohnung in der Mauerstraße zog, ging ich in den Tiergarten, um im Gras zu sitzen und in der Sonne zu arbeiten, umgeben von Spaziergängern mit Hunden, spielenden Kindern und erstaunlich unbekleideten Sonnenanbetern. Ich kämpfte mit meinem ersten richtigen Auftrag als Autorin und verfasste einhundert Wörter zählende Texte für einen Sammelband über zeitgenössische Kunst. Brauchte ich eine Pause, fuhr ich mit meinem Fahrrad die gewundenen Parkwege entlang und verirrte mich dabei jedes Mal, weil mein Orientierungssinn vom fliegenden Wechsel der Wiesen, Wälder und Gewässer irritiert war. Selbst jetzt noch, nach all den Jahren, finde ich mich dort immer noch nicht zurecht. Der Park, in dem ich mich verliere, ist Lennés Volksgarten.

Es war auch Walter Benjamins Park. Hier und im umliegenden Bezirk Tiergarten verbrachte er seine frühe Jugend. Die Wohnung seiner Familie sowie die seiner Großmutter lagen einen kurzen Fußweg vom Park entfernt, der bei ihm den Eindruck eines Labyrinths hinterließ. Einerseits war dies ein Ort, »der wie kein anderer den Kindern offen scheint«, andererseits war er »mit Schwierigem, Undurchführbarem verstellt«, mit Unübersichtlichkeit, Unzugänglichkeit und zerstörten Hoffnungen.[4] Benjamins Erinnerungen sind in den dichten Nebel kindlicher Wahrnehmung gehüllt. Der Tiergarten ist für ihn unbegreiflich, ein Raum voller geheimer Ecken, von denen man gehört, die aber nie jemand gesehen hat.

Obwohl Lenné die Pläne für den Tiergarten entworfen hat, wie er bis heute existiert, beaufsichtigte er nicht deren finale Umsetzung. Frustriert von der Kleinlichkeit preußischer Beamter, die auf Papierkram herumritten, Zahlungen zurückhielten und selbst den kleinsten Abweichungen von laut den Entwürfen angekündigten Vorgängen widersprachen, legte er 1838 sein Amt nieder. Zu diesem Zeitpunkt hatte sich sein Interesse an der Landschaftsplanung ohnehin auf die sozial orientierte Stadtplanung ausgeweitet. Eine Reise 1822 nach England, das auf der Einbahnstraße der Industrialisierung damals bereits weiter fortgeschritten war, überzeugte ihn davon, dass das Stadtleben durch Licht, Luft und Natur erleichtert werden musste. Von nun an nannte er sich »Garten-Ingenieur«. Als die Bevölkerung der Stadt wuchs und sich zwischen 1820 und 1848 auf 400 000 Einwohner mehr als verdoppelte, stellte Lenné sich eine Stadt vor, die angelegt war, diesem Druck entgegenzuwirken. 1840 präsentierte er dem Innenministerium einen Plan mit dem eindrucksvollen Titel »Projekt der Schmuck- und Grenzzüge von Berlin mit nächster Umgegend«. Dies war seine Vision einer üppigen Gartenstadt, die ihrer ständig wachsenden Bevölkerung entgegenkommen und für sie sorgen sollte.

Der zentrale Aspekt von Lennés großem Plan war die Kanalisierung des Landwehrgrabens. Diese würde die Sumpfgebiete im Südosten trockenlegen, den Wasserstand des geschäftigsten Teils der Spree erhöhen und ein komfortables Transportmittel für die beständig wachsende Industrie der Stadt bieten. Der Kanal sollte dem gewundenen Lauf eines natürlichen Flussbettes folgen und von Alleen mit Bäumen und Sträuchern begleitet werden. Abermals waren die Wasserstraßen Herz und Seele von Lennés Entwurf.

Mit einer Gesamtlänge von etwa vier Kilometern würde der Landwehrkanal von einer breiten, schattigen Allee mit doppelter Baumreihe flankiert werden, wobei 5518 Bäume entlang der gesamten Kanalstrecke gepflanzt werden sollten:

> Auf dem Köpenicker Felde 888 Linden, bis zur Potsdamer Chaussee 1240 Linden und 1240 Rüstern, von der Potsdamer Chaussee bis zum Zoologischen Garten 534 Roßkastanien und 534 Ahornbäume, bis zur Charlottenburger Chaussee 151 Linden und 151 Rüstern, bis zur Mündung 390 Silberpappeln und 390 Bergellern.[5]

Eine Skizze aus dem Jahr 1846, an den Rändern zerknittert und vergilbt und mit Lennés offiziellem Siegel der Königlichen Gartendirektion versehen, zeigt zwei Möglichkeiten für die Bepflanzung am westlichen Tempelhofer Ufer, wo mein Haus später errichtet werden würde. In Aufsicht und Querschnitt sind darauf fein gezeichnete und in blassem Grün und

Braun gehaltene Baumreihen sowie die Ränder von flachen Sträuchern zu erkennen. Kein Asphalt oder unaufhörlicher Verkehr, bloß ein unbefestigter Weg und friedliche Schatten, unter denen man am Ufer entlangspazieren kann.

Im September 1850 wurde der Landwehrkanal für den Schiffsverkehr eröffnet. In weniger als zehn Jahren war die ruhige, von Wasser geprägte Szenerie, die Menzel gezeichnet hatte, durch die emsigen und aktiven Wasserstraßen einer Stadt im Werden ersetzt worden.

• • • • •

Auf der Suche nach weiteren Zeichnungen Menzels aus dieser Periode der Berliner Entwicklung, besuche ich die Bibliothek des Kupferstichkabinetts in der Nähe des Potsdamer Platzes. Von meinem Zuhause aus ist es bloß ein kurzer Weg mit dem Fahrrad: nach links den Kanal hinauf, vorbei an zwei Brücken und über die dritte, die Potsdamer Brücke, die zum Kulturforum führt. Dieses Museumsareal wurde Mitte der 1980er Jahre entworfen, um den Teil der städtischen Kunstsammlung aufzunehmen, der in den Händen Westberlins gelandet war. Fertiggestellt wurde es allerdings erst in den späten 1990er Jahren, als die Lage in der Stadt sich bereits unwiederbringlich verändert hatte. Anders als der imposante Stahl- und Glasmodernismus der nahebei am Kanal gelegenen Neuen Nationalgalerie erinnern diese Backsteingebäude, die sich ein Stück abseits der Hauptstraße hinter den Parkbuchten an der aus dem 19. Jahrhundert stammenden St.-Matthäus-Kirche aneinanderdrängen, auf sonderbare Weise an eine Stadtverwaltung. Es überrascht mich jedes Mal, hier die beeindruckende Sammlung von Cranachs, Holbeins, Van Eycks und Rubens abgesondert in ihren unteren Stockwerken zu finden.

Ein Mann in einem weißen Laborkittel sitzt hinterm Schreibtisch im Magazin der Abteilung für Malerei und in-

formiert mich darüber, dass sie dort über den gesamten Nach-
lass Menzels verfügen. Insgesamt mehr als 900 Zeichnungen.
Was wolle ich sehen? Ich suche nach frühen Arbeiten von
1840 bis 1860, doch der Mann im Laborkittel teilt mir mit,
die Sammlung sei nach Motiven und nicht chronologisch
geordnet. Schwer zu sagen, nach was für Motiven ich suche.
Örtliche Landschaften? Gebäude? Bäume? Vage energeti-
sche Gezeiten? Es gibt allein vier Archivboxen voller Bäume,
erfahre ich von dem Laborkittel, als er in der Datenbank
seines Computers nach »Landwehrkanal« sucht. Eine Zeichnung taucht unter diesem Schlagwort auf, deshalb bestellt er
die Box, in der sie sich befindet. Ich schlage ein paar andere
Motive vor – Architektur, Eisenbahn, Innenansichten –, und
zusätzliche Boxen werden angefordert. Zehn Minuten später fährt ein weiterer Assistent im weißen Laborkittel einen
Wagen mit Archivboxen aus Karton herein, von denen jede
einen Stapel Zeichnungen enthält, die auf dicke Passepartouts
aufkaschiert sind. Er hebt die erste Box vom Wagen und stellt
sie auf dem Tisch vor mir ab. Nummer 167: Auf dem Schild
steht »Leichen, Gefangene«.

Ich löse die kleine Messingschnalle und öffne die Box.
Die erste Zeichnung ganz oben auf dem Stapel zeigt einen
Mann, der in einem flachen Kahn kniet, seine Kleidung und
sein Schnurrbart sind schwarz schattiert. Mit Hilfe von etwas,
das wie eine riesige Zange aussieht, zieht er einen nackten
Körper aus dem Wasser. Neben ihm befindet sich ein anderer Mann, der in schnellen Strichen gezeichnet ist und das
Boot mit einer Stakstange stabilisiert. Nur der von schwarzem Haar bedeckte Hinterkopf sowie eine Schulter der Leiche, in rosa Aquarellfarbe laviert, sind über der Wasseroberfläche zu erkennen. Die Skizze ist mit einem Titel, einem
Datum und einer Unterschrift versehen: »Kanal, 1862, A. M.«
Darunter ist eine Detailzeichnung des Toten. Er liegt an Land
zwischen Grasbüscheln, den Kopf zur Seite geneigt und die

Augen geschlossen, als würde er am grünen Kanalufer ein Schläfchen halten. Die nächste Zeichnung in der Box zeigt den Kahnfahrer, der, inzwischen am Ufer, die auffällig rosafarbene Leiche unter ihren ausgestreckten Armen an Land zerrt, als wäre sie ein Stück Fleisch. Ein weiteres Blatt mit rasch hingeworfenen Skizzen hält die Bewegungen der beiden Männer fest, während sie den toten Körper des dritten heben. In der Ecke oben links steht in einer kaum lesbaren Schrift eine von Menzel hingekritzelte Notiz: »/ *Ehe die Leiche ans Ufer gezogen / wurde, stand sie wahrscheinlich / durch die Strömung aufrecht / etwas schräg nach hintüber, / mit nach vorn hängendem / Kopfe*«.

Diese forensische Sorgfalt mit ihrem vorfotografischen Drang, Zeugnis abzulegen, hat etwas Faszinierendes an sich. Ich stelle mir Adolph Menzel vor, einen ungewöhnlich kleinen Mann, gerade einmal 1,40 Meter groß, der, korpulent und in einen Gehrock gekleidet, am Kanal an den Stadträndern spazieren geht, in den Taschen Skizzenbuch, Bleistifte und Aquarellfarben. (Ich frage mich, ob er die Farbe zur Skizze der Leiche an Ort und Stelle hinzufügte oder ob er sie später nachbearbeitete, als er zu Hause war?) Zeichnungen in den anderen Boxen, versehen mit dem Titel »Landschaften oder Ortschaften: B«, beschreiben seinen Durst nach anderen kleineren menschlichen Dramen, jenseits der Tragödie eines Ertrunkenen.

Es mag nicht viel fotografisches Material aus diesen Zeiten geben, doch sind Menzels frühe realistische Arbeiten lebhafte visuelle Dokumente. Neben seinen bekanntesten Darstellungen – denen des Hofes König Wilhelm I., der seinem Bruder Friedrich Wilhelm IV. 1861 auf den Thron folgte – gibt es zahllose Stücke mit zufälligen Szenen, die eine Stadt im Werden und seine Bewohner abbilden. In einer der Boxen liegt eine Zeichnung von 1846, auf der die St.-Matthäus-Kirche im Aufbau zu sehen ist, eben jene von Parkbuchten umgebene Kirche, an der ich auf dem Weg zur Bibliothek vorbeigekommen bin. Auf Menzels Studie wird das kastenförmige Gotteshaus von einem grob skizzierten Holzgerüst gestützt. Zahlreiche Bleistiftzeichnungen zeigen schlafende Bauarbeiter, die mit verschränkten Armen auf den Gerüstbrettern liegen und in ihren Kniehosen neben hölzernen Kübeln ein Nickerchen machen. Während ich diese auf dicke Passepartouts kaschierten Zeichnungen durchgehe, fasziniert von der Genauigkeit der von Menzel gewählten Perspektiven, erklingt das Mittagsläuten der St.-Matthäus-Kirche, und ihre Glocken hallen eineinhalb Jahrhunderte zurück.

Eine immense Vielfalt der Geschehnisse kann man in den zahllosen nebensächlichen Details entdecken, die Menzel in seinen Arbeiten festhält. Wäschewaschen, Eisenwalzen, Zugfahrten, Betten, Fahrräder, Musikinstrumente, die Landschaft jenseits der Stadtmauern. Diese Bleistiftzeichnungen, Gouachemalereien und Skizzen zeigen Menzels alltägliche Reisen, die einer mäandernden Logik der Ablenkung folgen, um herauszufinden, welche Straßen und Landwege Neues an Motiven bieten könnten, vor allem in noch unbebauten Teilen der Stadt. Hinterhöfe und Gassen, Tore und Zäune, die an verwilderte Gestrüpplandschaften grenzen, Gebiete, die sich unscharf zwischen Stadt und Land erstrecken, wo die Stadt auf der Lauer zu liegen scheint und sich wie eine Botschaft aus der Zukunft am Horizont sammelt.

· · · · ·

»Die Menschheit schwamm im Taumel des Fortschritts und hatte fast nur noch Sinn für Eisenbahnen, Dampfschiffe und andere Errungenschaften der Technik«, heißt es in Peter Joseph Lennés Biografie, die einer seiner Nachfolger auf dem Gebiet der Landschaftsarchitektur 1937 verfasste. »Nur wenige einsichtige Männer, zu denen auch Lenné gehörte, bemühten sich, dieser Entwicklung entgegenzusteuern und der

Menschheit heiligste Kulturgüter, zu denen unbedingt die deutsche Landschaft gehört, zu erhalten. […] Er wies dem Bürger wie dem Arbeiter die Arbeitsstätte, den Wohnplatz und die Erholungsgrünfläche zu, um ein organisches Gefüge der Stadt zu erhalten, aber er ahnte schwerlich das Tempo der zukünftigen ungesunden Entwicklung.«[6]

Auch diesmal missfiel Lennés Priorisierung der Landschaft gegenüber praktischer Effizienz den knausrigen preußischen Bürokraten. Er forderte einen höheren Wasserspiegel des Landwehrkanals, teilweise damit die Teiche und Seen im Tiergarten nicht stagnierten und den Volksgarten mit ihrem fauligen Gestank überzogen, aber auch, um die ältesten Bäume des Parks zu schützen, darunter einige achthundertjährige Eichen. Seine Empfehlungen wurden ignoriert, doch ist der Landwehrkanal trotz dieses Kompromisses eines der wenigen Elemente von Lennés ursprünglichem Stadtplan, das fertiggestellt wurde und bis heute sicht- und nutzbar ist, eineinhalb Jahrhunderte später.

Der Journalist und Schriftsteller Franz Hessel, ein enger Freund und Kollege Walter Benjamins, widmet ein Kapitel seines Buches *Spazieren in Berlin* aus dem Jahr 1929 dem Landwehrkanal.

Er beginnt mit einem malerischen Bild, das dem Wasserweg folgt, »aber unterwegs wandert er durch soviel Stadtidyll, daß sein Name in unserem Ohr einen sanften Klang hat«. Hessel verbrachte wie Benjamin seine Kindheit im späten 19. Jahrhundert im Bezirk Tiergarten, als der Landwehrkanal auch als »grüner Strand« bekannt war. Er bot eine Naht aus Wasser, welche die städtischen und ländlichen Merkmale Berlins miteinander verband und von Brücken überquert wurde, »die wie Gartenstege über Gartenbächen sind«.

An der Corneliusbrücke geht die Parklandschaft des Gartenufers mit grüner Brandung in die Stadtlandschaft über. Und die Atmosphäre, die in dieser Gegend den Atem von Park, Stadt und Wasser vereint, ist von zartem Farbenreichtum, wie man ihn in dem hellgrau umrissenen Berlin sonst selten findet. Kein Sonnenaufgang über den Bergen, kein Sonnenuntergang an der See läßt den, der in Berlin Kind war, die süßen Morgen- und Abendröten überm Frühling- und Herbstlaub vergessen.[7]

Ebendiesen Farbenreichtum und ebendiese süße Morgen- und Abenddämmerung stellte sich Lenné vor, als er 5500 Bäume bestellte und sie entlang des Kanalufers anpflanzen ließ. Was nun, mehr als neunzig Jahre nach Hessels Hommage, bleibt, ist der Atem von Park, Stadt und Wasser. Aus meinem Fenster im Vorderhaus kann ich trotz einer zweispurigen Straße auf beiden Kanalseiten über ein Dutzend verschiedene Baumarten sehen, jede mit anderen Formen, Blättern und Grüntönen, die sich in ein anderes Gold oder Rot verwandeln, wenn der Sommer langsam verklingt. Sind das Linden? Eichen? Oder Rosskastanien? Eine erstaunliche Vielfalt von Insekten sammelt sich auf den Simsen der Fenster, die für einen Luftzug auf Kipp stehen. In den kühleren Monaten, wenn die Bäume kahl sind, gleiten helle Schwanenpärchen den Kanal hinauf. Wie für Hessel bildet dieser grüne Strand die Kulisse für die Kindheit meiner Söhne, aber auch für meine eigene tägliche Arbeit. Als wir von einem Ende der Stadt ans andere zogen, gab ich das kleine Zimmer auf, in dem ich früher schrieb, und kehrte zur komplizierten Wissenschaft der Arbeit in den eigenen vier Wänden zurück. Ich schreibe im hintersten der vier Zimmer, das auf den Kanal schaut und in dem eine Wand von oben bis unten voller Bücher steht. Ein paar Monate nach dem Einzug stellte ich den Tisch vom Fenster weg, sodass ich stattdessen auf die Bücherregale schaute. Der Ausblick lenkte mich viel zu sehr ab. Aber da war es bereits zu spät, denn er war schon zu meinem Thema geworden.

II.
ZEUGE

IM ZWEITEN SOMMER IN DER NEUEN WOHNUNG — die Jungs
hatte ich für seinen Anteil an den Ferien zu ihrem Vater gebracht — entschied ich mich für einen Spaziergang am Kanalufer. Wir mussten uns noch an das neue Format unserer gerade erst zerrissenen Familie gewöhnen, und es bekümmerte
mich, nun bloß noch Teilzeit-Mutter zu sein. Es hilft, eine
klare Aufgabe zu haben, mit einem eindeutig definierten An-
fangs- und Endpunkt, um dem Tag eine gewisse Struktur zu
verleihen. Und so verlasse ich an einem warmen Vormittag
im Juli das Haus, überquere die zweispurige Straße, um zum
Kanalufer zu gelangen, und wende mich dort nach rechts.
Den ersten Teil des Weges verlaufen das Wasser und der Weg
parallel zueinander, begleitet von der oberirdischen U-Bahn,
die von Pfeilern aus verschweißtem Stahl in der Luft gehalten
wird. An der fünften Brücke, inzwischen mitten in Kreuzberg,
biegen Straße und Schienen scharf nach links ab, während der
Kanal geradeaus weiterfließt und nun ruhiger und idyllischer
wirkt. Fünf Minuten später weitet er sich vor dem Kranken-
haus Am Urban, wo grasbewachsene Uferstreifen in geräumige
Böschungen übergehen, auf denen Leute picknicken und Par-

chen am Wasserrand Flaschenbier trinken. Auf dem Wasser sammeln sich Schwäne in größeren Familienverbänden, drängen sich aneinander, schnarren oder putzen sich mit einzigartiger Hingabe die Federn. Tiefer in Kreuzberg treffen drei Wasserarme an einem Knotenpunkt zusammen, der sich auf einen dreieckigen See öffnet. Das ist das Ende des Landwehrkanals. Hier überquere ich die letzte Brücke und kehre an seinem Ostufer nach Hause zurück.

Drei Tage später gehe ich in entgegengesetzter Richtung los: das Westufer entlang, in den Tiergarten, gar durch den Zoo selbst hindurch, wo ich kurze Blicke auf Gazellengehege und Häuser mit exotischen Vögeln erhasche, und weiter nach Charlottenburg. Am Ende fließt der Kanal in einem weiteren dreieckigen Knotenpunkt in die Spree, und ich überquere das Gewässer, um am anderen Ufer nach Hause zurückzukehren. Diese Exkursionen sind mein Versuch, Zeugin zu sein und eine erlaufene Erfahrung über all das zu legen, was ich beim Studieren gedruckter Karten, bei der Suche im Internet oder beim Nachschlagen geschichtlicher Ereignisse gefunden habe. Mit dem Smartphone nehme ich Dutzende Bilder auf: von eisernen Brücken, graffiti-verschmierten Statuen, Gedenktafeln, Schienen, Bäumen und grasbewachsenen Böschungen, den auf dem Wasser versammelten Schwänen, dem stummen Wasser selbst, eingefasst von seinen engen Betonufern. Aber das Erlebnis ist, so zeigt sich, merkwürdig nichtssagend. Der Kanal und die Gehwege sind einfach nur da und werden genutzt. Die Brücken und Ufer sind nichts weiter als integraler Bestandteil des städtischen Terrains und des Verkehrsnetzes. Meine Versuche, all diese Elemente übereinanderzuprojizieren, und mein Wunsch nach einem Narrativ oder einer Offenbarung, nach einer irgendwie bedeutsamen Wegkreuzung, sind vergeblich. Der aufregendste Augenblick ereignet sich, als ich an einem beeindruckenden alten Baum am Westufer vorbeigehe, oben in der Nähe des Tiergartens. So viele Bäume dieses Alters und dieser Pracht gibt es in Berlin nicht. Von den ursprünglich 200 000 Bäumen im Tiergarten haben gerade einmal 700 die Zerstörungen des Zweiten Weltkriegs und seiner Folgezeit überlebt, als das Brennholz in der Stadt knapp war. Diesem Baum gelang das: Es handelt sich um eine zweihundert Jahre alte Stieleiche, die eine Tafel eigens als »Naturdenkmal« ausweist. Ein älteres deutsches Paar kommt vorbei und schließt sich meiner Bewunderung an. »Oh, das ist ja ein Baum!«, ruft der Herr seiner Begleiterin zu.

Ein Stück den Kanal hinauf, kurz vor der Lichtensteinbrücke, wo der Wasserlauf sich durch die Anfänge des Tiergartens schlängelt, stoße ich auf eine weitere Tafel. Eine bronzefarbene Plakette im Andenken nicht ans Überleben, sondern ans Verschwinden. »Im Kampf gegen Unterdrückung, Militarismus und Krieg starb die überzeugte Sozialistin Rosa Luxemburg als Opfer eines heimtückischen politischen Mordes«, steht dort in klotzigen, erhabenen Buchstaben.

• • • • •

Es schwimmt eine Leiche im Landwehrkanal,
Lang se mir mal her,
aber knautsch sie nich zu sehr …

Die Leiche in diesem beliebten Lied aus der Weimarer Republik ist die von Rosa Luxemburg. Am 15. Januar, nach der gewaltsamen Niederschlagung des Spartakusaufstandes und gerade einmal zwei Wochen nach der Gründung der Kommunistischen Partei Deutschlands, wurden ihre Anführer, Rosa Luxemburg und Karl Liebknecht, von Anhängern der rechten Freikorps festgesetzt, einer paramilitärischen Einheit, die nach dem Ersten Weltkrieg entstanden war. Sie wurden ins Hotel Eden gebracht, eines der besten Häuser der Stadt, nicht weit entfernt von der Corneliusbrücke am Kanal.

Die Bar im Hotel Eden war eine der elegantesten in Berlin und ein berühmter Treffpunkt für Schriftsteller, Schauspieler und Künstler. »Chris, *darling*, du bringst mich doch bis zum Eden, oder?«, fragt Sally Bowles ein Jahrzehnt später Christopher Isherwood in *Leb wohl, Berlin*. »Obwohl es nur ein paar hundert Meter waren, bestand Sally darauf, ein Taxi zu nehmen. Es sei absolut undenkbar, erklärte sie, zu Fuß vor dem Eden zu erscheinen.«[8]

Das Eden war auch das Hauptquartier der Garde-Kavallerie-Schützen-Division, einer berüchtigten Einheit der Freikorps. Diese im Verborgenen operierenden Netzwerke aus Schlägern horteten aus den Beständen des Ersten Weltkriegs geschmuggelte Waffen in geheimen Lagern und waren »Zuchtstätten eines kaiserhörigen schneidigen Offizierstyps«, wie Klaus Theweleit in seinem 1977 erschienenen Buch *Männerphantasien* schreibt. Theweleit führt den Begriff »soldatische Männer« ein, um damit die Freikorps und ihre Erben zu beschreiben, jene »›unheilbaren Militaristen‹, die den Weimarer Regierungen immer recht gewesen waren, wenn es galt, die ›Republik‹ gegen Links zu ›schützen‹«.[9] Die Regierung, die voll Sorge die wachsende Sympathie für die Kommunisten beobachtete, war bald sehr gut darin, die Augen vor einer Kugel im Kopf oder einem leblosen Körper zu verschließen, der mitten in der Nacht in den Kanal geworfen wurde.

Nach Stunden des Verhörs und der körperlichen Misshandlung im Hotel Eden fuhr man Karl Liebknecht in den Tiergarten und schoss ihm in der Nähe von Lennés Neuem See in den Rücken. Rosa Luxemburg wurde mit einem Gewehrkolben bewusstlos geschlagen, in den Kopf geschossen und in den Landwehrkanal geworfen. Ihre Leiche verschwand und wurde erst Monate später entdeckt, als sie am 1. Juni 1919 im Wasser trieb. Währenddessen schaute die Stieleiche zu, eine stoische Zeugin am Ufer.

· · · · ·

Was bedeutet es, Zeuge zu sein, etwas als Erster zu sehen, direkt darauf zu schauen und sich nicht wegzudrehen. Im Duden steht: »Bezeugen« bedeutet »über, für etwas Zeugnis ablegen; etwas als Zeuge, Zeugin erklären; durch Zeugenaussage, Zeugnis beglaubigen, bestätigen, bekräftigen«. Etwas mit eigenen Augen sehen. Das deutsche Wort »Zeuge« oder »Augenzeuge« geht auf »ziehen« zurück – »die vor Gericht gezogene Person«. Der Begriff impliziert einen richterlichen Aufruf, eine Aussage vor einem Publikum. Etwas zu bezeugen, kann jedoch auch eine private Handlung sein. Ein Tagebuchschreiber bezeugt die Ereignisse, Menschen, Gefühle und Gedanken, die sich zu einem Tag zusammenfügen. Menzel, Benjamin, Hessel und Isherwood nehmen alle die Rolle eines Zeugen ein und halten räumliche und zeitliche Beweise für ein zukünftiges Publikum aus Unbekannten fest. Die genauen Details sind bis dahin verschwunden. Es ist allerdings schwerer, die weibliche Perspektive zu finden, das Zeugnis einer Frau über die sich wandelnde Stadt. Die Worte der Schwestern, die von Menzel gemalt wurden, oder die der Ehefrauen Hessels und Benjamins, die ebenso direkte Zeuginnen der Stadt waren, während sie Jahrzehnte der Industrialisierung durchlief und sich auf die Wirren des Krieges zubewegte.

Ich begebe mich in die Rolle der Zeugin, sage über dieses Kanalufer aus, dieses Stück Geschichte. Ich nehme Beweismaterial auf, um die Bedeutung des Sichtbaren, die Bedeutung dieses Materials zu verstehen und um zu bezeugen, was da ist. Doch versuche ich ebenfalls, jene Gewichte und jenes Geflüster zu erkennen, deren Gegenwart mit den Augen nicht gesehen werden kann. Um die widersprüchlichen Kräfte zu bestimmen, die diesen Ort beeinflussen. »Berlin widersteht mir«, lese ich in den Tagebucheinträgen auf meinem

Computer. »Es ist so schwer, sich dem Fluss der Stadt anzupassen. Überhaupt irgendetwas zu tun. Die Stadt hat keinen Fluss. Versinkt im Sand und wird vergessen. So viele alltägliche Leben.«

· · · · ·

»Es schwimmt eine Leiche im Landwehrkanal« … Zum ersten Mal stieß ich auf dieses Lied, »den öden, alten Singsang«, in den Tagebuchaufzeichnungen einer namenlosen Frau in Berlin, die sie in den letzten Tagen des Zweiten Weltkrieges im April 1945 aufgeschrieben haben soll. Von dem russischen Soldaten Anatol, mit dem sie sich als notwendigem Beschützer (wenngleich nicht ohne einen Preis) angefreundet hat, erfährt sie, dass die Kämpfe den Kanal erreicht haben.

> Anatol berichtet, daß die Front nunmehr am Landwehrkanal liegt, und ich muß an den öden, alten Singsang denken: »Es liegt eine Leiche im Landwehrkanal …« Viele Leichen werden nun darin liegen. Anatol behauptet, daß sich in den letzten Tagen 130 deutsche Generäle ergeben hätten. Er kramt aus einer Zellophantasche eine Karte von Berlin hervor, zeigt uns darauf den Frontverlauf. Es ist eine sehr genaue Karte, russisch beschriftet. Eigentümliches Gefühl, als ich nun, Anatols Wunsch willfahrend, ihm zeige, wo sich unser Haus befindet.[10]

Ich erkenne dieses eigentümliche Gefühl, als ich meinen Finger an der Stelle auf die Karte lege, wo mein Haus damals und heute steht: am Ufer des Landwehrkanals, an der Front der letzten Straßenschlachten des Krieges. Fasziniert von dieser schreckenerregenden Tatsache, beginne ich das Internet zu durchsuchen, um mehr Hinweise zu finden. Und so stoße ich auf die Erwähnung einer Überflutung. Ende April 1945 wurde der »Nord-Süd-Tunnel«, ein S-Bahn-Tunnel unterhalb des Kanals, künstlich geflutet. Im Wikipedia-Artikel wird eine Augenzeugin zitiert, die in meiner Straße wohnt.

> Die Zeugin Frau R. wohnte am Tempelhofer Ufer. Von dort aus sah sie Leichen im Landwehrkanal schwimmen, es seien mindestens 1000 insgesamt gewesen […]. An der Sprengungstelle habe sich ein Wassersog der Art gebildet, daß die Leichen aus dem Tunnel in den Landwehrkanal gezogen worden wären.[11]

Die damaligen zeitlichen Abläufe sind konfus. Oberirdisch herrschten die Wirren der Kämpfe. Unterirdisch drängten sich Tausende Bewohner tagelang in Bunkern und Kellern. Der Anhalter Hochbunker, ein gewaltiger Betonklotz, von meinem Haus aus am gegenüberliegenden Kanalufer, nahm über 10 000 Menschen auf. Am 25. April 1945 rückte die Rote Armee entlang des Westufers des Landwehrkanals vor und näherte sich der Schöneberger Brücke von Süden. Das Gewässer trennte sie von den Amtsgebäuden auf der anderen Seite. Am nächsten Tag sprengten mobile Einsatzgruppen der Deutschen alle Brücken, doch die Sowjets fanden zwei Tage später einen Weg, trotzdem hinüberzukommen, indem sie die Trümmer der Hochbahn erklommen. Die sowjetischen Soldaten müssen direkt an meinem Haus vorbeimarschiert sein, als sie sich nach einer Möglichkeit umschauten, den Kanal zu überqueren, denn es steht zwischen der Möckernbrücke und der Schöneberger Brücke.

Ein paar Tage später, um den 1. oder 2. Mai herum, wurde die Decke des Nord-Süd-Tunnels unterhalb des Kanals gesprengt und der Tunnel vollständig geflutet. Die Einzelheiten dieses Ereignisses sind bis heute ebenso unklar wie strittig. Es konnte nicht ermittelt werden, wer den Befehl zur Sprengung gab und ob deren Folgen von vornherein bekannt waren.

Denn während vorgeblich der Vormarsch der Roten Armee durch diese unterirdischen Passagen aufgehalten wurde, ertranken als Nebeneffekt Hunderte, wenn nicht Tausende Zivilisten, die dort vor den Straßenkämpfen und den Luftangriffen über ihren Köpfen Schutz gesucht hatten. Die tausend im Landwehrkanal treibenden Leichen, von denen die Augenzeugin Frau R. berichtet hatte, waren angeblich die Leichen dieser Zivilisten.

Diese Schilderung stammt aus einem Buch, das 1992 vom Bezirksamt Kreuzberg veröffentlicht wurde. Ich spüre es auf und bestelle es sofort. Darin eine körnige, schlecht gedruckte Schwarzweißfotografie von einem riesigen, aus der Straße quellenden Brocken zerstörten Betons, der in einem merkwürdigen Dreieck über ein klaffendes Loch ragt. Die Bildunterschrift lautet: »An der Sprengstelle sind die Beton-Decken der südlichen Wehrkammer meterhoch in die Luft geflogen und haben sich beim Zurückfallen gegenseitig abgestützt.« Auf dem Bild ist die winzige Gestalt eines Mannes mit Hut zu sehen, der auf diesem Haufen gesprengten Betons steht.

In welchem Haus am Tempelhofer Ufer lebte Frau R.? Von meinem Haus aus den Kanal hinauf oder hinab? Oder war es vielleicht sogar meines, zu diesem Zeitpunkt eines von gerade einmal drei Gebäuden, die in diesem Straßenzug noch standen? Der Online-Artikel zitiert einen weiteren Augenzeugen, der am 11. Juni 1945 sagte: »Vom Landwehrkanal steigt ein so unerträglicher Dunst, dass jeder, der vorübergeht, sein Taschentuch gegen die Nase drückt.«

III.
GRUNDSTÜCK

DER BLICK, DEN MEIN FENSTER EINRAHMT, ist ein Auszug, aber kein genauer Schnitt durch die Zeit. Es ist ein ganz eigenes Passepartout, das Ort und Zeit einfasst. Würde ich es vom Vertikalen ins Horizontale kippen, könnte die so fixierte rechteckige Fläche eine archäologische Stätte darstellen, die man mit der eigenen Fantasie durchgraben und nach Bruchstücken der Vergangenheit durchsieben könnte. Nach Erlebnissen, die verschwunden sind und von denen keine materielle Spur bleibt, bis auf die etwaigen Ahnungen um ein Gebäude, einen Gehweg oder einen Park herum. Mit welchen Mitteln können diese Überbleibsel der Vergangenheit zusammengetragen werden, um verlorenes Potential abzubilden?

Durch das Küchenfenster im dritten Stock unseres Hauses am Tempelhofer Ufer schaut man auf Baumspitzen, die den Kanal zwischen städtischen Bauwerken bis in weite Ferne säumen. Selten sieht man Leute unten auf der Straße, bloß einen ständigen Fluss von Autos oder, im Sommer, Ausflugsbooten auf dem Wasser, die mit drei Hornstößen ihre Durchfahrt ankündigen, während Vögel auf ihren Bahnen den Himmel durchkreuzen. Die meisten Gebäude in Berlin schauen auf Fronten identischer Bauten auf der gegenüberliegenden Straßenseite. Hier jedoch hat man einen freien Blick, unterbrochen von unterschiedlichster Architektur, hintereinander angeordnet und jede ein Überbleibsel aus einer anderen Epoche. Ganz hinten steht das Rote Rathaus, ein roter Ziegelbau am Alexanderplatz im Osten. Auf der winzigen Spitze des Rathausturms weht eine Fahne, gleich der Schachbrettflagge an einer Ziellinie.

Es ist ein warmer, sonniger Tag Ende Mai, einer in einer ganzen Reihe solcher Tage, als ich mich auf den Weg den Kanal hinab zum Grundbuchamt mache. Ich hoffe, einen Zugang zur Geschichte unseres Hauses und seines Umfelds zu erlangen; Einzelheiten, die sich nicht rein zufällig in Artikeln im Internet oder in kleineren Berichten in der Literatur auftreiben lassen. Eine leichte Brise weht übers Wasser und bringt ein ungewöhnliches Gefühl von Bewegung mit. Das Grundbuchamt ist nicht weit weg, in der Möckernstraße genau auf der anderen Seite der Möckernbrücke, deren Überreste die Sowjets in den letzten Tagen des Zweiten Weltkrieges erklommen. Die Sachbearbeiterin, Frau Lier, hat sich bereit erklärt, mir die Akten zum Gebäude zu zeigen, da ich Miteigentümerin des Grundstückes bin. Als sie mich nach meinen Gründen fragt, antworte ich, ich sei Schriftstellerin, was ihr zu genügen scheint.

Nachdem sie die betreffenden Akten aus dem Keller geholt hat, überreicht mir Frau Lier einen Stapel Ordner. Eine dünne Mappe ganz oben mit den neuesten Informationen und zwei dicke, von Papieren überquellend, deren verblassende grüne Deckel mit einer grauen Strickkordel zusammengehalten werden. Es ist aufregend, einen solchen Stoß Dokumente am Anfang einer Suche überreicht zu bekommen. Werde ich auf etwas stoßen, das mir etwas sagt? Einen Hinweis, der neue Bahnen öffnet? Die Suche hängt von vagen Strömen der Neugier ab, davon, aufmerksam zu sein und die Sinne auszufahren wie Tentakel, um zu erkennen, zu verknüpfen und zu interpretieren.

Ich nehme den Stapel Ordner von Frau Lier entgegen und setze mich damit an einen Tisch gegenüber einem Fenster, das auf einen Schirm dichten grünen Laubes auf der Möckernstraße schaut. Ich bin irritiert, als ich den ersten Ordner öffne und dort auf seitenlangen, notariell beglaubigten Kaufverträgen meinen eigenen Namen finde, gleich neben dem meines inzwischen geschiedenen Mannes. Danach suche ich nicht. Ich löse die graue Kordel, welche die beiden anderen Mappen zusammenhält, und entferne sie schnell. Laut Frau Lier gehen die Papiere bis ins Jahr 1967 zurück, doch stammt ein Dokument ganz oben aus dem Jahr 1943. Unterschrieben wurde es von Bruno Sala, dem damaligen Eigentümer des Hauses, Inhaber von A. Sala-Spiele, einem Papier- und Druckunternehmen im Luxussegment. Es ist sein Testament, datiert auf den 22. Januar 1943. Seine Ehefrau Charlotte sollte alles erben – sie und das gemeinsame Kind, das die beiden am 31. Juli 1942 adoptiert hatten, ein achtjähriges Mädchen namens Melitta. Es geht los. Ich bin bereits mittendrin, stecke in der Vergangenheit und der Geschichte einer Familie. Der Geschichte eines Hauses und eines geheimnisvollen Mädchens, das auf dem Höhepunkt des Zweiten Weltkrieges adoptiert wurde.

Eine dünne rote Mappe untendrunter enthält weitere lose Papiere, die sogar noch länger zurückreichen, bis in die 1930er Jahre hinein. Darunter ist ein mit Schreibmaschine geschriebener Brief, verfasst auf einem Blatt des mit dem Briefkopf der Firma versehenen Briefpapiers. »A. Sala: Fabrik und Verlag der Sala-Spiele mit Rotsiegel«, gegründet 1845. Der Briefkopf selbst ist kunstvoll gestaltet und gedruckt, so, wie es sich für eine »Luxus-Papier-Fabrik« und Druckerei der Extraklasse gehört. Das obere Drittel ausfüllend, ist neben den in vielen verschiedenen Schriftarten gehaltenen Kontaktdaten der Firma ein fein gezeichnetes und ordentlich gedrucktes Bild des Gebäudes am Tempelhofer Ufer zu sehen. Darauf das von schräg oben abgebildete und zur Straße gewandte viergeschossige Wohnhaus, hinter dem mit Bäumen bepflanzten Hinterhof eine Druckerei mit hohem Schornstein, aus dem Rauch aufsteigt. Draußen an der Straße stehen ebenfalls Bäume, während winzige Menschen in Gruppen von zweien oder dreien vorbeischlendern. Eine einzelne Gestalt steht mit zwei kleineren neben der Eingangstür des Hauses, direkt unter dem Küchenfenster im dritten Stock. Mein Fenster, an dem ich sonst stehe und hinausschaue, hier nun von außen betrachtet.

• • • • •

Sehr viel mehr lässt sich an dieser Stelle über das Gebäude selbst allerdings nicht in Erfahrung bringen, weshalb Frau Lier vorschlägt, ich solle es stattdessen beim Bauamt versuchen. Also vereinbare ich einen Termin bei der Bauaktenkammer, und ein paar Wochen später lasse ich mich mit zwei großen Archivboxen und drei zusätzlichen Ordnern, die alle mit unserem Haus zu tun haben, an einem Tisch nieder, während die Kreuzberger Sonne durch die Fenster scheint.

Die erste Box enthält drei weitere Mappen, die Dokumente darin rissig und mit der Zeit vergilbt. Als ich die erste Mappe aufschlage, verspüre ich wieder jenen Nervenkitzel, dieses Mal jedoch nicht den des Unbekannten, sondern den der Geschichte. Die kursive, mit Tinte verfasste Schrift auf den Dokumenten ist über eineinhalb Jahrhunderte alt. Das erste Mal wird das Grundstück am Tempelhofer Ufer in einem mit »Zimmermann, Berlin, 27. Juni 1858« unterzeichneten Papier erwähnt, einer Besitzurkunde. Im November 1858, ein paar Monate später, reicht jemand einen Antrag auf den Bau eines dreigeschossigen Wohnhauses mitten auf dem trapezförmigen Grundstück ein. Auch dieses Papier wurde von einem Herrn

Zimmermann unterschrieben, dessen Beruf als »Hofbäckermeister« vermerkt ist. In einem anderen Dokument, dieses Mal aus dem Jahr 1860, ersucht Herr Zimmermann eine Genehmigung für den Bau eines Stalls für seine Pferde. 1862 folgt ein Antrag auf eine Werkstatt. Inzwischen ist Herr Zimmermann nicht mehr Hofbäckermeister, sondern Holzhändler. Irgendwann in dieser vierjährigen Periode wechselte er seinen Beruf. In dieser Zeit der zügellosen Bauaktivität war Holz gewiss lukrativer als Brot. Denken Sie nur an all jene Zeichnungen Menzels von Maurern bei der Arbeit auf Holzgerüsten, mit ihren hölzernen Kübeln und Schubkarren. Oder an die Hinterhöfe mit ihren Holzzäunen und Leinen, auf denen die Wäsche im Wind flattert. An Berlin, das vom Kahn gebaut ist.

Dass der erste Mensch, der auf diesem Grundstück bauen ließ, ausgerechnet »Zimmermann« hieß, scheint auf unheimliche Art und Weise passend. Während der englische Begriff, *carpenter*, auf den Hersteller von Wagen, *cars* oder *chariots* zurückgeht, bezieht sich die deutsche Entsprechung auf einen Fertiger von Zimmern. »Das ist doch schön, nicht wahr?«, merkt der Künstler und Dichter Jimmie Durham in einem Buch über seinen eigenen Aufenthalt im Berlin des späten 20. Jahrhunderts an. »Der Mann macht keine Wände, die sind bloß Beiwerk. Er macht den Raum innerhalb der Wände.«[12] Herr Zimmermann, ehemaliger Hofbäckermeister, ist, seitdem er auf dieses merkwürdig geformte Stück Land gezogen ist, im wahrsten Sinne des Wortes zu einem Mann des Zimmers geworden. Diese Zimmer werden hier am Ufer des Landwehrkanals hergestellt, während drumherum die Stadt zu wachsen beginnt.

In einem anderen Ordner des Archivs stoße ich auf die Originalpläne des Gebäudes, in dem ich heute lebe; Skizzen aus dem Jahr 1869, auf denen ebenjene Zimmer auf großen, dünnen Bogen zusammengefalteten Papiers mit Tinte gezeichnet wurden, bevor man die Mauern errichtete. Die Entwürfe, dieses Mal von den Gebrüdern Zimmermann – den Brüdern Hermann August Emil und Carl Ferdinand Emil – eingereicht, sehen eine architektonische Umgestaltung vor, welche die sich wandelnde Stadtlandschaft widerspiegelt. Ihr schlichtes altes Haus, mittig auf dem großzügigen Grundstück platziert, nebst angrenzendem Stall und anliegender Werkstatt, wird dem Erdboden gleichgemacht, um Platz für ein schickes vierstöckiges Wohnhaus zu schaffen, das direkt am vorderen Rand des Grundstückes erbaut wird. Sein Stil deutet auf das hin, was später als Berlins »Gründerzeit« bekannt werden sollte. Nach 1871, als die Bevölkerung der Hauptstadt des gerade vereinten Deutschen Reiches Jahr für Jahr rapide wuchs, tauchten Wohnhäuser wie dieses überall in der Stadt auf: vier Stockwerke hoch, mit Fensterreihen an der Vorderseite sowie einem Seitenflügel, der in einen Hinterhof führt, dahinter häufig noch ein zweiter Hof. Die Eigentümer und die wohlhabenderen Bewohner lebten in den helleren, geräumiger geschnittenen Wohnungen im Vorderhaus, während die dunkleren und engeren Seitenflügel um den Innenhof herum an die niederen Klassen vermietet oder als Fabriken oder Werkstätten für die Heimindustrie genutzt wurden. Das waren die berüchtigten und vielgescholtenen Berliner Mietskasernen. Ihr Aufbau war dergestalt, dass sie die soziale Schichtung verstärkte. Doch musste die rapide wachsende Bevölkerung der Stadt irgendwo untergebracht werden, und so galten diese imposanten Wohnhäuser als effizienteste Lösung.

Nach Zimmermanns Plänen zu urteilen, hat sich das Haus in den Jahrzehnten seitdem kaum verändert. In diesem Gebäude, das seit 1869 hier am Kanalufer steht, scheint die Sonne jeden Tag zunächst in die nach vorn gelegenen Zimmer, bis sie das Haus zur Mittagszeit so weit umrundet hat, dass sie schräg in das Eckzimmer schaut, bevor sie sich am mittleren oder späten Nachmittag schließlich in den Seitenflügel begibt.

Die Zimmer, ihre Anordnung und dieses Belichtungsmuster sind allesamt gleich. Wie aber hat sich ihre Bewohnung im Laufe der Zeit auf sie ausgewirkt? Welche Erlebnisse haben auf ihre unveränderlichen Geometrien abgefärbt?

Das Eckzimmer, in das um die Mittagszeit herum kurz die Sonne scheint, nennt man »Berliner Zimmer«. Diese Art von Zimmer bildet, so, wie es für ein Haus jener Zeit typisch ist, einen Knotenpunkt zwischen den Zimmern im Vorderhaus und denen im rechtwinklig zum Vorderhaus angelegten Seitenflügel, der auf den Hinterhof blickt. Das Berliner Zimmer ist häufig düster und hat nur ein einziges Fenster hinaus auf den zentralen Innenhof. Ein schummriger Durchgangsraum. Das Berliner Zimmer in Zimmermanns Haus war jedoch ungewöhnlich eindrucksvoll, und das nicht nur wegen seiner Größe und seiner vornehmen, über drei Meter hohen Decken, sondern wegen seiner achteckigen Form. Der Seitenflügel dieses Gebäudes, das auf einem schräg geschnittenen Grundstück errichtet wurde, ist nicht in einem rechten, sondern in einem spitzen Winkel zum Vorderhaus gebaut. Das hat nicht nur den exzentrischen achteckigen Grundriss des Hauptgebäudes zur Folge, sondern auch kleinere Eigentümlichkeiten überall im Haus: Flure, die in merkwürdig konischen Dreiecken enden, und Sichtlinien, die symmetrisch erscheinen, es tatsächlich aber nicht sind.

• • • • •

»Gestern haben wir uns eine neue Wohnung angesehen«, steht in meinem Tagebuch. »Vielleicht ist sie etwas. Sie ist merkwürdig. Sie hat Potential. Sie liegt direkt am Kanal und schaut auf einen verrückten Berliner Teppich aus unterschiedlichen Dächern und Gebäuden. Sie ist seltsam, vielleicht sogar ein bisschen gruselig. Ein riesiger Balkon zur Straße hinaus. Es ist aufregend. Wir werden sehen.«

Schaue ich jetzt auf diese Zeiten zurück, erkenne ich, wie naiv ich damals war, an diesem Tag im November 2012, als wir zum ersten Mal die Wohnung am Tempelhofer Ufer besichtigten. Damals war das Gebäude in einem grellen Orange gestrichen, und der Name »A. Sala« prangte in großen Lettern über dem bogenförmigen Eingang zum Hinterhof. Wohnungen wie diese waren schwer zu finden: geräumig und im oberen Stockwerk eines Altbaus, der, und das war am wichtigsten, unrenoviert war. Die Fotos auf der Online-Immobilienplattform zeigten triste Zimmer mit abgetretenen Böden und eigentümlich angeordneten Möbeln. Ich hielt die Schäbigkeit dieser Bilder für ein gutes Zeichen. Außerdem lag die Wohnung am Kanal, wie der Makler mir am Telefon bestätigte. Wir stiegen die Treppe ins dritte Stockwerk hinauf, und der Makler ließ uns in die Wohnung. Vier nach vorn ausgerichtete Zimmer, angeordnet in einer imposanten Enfilade und durch getäfelte Flügeltüren miteinander verbunden, waren allesamt vollkommen leer, bis auf Kartons, die man in der Mitte zu großen Stapeln aufgetürmt hatte. Diese verblassten und modrigen, aber herrschaftlich geschnittenen Räume schienen so voller Potential. Sofort zog es mich zu den Fenstern, und ich schaute hinab aufs Wasser.

Vergleiche ich diesen Tag unseres ersten Besuchs mit Tagebucheinträgen aus dieser Zeit, erkenne ich wie mit einem dumpfen Schlag, dass unser Privatleben im Augenblick dieser Wohnungsbesichtigung bereits einen kompletten Tiefpunkt erreicht hatte, auch wenn uns das damals noch nicht bewusst war. Ich versuchte, ein Buch zu beenden. Mein Mann war wegen der Arbeit ständig auf Reisen. Durch diese Abwesenheiten verloren wir uns aus den Augen. War das wirklich noch ein Familienleben? Ich hatte mir die Familie als zartes System aus Gegengewichten vorgestellt, bei dem der Schwung des einen Teils die Stasis des anderen benötigte, und das in einem stets rotierenden Zustand des gegenseitigen Gebens und Nehmens. Stattdessen hatte sich die Aufgabenteilung, die sich anfangs ganz wie von selbst ergeben hatte, zu Fronten verhärtet. An irgendeinem Punkt hatte ich die Orientierung verloren, ohne es zu merken. So wie die Frauen am Schultor, über die ich einmal in einem Gedicht las, das ich nie vergessen, aber nie mehr finden konnte: Frauen, die in ihrem eigenen Leben an den Rand gedrängt werden. Eine Reihe von Frustrationen, Enttäuschungen und Ausflüchten hatten zu einem durchdringenden Schweigen geführt, das immer dichter wurde und den Raum zwischen uns ausfüllte. Und dann gingen wir die Wohnung besichtigen.

Einen Monat später kam es dann zur Krise. Inmitten der Unterhaltungen über die neue Wohnung – sollten wir sie nehmen oder nicht? – sprach ich das Thema Zufriedenheit an. Die Antwort meines Mannes war unnahbar und stumpf und schien vom Grunde des Ozeans heraufzusteigen. »Ich bin nicht unzufrieden.« So vieles blieb unausgesprochen.

Selbst zu diesem Zeitpunkt, in einer Gesellschaft, die so weit ist, kommt es automatisch immer noch zu der Unterscheidung, die Marguerite Duras für ein Haus und ein Heim beschrieb. »Die Frau ist das Heim«, schreibt sie. Die Männer dagegen seien zwar »imstande, Häuser zu bauen, aber nicht, sie zu schaffen«.[13] Jedes andere Szenario bedarf gemeinsamer Anstrengung, Aufmerksamkeit, Verhandlung, Wiederholung. Ich – wir – entschieden uns, diesen Konflikt zu vermeiden und den einfachen Weg von der Stange zu gehen. Ich kümmerte mich um den Haushalt und die Kinder und den Großteil des Liegengebliebenen, der bei einer Familie so anfällt, und quetschte meine eigene Arbeit dort hinein, wo Platz war. Er sorgte für ein stabiles Einkommen, konnte reisen und sein Unternehmen wachsen lassen. Er baute sozusagen das Haus und erledigte manchmal die Einkäufe. Während er immer mehr in Schwung geriet, nahm meine Stasis zu. Gefangen in diesem Ungleichgewicht, gerieten wir in eine gegenseitige Abhängigkeit. Unglücklich, aber nicht unzufrieden.

Auf mich wirkte die neue Wohnung lächerlich, über-dimensioniert, einfach zu viel. Doch trotz allem, trotz alledem, als wären wir beide auf einer parallel verlaufenden Spur, die auf das Potential ausgerichtet war – das des Hauses und das des Heims –, entschieden wir uns dafür. Wir kauften die Wohnung, und damit wurde sie zu unserem Projekt. Ein Ersatz, mit dem wir die Leere zwischen uns füllten. Wir verbrachten Stunden damit, die Zimmer auf und ab zu gehen, Pläne zu zeichnen, Architekten zu befragen und Berechnungen anzu-stellen. Wir widmeten Monate dem Prozess, suchten Verputz aus, einigten uns auf Details und trafen eine Entscheidung nach der anderen. Mit der größten Sorgfalt achteten wir auf Proportionen, Oberflächen, Erscheinungsbild. Denn das war genau, was wir wollten. Oder nicht?

· · · · ·

Zunächst schob ich die gespenstische Atmosphäre der Woh-nung auf ihre Tristheit. Ihre abgenutzten Holzfußböden und vergrauenden Wandfarben. Oder den Umstand, dass sie in den letzten paar Jahren nie durchgängig bewohnt worden war. Es war ein oberflächliches Problem, ein zeitweiliger Rückschlag, den eine Renovierung lösen würde. Wir durchbrachen eine Wand und zogen eine andere hoch. Legten grobes Eichenholz aus und gossen Betonböden. Das Badezimmer wurde mit rosa geädertem Marmor verkleidet. Messinggriffe wurden an frisch glänzende, weiß gestrichene Fensterrahmen angebracht. Die beunruhigende Grundstimmung würde verschwinden, da war ich mir sicher, sobald diese ganze Arbeit beendet war und wir die Zimmer mit Leben füllten.

Die Wohnung, in die wir endlich einzogen, war gewiss schön, aber zu kühl, um einer Familie in der Krise eine Stütze zu sein. Die exzessive Aufmerksamkeit, die wir ihren Ober-flächen gewidmet hatten, entsprach dem Mangel an Aufmerksamkeit für unsere untergehende Beziehung. Außerdem war sie viel zu groß. Laut den Regeln des Feng-Shui sollte ein Haus eine mittlere Größe haben: »weder zu groß noch zu klein. Ein kleines Haus mit zu vielen Bewohnern ist nicht zu empfehlen, desgleichen nicht ein großes Haus mit nur wenigen Bewohnern.« Wie konnten wir, eine vierköpfige Familie mit zwei schwarzen Katzen, darauf hoffen, all diese zahlreichen und riesigen Räume mit Leben zu füllen?

Wir zogen ein. Ich konnte nicht schlafen. Es fühlte sich unbehaglich an. Der im Seitenflügel gelegene Flur, der zu unserem Schlafzimmer führte, kam mir so endlos lang vor. Ich taufte ihn den »Korridor des Elends«. Ich dachte mir neue Lösungen für das aus, was ich für die Probleme der Wohnung hielt: einen Vorhang, einen Spiegel, ein eingebautes Bücherregal. Im Laufe von sechs Monaten drangen jedoch Streitfragen und Unterströme an die Oberfläche, ausgelöst von einer Wasserpfütze auf dem Küchenfußboden. Gut gehütete Geheimnisse stiegen auf und machten auf sich aufmerksam. Klamme Wunden der Vernachlässigung und des Misstrauens wurden auf einmal sichtbar. Aufwallender Groll trat über die Ufer. Die elegante neue Wohnung richtete diese häusliche Tragödie aus, stellte Kulissen für die üblichen, über den Küchentisch hinweg geführten Streitgespräche bereit, oder für Telefonate im vom Mondlicht beschienenen Schlafzimmer spät am Abend, sobald die Kinder schliefen. »Renovierungen sind für eine Ehe mit mehr Stress verbunden als ein Neugeborenes«, las ich in einem Artikel im Internet. Zwölf Prozent aller Hausrenovierungen, stand da, enden in einer Scheidung.

· · · · ·

Der Wasserschaden sorgte dafür, dass ich Parvati hinzuzog, eine Feng-Shui-Meisterin, die in Berlin lebt. Bis zu diesem Zeitpunkt war es zu sechs verschiedenen Vorfällen dieser Art gekommen, alle vollkommen unabhängig voneinander an einem anderen Ort in der Wohnung. Außerdem suchte ich nach Rat für die Umgestaltung unseres Heims, nach einer zweiten Meinung, um die Entscheidungen zu bekräftigen, die ich inzwischen ganz alleine traf. Unser erster Versuch, hier zu leben, war schnell gescheitert, und mir blieb nichts anderes übrig, als durch die Zimmer dieser überdimensionalen Wohnung zu geistern, mit zwei verunsicherten Kindern und zwei gleichgültigen Haustieren. Vielleicht würde ein Ritual helfen, um einen neuen Anfang kenntlich zu machen?

Parvati kam an einem Donnerstagmorgen vorbei, sie war zu spät, weil sie das Haus nicht finden konnte. Sie war zweimal genau daran vorbeigegangen, obwohl die Nummer auffällig an der Fassade steht. Tatsächlich wird das Haus oft übersehen; es scheint in einem blinden Fleck des GPS zu existieren, als wäre es gar nicht da. Als ich Parvati die Tür öffnete, einer Deutschen Mitte fünfzig in locker fallender Kleidung, mit strahlenden Augen, einem Kranz dünnen braunen Haars und einer leisen Stimme, erwartete ich, dass sie mich zur korrekten Platzierung unserer Betten und der Ausrichtung unserer Spiegel oder zu den besten Plätzen zum Arbeiten und Ausruhen beriet. Als wir allerdings gemeinsam durch jedes Zimmer gingen, hatten ihre Betrachtungen weniger mit der Anordnung von Objekten als mit der Atmosphäre zu tun. Vor allem damit, wie die Energie sich anfühlte. Sie untersuchte Symptome, als wäre die Wohnung ein Körper. Für sie war klar, dass dieser Körper krank war.

Am meisten beunruhigte Parvati das Berliner Zimmer. Darin standen kaum Möbel – ein durchgesessenes schwarzes Sofa und ein paar Ledersessel auf einem Perserteppich vor einem Fernseher sowie eine Kommode an der Wand. Dennoch fiel es nicht leicht, sich darin zu bewegen. Man wurde langsamer, und eine Schwere schien an den Beinen zu ziehen. Die Luft war merkwürdig dicht, als wäre sie von irgendeinem feinen Stoff verstopft. Verklumpte Teilchen, die dem Raum einen leicht grauen Schimmer verliehen und den Blick aus dem Fenster verdeckten. Parvatis Diagnose hatte weniger mit visuellen Phänomenen als mit einem anderen mehrdeutigen sensorischen Bereich zu tun, der auf Widerstände und Strömungen reagierte. Ob die Symptome nun offensichtlich waren oder nicht, hing ab von der eigenen allgemeinen Sensibilität und dem Willen, zu glauben.

Im Berliner Zimmer erwähnte Parvati zum ersten Mal die Vergangenheit. Diese Schwere, diese Dichte der Luft, liege daran, dass die Räume bereits besetzt seien. Deshalb falle es uns so schwer, nun hier zu leben. Ungelöste geschichtliche Ereignisse bewirkten, dass die Wohnung noch bewohnt war. Eine Bewohnung ist nicht dasselbe wie ein Spuk, sie bedeutet aber, dass der Raum nicht frei ist. Als ich den Wasserschaden erwähnte, war Parvati überhaupt nicht überrascht. Nach der Lehre des Feng-Shui verweist ein beständiges Leck auf ein Trauma. Eine alte Wunde vermag nicht zu heilen, und es ist, als ob das Haus weinte.

IV.
WASSERLAUF

DIE CHINESEN HALTEN FENG-SHUI nicht für Aberglauben, sondern für eine »auf Beobachtung gestützte Wissenschaft«, lese ich in *Five Classics of Fengshui*, der englischen Übersetzung von fünf alten chinesischen Texten. Den Ausgangspunkt bildet dabei stets der Ort. »Überall, wo der Mensch lebt, ist ein Ort. Wird eine schlechte Lage stabilisiert, hat das Unglück ein Ende, ganz so wie bei der Wirkung einer Medizin auf eine Krankheit. Deshalb ist der Standort die Grundlage des menschlichen Lebens.«[14] Ursprünglich diente die Lehre als Hilfsmittel bei der Platzierung von Grabstätten in den Bergen, später wurde sie auf Gebäude übertragen. Ob nun allerdings bei Gräbern für die Toten oder Behausungen für die Lebenden – bei beiden kommt es in jedem Fall auf die »günstige Lage« an. Feng-Shui entwickelte sich im Laufe der Zeit zu einer Makrogeografie, welche die Landschaft wie ein Buch liest und das Schicksal der Menschen mit dem Wesen ihrer Umwelt verknüpft. Beide sind auf die Fruchtbarkeit angewiesen, die durch die Wechselwirkung zwischen feuchten Winden (*feng*) und Bergen entsteht, wodurch Wasser (*shui*) und das obere Erdreich erzeugt werden.[15] *Qi* oder *chi* bedeutet wiederum Luft oder Atem und gilt als Ursprung des Universums. »Das schwere und stabile *qi* verschmolz und wurde zur Erde. Das leichte und instabile *qi* stieg auf und wurde zum Himmel. Das *qi* der Erde und das des Himmels trafen aufeinander und wurden Yin und Yang.«[16] Die malerische Symmetrie dieses Bildes spricht mich an, doch zieht mich Feng-Shui besonders in den Bann, weil es sich um ein aufmerksames Beobachten bemüht.

Diese geomantische Tradition hat ein praktisches Ziel: Energieströme auszugleichen. Yin und Yang, Konflikt und Balance, Gewinn und Verlust, all das umfasst zyklische Flüsse von Energie. »Frühling und Sommer sind Yang, da sie nach oben und nach außen drängen, wenn Energie verbraucht wird; Herbst und Winter sind Yin, weil die Natur in diesen Jahreszeiten die Neigung nach unten und innen hat, Energie sammelt und spart«, schreibt die britische Autorin Leslie Wilson in der Beschreibung ihrer ersten Erfahrungen mit Feng-Shui in den frühen 1980er Jahren in Hongkong. »Das Chi kann verwehen oder auslaufen, ein Ort muss jedoch ausreichend offen sein, damit es hineinfließen kann.« Alles eine Frage der Feinkalibrierung: Das Chi muss sich frei bewegen können, darf aber nicht verschwinden. »Am besten steht ein Haus an einem leichten Hang, an dem das Wasser gut abfließt und am dem es vor starken Winden geschützt, aber für leichte Brisen erreichbar ist. Ein Wasserlauf vor dem Haus ist wünschenswert, aber nur, wenn die Lage günstig ist.«[17]

Als wir in unsere Wohnung einzogen, war ich davon ausgegangen, dass ein Leben am Wasser mir Zugang zu einem Strom bieten würde, doch sind die hiesigen Wasserstraßen nicht für ihre Energieflüsse bekannt. Der Landwehrkanal ist ein menschengemachter Nebenarm der Spree, die sich auf 400 Kilometern in unschlüssigen Schleifen von der Grenze Ostdeutschlands zu Polen und Tschechien bis hin zu ihrer Mündung in Spandau im Berliner Westen schlängelt. Anders als bei der Themse, dem Hudson River oder der Seine hat man bei der Spree keinen Begriff davon, nördlich oder südlich des Flusses zu sein, es gibt kein linkes oder rechtes Ufer, das den Charakter eines Bezirks prägt. Überquert man eine der achtundzwanzig Brücken über die Spree, bemerkt man den Fluss darunter kaum. »Er verbindet nicht, er trennt nicht; er ist einfach ein Wasserlauf, über den man sich Gedanken nicht macht«, schrieb Karl Scheffler, einer von Berlins übellaunigsten Apologeten, in seinem 1910 erschienenen Buch *Berlin. Ein Stadtschicksal*.[18] Der mit neun Kubikmetern pro Sekunde bereits sehr niedrige Volumenstrom der Spree fällt auf gerade einmal vier Kubikmeter pro Sekunde, wenn sie die Stadt erreicht. Dieses langsam strömende Gewässer steht kurz vor dem Stillstand. 2003 soll die Spree laut Berichten in Köpenick am östlichen Rand Berlins rückwärts geflossen sein.

Dem trägen Fluss der Spree hält in dieser Stadt nur der brutale Wind etwas entgegen, der von Osten heranweht und ungehindert über das flache Land bläst. Hänge, ob steil oder sanft, gibt es hier kaum. Nach der Lehre des Feng-Shui ist das ein fürchterlicher Ort für den Bau einer Stadt. Auch Scheffler setzt sich mit der Frage des Standorts auseinander: »Kann man die einzelnen Unzulänglichkeiten des Stadtplans auch auf besondere Ursachen zurückführen, so liegt die letzte Ursache aller Fehler und Häßlichkeiten doch darin, daß Berlin nicht natürlich wie ein Gewächs, sondern künstlich wie eine Gründung geworden ist [...]. Und darum fehlt jede Lebensstimmung der Schönheit und der Natürlichkeit [...].«[19] Das Urstromtal, in dem Berlin liegt, entstand in der letzten Eiszeit, als abfließendes Schmelzwasser, im Schlepptau Sand und Kies, eine pockennarbige Landschaft aus Seen und Flüssen hinterließ. »Die in Berlin unterirdisch fließenden Gewässer sind eine kaum in den Griff zu kriegende Gefahr, die sich nur schwer als Wasserläufe definieren lassen«, erklärte ein Redner auf der Internationalen Feng-Shui-Konferenz, die 2010 in Berlin stattfand.[20] In den ersten Jahrhunderten n. Chr. siedelten sich in diesen ungeschützten und unwirtlichen Sümpfen Slawen an, sodass die Region bis zum 12. Jahrhundert eine stabile und florierende slawische Hochburg war. Dann nahmen um die Elbe herum lebende germanische Christen und die Oder kontrollierende polnische Katholiken das heidnische Berlin in die Zange, das 1157 schließlich an einen Fürsten namens »Albrecht der Bär« fiel.

• • • • •

New York ist auf festem Grund gebaut. Sobald man aus der Haustüre tritt, wird man von einem schnellen Strom mitgerissen, in dem Geschäfte abgeschlossen, Meinungen geprüft, Entscheidungen gefällt, Pläne umgesetzt und Taten beurteilt werden. Wer nicht mit der Geschwindigkeit dieser Stromschnellen mithalten kann, läuft Gefahr, unterzugehen. Das Tempo der Stadt toleriert keine körperliche Schwäche. Hier in Berlin passt man sich allerdings großzügig an körperliche Schwäche an. Jahr für Jahr, wenn die Jahreszeiten wechseln und der Winter sich langsam verabschiedet, kommt es zu einem bekannten Phänomen: ein kollektiver Abfall des Energielevels aller Bewohner, den man »Frühjahrsmüdigkeit« nennt. Es ist, als ob die vereinten Energiekanäle der Stadt umgeleitet würden, weg von der Bevölkerung und hin zu den schwellenden Knospen, die an den Tausenden Bäumen in den Straßen und Parks der Stadt erscheinen. Aber selbst über solch jahreszeitlich bedingte Phänomene wie die Frühjahrsmüdigkeit hinaus sorgt Berlins relative Unbeweglichkeit für ein lethargisches Tempo, das gleichermaßen ablenkt und befähigt. Da Berlin keine Finanz- und Handelsmetropole mehr ist, kann man dort anderen Wegen folgen als denen, die von Wachstum und Erfolg allein in ökonomischer Hinsicht bestimmt werden. Der fehlende Strom der Stadt sorgt für ein in Zeitlupe erfolgendes Dahintreiben, eine Entfaltung, die den unschlüssigen Schleifen der Spree oder den gewundenen Wegen von Lennés Tiergarten folgt. Sie kann in der gemütlichen Geschwindigkeit der Kontemplation erlebt werden.

· · · · ·

Die Berliner können sich zwar sehr leidenschaftlich mit den kleinsten bürokratischen Details beschäftigen, sind und waren aber weniger aufmerksam bezüglich anderer Bereiche des täglichen Lebens, die das allgemeine Wohlbefinden steigern oder dem möglichen Unglück einer Stadt mit schlechtem Standort entgegenwirken könnten. »Eleganz, Gunst, Wandel und Gefühl« sind laut Feng-Shui die gewünschten Kriterien für eine gute Lage.[21] In der Nähe des Hauses sollte es eine Quelle frischen, klaren, fließenden Wassers geben, und Bäume sollten als Windschutz gepflanzt werden.[22] Lennés Entwürfe scheinen mit ihrer Fülle an Bäumen und gewundenen Wasserläufen nebst der Senkung des ungewöhnlich hohen Grundwasserspiegels der Stadt diesen Vorgaben zu entsprechen. Gleiches gilt für seine Pläne, Berlin mit geraden, breiten und von Bäumen gesäumten Achsen zu versehen, damit der von Pferden gezogene Verkehr ordentlich fließen konnte, während ein grüner Gürtel die Wohnbezirke rings herum sanft umschließen sollte. Das Zusammenspiel menschlicher Bedürfnisse und der natürlichen Umwelt, die Feng-Shui anregt, hätte in Lennés Stadt ihren Raum gefunden, die darauf ausgelegt war, Gesundheit, Vergnügen und den Kontakt zur Natur in einem gemeinsamen Erlebnis zu ermöglichen. Solche Anliegen traten jedoch in den Hintergrund, als das 19. Jahrhundert voranschritt und die Industrialisierung sich beschleunigte. Eisenbahnen, Eisenhütten und schnell hochgezogene Wohnbauten hatten Vorrang vor nebulöseren, mit dem Wohlbefinden zusammenhängenden Qualitäten.

In den frühen 1860er Jahren erschien auf der Bildfläche der Stadtplanung eine neue Figur, die den Auftrag erhielt, einen Plan zur Unterbringung der beständig wachsenden Bevölkerung zu entwerfen. James Hobrecht, ein dreiunddreißigjähriger, auf Abwassersysteme spezialisierter Bauingenieur, war in Fragen der Stadtplanung unerfahren. Statt Lennés Vision von Grünanlagen, Gesundheit und Freizeit für alle überwiegen in Hobrechts »Bebauungsplan für die Umgebungen Berlins« von 1862 Rationalität und preußische Effizienz. Hobrecht füllte den organischen Flickenteppich aus Feldern, Wiesen und Wäldern jenseits der steinernen städtischen Zollgrenze mit einem rechtwinklig angelegten Gitter aus Straßen. Er ließ sich in einzelnen Aspekten von Haussmanns Plänen für das radikal umgestaltete Paris anregen, das er 1860 besucht hatte. Doch sah das streng geometrisch angelegte Straßennetz, das Hobrecht für Berlin ersann, keinen Raum für die eleganten Herzschlagadern von Haussmanns Pariser Plänen oder für die großzügigen Grünanlagen vor, die integraler Bestandteil von Hausmanns Entwürfen waren.[23] Die Wohnungsnot sollte mit einem Raster aus Häuserblöcken gelöst werden. Die klaren Sichtlinien von Lennés baumgesäumten Alleen wurden entweder ganz aufgegeben oder aufgerissen, damit sie Rangierbahnhöfe umrandeten. Auf dem Zeichentisch entworfene Pläne berücksichtigen kaum den Ort selbst.

Die leeren Flächen, die durch den neuen Straßenplan entstanden, übergab man Immobilienunternehmern und der größtenteils unregulierten Bauindustrie. Ohne übergreifende gesellschaftliche Vision oder die Sorge für das Wohlergehen der Bürger wurde jeder Quadratzentimeter bebaut, um den Wohnraum ebenso zu maximieren wie die privaten Profite. In den folgenden Jahrzehnten und bis ins frühe 20. Jahrhundert hinein errichtete man Tausende Mietskasernen, jede davon mit einer Reihe hintereinandergelegener, immer düsterer werdender Hinterhöfe, so viele, wie das Grundstück eben zuließ. Die einzige Bauvorgabe lautete, dass ein pferdegezogener Feuerwehrwagen im Hof wenden können musste.[24]

· · · · ·

Ein zwei- oder mehrgliedriges Sozialsystem war fester Bestandteil der Architektur einer Mietskaserne, die all jenen im Vorderhaus den Luxus von Licht, Platz und Eleganz bot, während die Armen in den dunklen, schlecht belüfteten Seitenflügeln und Hinterhöfen zusammengepfercht wurden, in denen Elend, Krankheit und Kriminalität gediehen. James Hobrecht verteidigte die gesellschaftlichen Unterschiede, die seinen Entwürfen eigen waren, in einer häufig zitierten Rechtfertigung, in der er sich geradezu naiv vorstellt, welche Vorteile es hat, wenn Arm und Reich auf engem Raum in einem Gebäude zusammenleben. »Hier ist ein Teller Suppe zur Stärkung bei Krankheit, da ein Kleidungsstück, dort die wirksame Hilfe zur Erlangung freien Unterrichts oder dergleichen und alles das, was sich als das *Resultat* der gemütlichen Beziehungen zwischen den gleichgearteten und wenn auch noch so verschiedenen *situierten* Bewohnern herausstellt, eine Hilfe, welche ihren veredelnden Einfluss auf den Geber ausübt.«[25] Hobrecht vertraute auf den reibungslosen und unausweichlichen veredelnden Einfluss von Bildung und Wohlstand, all jene erhebend, die unter schlechten Lebensumständen, Enge und dunklen, feuchten Zimmern litten, so als ob die tatsächlichen Bedingungen solch kläglicher Benachteiligung keinerlei Auswirkungen hätten.

Die Wirklichkeit hätte nicht unterschiedlicher sein können. Gutes und gesundes Leben und Wohnen waren denen zugänglich, die es sich leisten konnten, während die strengen sozialen und ökonomischen Hierarchien, die die Unterschiede aufrechterhielten, als Normen nicht angetastet werden durften. Eine rasende Industrialisierung hatte zur Folge, dass Berlin bereits 1870 die größte urbane Dichte aller Städte Europas besaß. »Zur Jahrhundertwende kamen erstaunliche 1000 Personen auf einen Hektar«, schreibt Alexandra Richie in *Faust's Metropolis*, ihrer einzigartigen Chronik Berlins aus dem Jahr 1998. »In jedem Zimmer wohnten im Durchschnitt fünf Menschen, doch laut den Berliner Archiven, die von Natur aus unvollständig sind, lebten in 27 000 Zimmern jeweils sieben, in 18 400 acht, in 10 700 neun und in vielen mehr als zwanzig Personen in einem Raum.« Eine günstige Lage hatte ihren Preis. »Mehr als 60 000 Menschen bewohnten ›offiziell‹ Kohlekeller«, schildert Richie.[26]

· · · · ·

In der Bauaktenkammer werden neben Herrn Zimmermanns 1869er Originalentwürfen für das vierstöckige Wohnhaus mit seinem achteckigen Berliner Zimmer und den Fluren mit den scharfen Winkeln, in dem ich jetzt lebe, unzählige andere Dokumente aufbewahrt, die über ein ganzes Jahrhundert zurückreichen. Die erstaunliche Menge an Papieren, die aus diesen Zeiten erhalten geblieben ist, verfasst in zackiger Tintenschrift, enthüllt den bürokratischen Eifer der Ämter, wenn es um Angelegenheiten der Planung, des Baus oder gar der Entwässerung ging. Neben polizeilichen Anordnungen, laut denen Herr Zimmermann glattes Kopfsteinpflaster oder Asphalt vor dem Grundstück zu verlegen hatte, finden sich jährliche Erhebungen der Wasch- und Baderäume pro Hausbewohner. Detaillierte Dokumente schlüsseln das 1888 eingebaute Abwassersystem auf und verzeichnen neun Hausklosetts und vier Badeeinrichtungen sowie fünf Etagenausgüsse im Haus selbst, zwei im Keller und vier Gullys, aber kein Hofklosett oder Hofpissoir.

Zwischen diesen offiziellen Untersuchungen stoße ich auf einen in blauer Schreibmaschinentinte getippten Brief, der auf den 5. Dezember 1899 datiert und mit dem Vermerk »Eilt!« versehen ist. Er ist an Dienststelle 11 des Königlich Preußischen Polizeipräsidiums zu Berlin adressiert; Absender ist ein gewisser Johann Tresp, der in einer der Wohnungen im hinteren Seitenflügel lebt. »Meine Wohnung ist so total naß, daß alle meine Möbel schlecht werden und daß wir Alle krank sind«, schreibt er. »Der Wirth weigert sich, die Wohnung machen zu lassen. Ich habe kleine Kinder und kann unmöglich länger in dieser Wohnung bleiben. Ich bitte daher um schleunigste Untersuchung. Hochachtungsvoll! Johann Tresp«. Eine Woche später folgt ein weiterer Brief mit dem Ersuchen, der Angelegenheit sofortige Aufmerksamkeit zu widmen, »um so mehr, als bei dem augenblicklichen kalten Wetter das wohnen in der qu. Wohnung unmöglich ist«. Am 21. Dezember schreibt Herr Tresp abermals, nachdem er keine Antwort auf seine vorherigen beiden Anfragen erhalten hat, dieses Mal verzweifelt: »Ich bitte ja nur um eine Mitteilung, ob der Wirth verpflichtet ist, die nassen Räume in Ordnung zu bringen oder nicht, damit ich weiß, an wen ich mich halten kann. Da ich kleine Kinder habe so eilt mir diese Sache ganz ungemein und bitte ich ganz gehorsamst nochmals um Beschleunigung der Antwort.« Das ist das letzte Dokument über Herrn Tresp und seine Wasserprobleme. Es gibt keine weiteren Papiere und keine Antwort von den Behörden, die anzeigt, ob gegen die Feuchtigkeit vorgegangen wurde oder nicht. Solche alltäglichen Schwierigkeiten verschwinden in den Ritzen der Geschichte, kaum je aufgezeichnet und noch seltener untersucht.

1899, dreißig Jahre nach dem Bau des Hauses, wurden Herrn Zimmermann durch seine Rolle als Vermieter heikle menschliche Verantwortlichkeiten aufgehalst – Verantwortlichkeiten für seine Mieter und deren Umfeld, für aufsteigende Feuchte, kranke Kinder und für verschimmelndes Mobiliar – statt für die auf Angebot und Nachfrage basierende Logistik von Bauholz, das auf bequemerweise am Kanalufer vertäuten Kähnen lag. Ein Wasserlauf vor dem Haus ist wünschenswert, aber nur wenn die Lage günstig ist, und Berlin hatte schon immer Probleme mit seinem Wasserspiegel.

V.
SUMPF

DINGE HABEN EINEN HANG ZU VERSCHWINDEN in einer Stadt, die auf Sand gebaut ist. Auf Märkischem Sand, wie er in der Gegend heißt: Als weiches und durchlässiges Medium nimmt er einen guten Teil der Energie auf, die über seine Oberfläche zieht. New Yorks Grundgestein ist harter, sicherer Boden, aus dem die Wolkenkratzer der Stadt schießen, über den der Hudson River und der East River fließen und auf dem Millionen von Bewohnern ihren dringenden täglichen Geschäften nachgehen. Aber Berlins sandiger Untergrund, dieses weiche und durchlässige Medium, übt einen feinen Zug nach unten aus. Erklärt das die merkwürdige Lethargie, die zuweilen über der Stadt hängt? Den gemeinsamen Eindruck von Trägheit? Häufig empfinde ich hier einen gewissen Mangel an Schwung, und damit bin ich nicht alleine. Das Gefühl, dass ein Teil der eigenen Energie einfach absinkt und im Fundament der Stadt verschwindet, in jenem saugfähigen und anschmiegsamen Sand. Sammelt sie sich irgendwo in großen versteckten Quellen unter der Oberfläche der Stadt?

Berlin wurde nicht nach dem Bären benannt, den die Stadt später als Maskottchen einführte, sondern nach dem slawischen Wort *brlo*: Sumpf. Diese Etymologie sorgt aus zweierlei Gründen für Scham. Erstens wegen des Eingeständnisses der slawischen Wurzeln der Stadt, als alle Dinge aus dem Osten als unzivilisiert galten und stattdessen die Herrschaftsansprüche der Hohenzollern betont wurden. Zweitens wegen des schlechten Rufs, den der Sumpf in geografischer wie metaphorischer Hinsicht genießt. Ein Sumpf stinkt, ist schwer und verbirgt Unrat. Für die stramme preußische Mentalität, die sich zwanghaft mit der hygienischen Beseitigung von Körperflüssigkeiten beschäftigt, ist ein Sumpf die denkbar schlechteste Lage. *Sümpfe, Fluten, Morast, Schlamm, Schleim* und *Brei* waren Substanzen, die allesamt Angstzustände in der aufrechten, soldatischen preußischen Moral auslösten, wie Klaus Theweleit in *Männerphantasien* erläutert. »[I]hre Eigenschaft, keine Spuren ihrer Tätigkeit zu hinterlassen, sich nach der Aktion wieder zu schließen, bietet sich an, Verborgenes, Dinge aus der Sphäre der Geheimnisse und aus dem Reich der Toten (Moorleichen) mitschwingen zu lassen. In jedem Sumpf, in dem man versinkt, liegt schon jemand.« Theweleit verbindet diese Furcht vor Flüssigkeiten mit dem Ekel und der Abscheu, welche die Freikorps und ihre Banden »soldatischer Männer« gegenüber Frauen empfanden. Solche Neigungen nährten den aggressiven Rassismus und Autoritarismus, der zum Aufstieg des Faschismus in Deutschland führte. »In der sehr frühen Erziehung zum soldatischen Mann [...] wird das Auftreten all der beschriebenen Feuchtigkeiten außerhalb der speziell dafür vorgesehenen Situationen und Orte unter strengste Strafe gestellt«, hält Theweleit fest und beschreibt ausführlich den spätpreußischen »Zwang zur Trockenlegung«, einen gefährlichen Nährboden für sexuelle Unterdrückung und tief verwurzelte, aber gut versteckte Ängste.[27]

Berlins sumpfiger Ursprung, der »Schleier über den feuchten Niederungen«, ist ein grundlegender, aber verborgener Teil der Stadt. Man kann ihn nicht sehen, weshalb man nur selten daran denkt. Manchmal weht einem jedoch ein Hauch unterirdischen Morasts in die Nase. Gerüche, die an Verborgenes erinnern. Dinge, die in geheime Gefilde gehören. Hin und wieder taucht solch ein verstörender Duft in meinem Badezimmer auf. Modrig, wie fauliger Kürbis. Etwas Schmähliches, Scham Auslösendes umgibt ihn, obwohl sein genauer Ursprung schwer auszumachen ist. Es ist, als ob etwas, das heimlich entfernt werden sollte, ungefragt, aber unsichtbar zurückgekehrt ist.

Manchmal steigen Dinge, die verschwinden sollten, wieder an die Oberfläche und quellen in die Sichtbarkeit über. So wie die Leiche von Rosa Luxemburg, die in den Landwehrkanal geworfen wurde und fünf Monate später im Wasser treibend wieder auftauchte. Die meisten Dinge sinken aber spurlos zu Boden. Spielt die Fähigkeit eines Sumpfes, Beweise zu verschlucken und »sich nach der Aktion wieder zu schließen«, ebenso eine Rolle für Berlins merkwürdig vergessliche Beziehung zur Vergangenheit?

Es ist schon fast paradox, denke ich jedes Mal, wenn ich von diesen widerlichen Gerüchen belästigt werde, dass James Hobrecht, der den Generalplan für die Anlage der Berliner Straßen und Gebäude entwickelte und damit den Fußabdruck der Stadt bis heute bestimmte, ein Ingenieur war, dessen Leidenschaft der Kanalisation galt. Hobrecht mag keine Erfahrung in Architektur oder Landschaftsgestaltung oder nicht einmal die geringste ästhetische Sensibilität besessen haben, doch war er auf dem Gebiet der Abwasserbeseitigung ein Vorreiter. Sein »Radialsystem«, mit dem das Abwasser der Stadt entsorgt werden sollte, hinterließ ein weniger gescholtenes und vorbildlicheres Erbe als sein Bebauungsplan der Umgebungen Berlins. Zunächst einmal war die Kanalisation unsichtbar und fächerte sich einzig und allein ordentlich unter den Straßen der Stadt auf. Zwischen 1873 und 1895 gebaut, teilte sie Berlin in zwölf Radialsysteme auf, jedes mit einem eigenen Pumpwerk, in dem die Abwässer gesammelt und durch Druckleitungen auf Rieselfelder im Umland gepumpt wurden. Dank dieses Konzepts, das er gemeinsam mit dem an sozialen Fragen interessierten Rudolf Virchow entwickelte, wurde Berlin zu einer der hygienischsten Städte der Welt.

Das erste errichtete Pumpwerk, Radialsystem III, von James Hobrecht selbst entworfen, liegt genau gegenüber von meinem Wohnhaus, auf der anderen Seite des Kanals. Erstaunlicherweise hat es die Bomben der Alliierten überlebt, das gesamte Gebäude mitsamt seinem Turm; es ist das einzige Bauwerk aus der Vorkriegszeit, das ich von meinem Zuhause aus sehen kann. Ein rotgeziegelter Bau aus der wilhelminischen Zeit am Ostufer des Kanals mit einem dreistufigen Schornstein samt vorgesetzten Bögen und in den Sandstein eingelassenen Zierelementen, der gerade in den Himmel ragt. Das Pumpwerk wurde von 1873 bis 1876 für das Stadtzentrum und den Tiergarten errichtet, den damals am dichtesten besiedelten Teil Berlins. 100 000 Bewohner wurden von über achtzig Kilometern unterirdisch verlaufender Kanäle und beinahe einem Meter Rohre pro Person versorgt. Radialsystem III, ein kühner Totem für die korrekte Beseitigung ungewollter Flüssigkeiten, bildet den Mittelpunkt meines Blickfeldes.

Als Parvati, die Feng-Shui-Meisterin, aus dem Fenster schaute, erklärte sie den rotgeziegelten Schornstein des Pumpwerks zum Ruhepol. Ein roter Turm kann Energie eindämmen und das *qi* vom Entrinnen abhalten, erklärt sie mir. Ohne diesen Turm würde die Energie sich verflüchtigen, indem sie sich in der Luft auflöste oder im sandigen Boden versank. Für all jene, die das Glück hätten, ein Fenster nach draußen zu haben, wirke Hobrechts Schornstein stabilisierend, als Gegengewicht zum Unglück des Ortes. Doch die im Seitenflügel seien weniger gut dran.

· · · · ·

Im Laufe des späten 19. Jahrhundert wuchs und wuchs Berlins Bevölkerung, verdoppelte sich von 1864 bis 1874 und erreichte 1877 eine Million. 1900 machten Industriearbeiter beinahe 60 Prozent der Berliner Einwohnerschaft aus.[28] Diese zum größten Teil aus Einwanderern bestehende entwurzelte Masse wurde sozial und kulturell nicht integriert. Abscheuliche Arbeitsbedingungen taten ihr Übriges, um eine solche Integration zu verhindern: Bis in die 1870er Jahre hinein war die Länge eines Arbeitstages von vierzehn auf nicht weniger als siebzehn Stunden gestiegen. In der Textilindustrie ging es besonders schlimm zu, wie Richie ausführt: »Die Frauen, die in den Berliner Textilfabriken nähten und bügelten, hatten eine durchschnittliche Lebenserwartung von sechsundzwanzig Jahren.«[29] Aufgrund dieser Umstände schoss die Kriminalitätsrate in die Höhe, während die tiefen, hintereinander angelegten Höfe von Hobrechts Mietskasernen Labyrinthe und gut verborgene Schlupflöcher für eine kriminelle Unterschicht schufen. Die preußischen Behörden waren auf Kontrolle aus und griffen die moralischen Standards der Arbeiterklasse an, statt der Armut und den grässlichen Lebensbedingungen den Kampf anzusagen. Zwischen dieser »Unterschicht« und den städtischen Behörden entstand ein Riss. Der Kaiser, das Militär und die neuen Industriebarone lehnten Reformen kurzerhand ab und entschieden sich stattdessen für verstärkte Unterdrückung, was die geschundenen, unzufriedenen und wimmelnden Massen direkt in die Arme der Sozialdemokraten trieb. Die Sozialistische Arbeiterpartei Deutschlands wurde 1875 gegründet und begann mit der Wahlmobilisierung von Einwanderern und Arbeitern. Bis 1890 waren die Sozialdemokraten zu Deutschlands größer Partei geworden, und das »Rote Berlin« (oder die »Rote Gefahr«, wie manche meinten, darunter Reichskanzler Otto von Bismarck) war entstanden.

Hobrechts geniale Ingenieurkenntnisse, seine beeindruckende Vernunft und seine bürokratischen Fähigkeiten leisteten ihm gute Dienste, als es darum ging, ein effizientes, gut organisiertes und ökonomisch realisierbares System zu schaffen, um mit dem Unrat der Stadt zurechtzukommen. Sie reichten allerdings nicht aus, wenn es um die komplexeren Bedürfnisse der lebendigen Bevölkerung ging, eines Organismus, dessen soziales und politisches Wohlergehen nicht einfach weggespült und auf dem umgebenen Land verteilt werden konnte. Tatsächlich ergab sich ein gegenteiliges Problem: Der Zuzug kam von außerhalb der Stadt, da die wachsende Industrie Welle um Welle ländlicher Arbeiter aus dem Westen und dem Osten anlockte. Diese in die Stadt strömende Bevölkerung wurde in dunklen, feuchten Mietskasernen zusammengepfercht, sodass diese Häuser bald einen berüchtigten Ruf hatten und von manchen für den wachsenden Unmut der Arbeiterschaft verantwortlich gemacht wurden. Tag für Tag erlagen die Armen und Obdachlosen der Kälte und dem Hunger, doch, wie Rosa Luxemburg anmerkte, »kein Mensch nimmt von ihnen Notiz, bloß der Polizeibericht«.[30] So wie bei Johann Tresp in seiner feuchten Wohnung voller schimmelnder Möbel und kranker Kinder. Seine Briefe blieben unbeantwortet, wurden aber pflichtgemäß gestempelt und für eine Durchsicht ein Jahrhundert später ordentlich archiviert.

VI.
TREIBEN

AN DER WAND NEBEN MEINEM SCHREIBTISCH hängt ein Stadtplan von Berlin, das Faksimile eines Originals aus dem Jahr
1896. Das darauf abgebildete unregelmäßige Muster aus Wohn-
blöcken, dessen Straßennetz Hobrecht angelegt hatte, verläuft
in keine bestimmte Richtung. Es ist »eine ordentliche Ver-
worrenheit; eine planmäßig exakte Willkür; eine Ziellosigkeit
von zweckhaft scheinendem Aspekt«, schrieb der Feuilletonist
Joseph Roth 1930. Ein Resultat der »Bosheit, Ahnungslosig-
keit und Eigensucht ihrer Beherrscher, Erbauer und Protek-
toren schmieden Pläne, verwirren sie wieder und führen sie
verworren aus«. Ein halbes Jahrhundert nach Hobrechts Bebauungsplan der Umgebungen Berlins beklagt Roth das, wo-
rauf die Bewohner der Stadt sitzengeblieben sind: »ein penib-
les Konglomerat von Plätzen, Straßen, Mietskasernenwürfeln,
Kirchen und Palästen. [...] Noch nie ward so viel Ordnung
auf Unordnung verwandt, so viel Verschwendung auf Karg-
heit, so viel Überlegung auf Unverstand«.[31]
     Roths Eindrücke stimmen bis heute, neunzig Jahre spä-
ter. Die Ziellosigkeit der verantwortlichen Stadtplaner ist fester Bestandteil der urbanen Landschaft Berlins. Eine »Gleich-

gültigkeit«, wie der Stadtplaner Werner Hegemann es in seiner berühmten Klage *Das steinerne Berlin* aus dem Jahr 1930 nennt.[32] Besucher wie Bewohner erleben bekanntlich gleichermaßen merkwürdige Augenblicke der Orientierungslosigkeit, wenn sie an unbelebten Straßenecken oder riesigen offenen Kreuzungen stranden und keine Ahnung haben, in welche Richtung sie sich wenden sollen.

»Straßen sind der Raum, der zwischen Gebäuden übrigbleibt«, schreibt Rebecca Solnit in *Wanderlust*, ihrer Abhandlung über das Zufußgehen. »Ein alleinstehendes Haus ist eine Insel, umgeben von einem Meer freier Flächen, und die Dörfer, die es vor den Städten gab, bildeten nicht mehr als Archipele in diesem Meer.«[33] In Berlin ereignete sich das Gegenteil, und so entstand am Ende das, was Benjamin das »Häusermeer der Stadt« nennt.[34] Am besten entdeckt man einen Ort zu Fuß, doch ist es nicht einfach, sich in einer gewissenhaft gestalteten Stadt treiben zu lassen, die aber keinerlei Gespür dafür zeigt, wie sich die Menschen in dem dazwischen liegenden Raum bewegen und wie sie ihn bewohnen.

»Die Bewegung zu Fuß erleichtert es offenbar, sich auch in der Zeit zu bewegen«, merkt Solnit an, denn »der Geist wandert von Plänen zu Erinnerungen zu Beobachtungen«.[35] Neben der praktischen Seite, von einem Ort an den anderen zu gelangen, besonders als der Einsatz von Pferden, Zügen oder Autos noch nicht das Tempo erhöhte, ist das Gehen eine Möglichkeit, Zutritt zu Gegenströmungen kultureller Ansichten zu erhalten und Geschichte, Landschaft, Gesellschaft, Kunst oder Politik kartografierend auf die Straßen selbst zu übertragen. Für Solnit ist das Gehen »eine ungeschriebene, verborgene Geschichte, deren Fragmente sich über Tausende beiläufige Passagen in Büchern und Liedern, Straßen und nahezu über aller Menschen Abenteuer verteilen«.[36]

Es gab sie, die zielgerichtet aus kulturellen Zwecken zu Fuß gehenden Spaziergänger in Berlin. Franz Hessel, Fürsprecher des »grünen Strandes« des Kanals, beschreibt »[l]angsam durch die belebten Straßen zu gehen« als »besonderes Vergnügen«. »Man wird umspült von der Eile der anderen, es ist ein Bad in der Brandung.«[37] Viele der anderen Spaziergänger Berlins tauchen allerdings in den *beiläufigen Passagen* der Literatur auf und sorgen für einen verstohlenen Seitenblick auf die Stadt und die Zeiten, in denen sie sich bewegen.

• • • • •

Eines Nachmittags letzten Dezember wanderte ich selbst im Berliner Bezirk Mitte umher und wurde von der Eile der anderen umspült. Obwohl die Straßen vor gar nicht langer Zeit noch heruntergekommen und voller Schlaglöcher waren, hat die Gegend in ein paar Jahren eine komplette Verwandlung durchgemacht, sodass sich hier nun nahtlos Luxuscafés und Boutiquen aneinanderreihen. Von Hunger und dem Bedürfnis nach einem Kaffee getrieben, landete ich in einem der Cafés und nahm die *Berliner Zeitung* zur Hand, die dort auf dem Tisch lag. Ganz unten auf der Seite stand ein Artikel über Theodor Fontane, den bekanntesten Berliner Schriftsteller des 19. Jahrhunderts, anlässlich dessen anstehenden zweihundertsten Geburtstags. Der Artikel trug die Überschrift *Sich treiben lassen*. »[D]as Fontane'sche Denken und Schreiben folgte keineswegs einem allzu zwanghaft geratenen Vervollständigungsdrang, wie umfangreich ihm das eine oder andere Werk auch geraten sein mag«, schrieb der Journalist. »Vielmehr vertraute er den Launen und dem Zufall«.[38] Fontane, der von 1834 bis zu seinem Tode 1898 mit kurzen Unterbrechungen in Berlin lebte, war ein Anhänger des Spazierengehens und veröffentlichte Bücher über seine Ausflüge zu Fuß in die nahegelegenen Ortschaften und die ländlichen Gegenden Brandenburgs. In seinen Romanen bieten ihm die Wanderungen der Protagonisten die Gelegenheit, seine eigenen Beobachtungen über eine Stadt im Werden gewissermaßen in Echtzeit in fiktive Erzählungen einzubringen. Das sind die »beiläufigen Passagen«, von denen Solnit spricht. Seine Figuren treiben durch die Straßen und gesellschaftlichen Ströme der Stadt, wo sie offene Enden des Unglücks und der Enttäuschungen hinterlassen, wie sie für Werke ohne eindeutigen Schluss typisch sind.

Während Fontanes Protagonisten in Romanen, die sich durch genaueste Beobachtungen von Ort und Zeit auszeichnen, durch die Berliner Straßen des 19. Jahrhunderts wandern, kommt es zu unerwarteten Begegnungen und dramatischen Wendungen der Handlung. Sein 1887 veröffentlichter Roman *Irrungen, Wirrungen* schildert solche Drehungen und Wendungen, die eine derartige Begehung – oder das Leben – nehmen kann. Der Roman beginnt mit einer genauen topografischen Platzierung. Einem *Ort*:

> An dem Schnittpunkte von Kurfürstendamm und Kurfürstenstraße, schräg gegenüber dem »Zoologischen«, befand sich in der Mitte der 70er Jahre noch eine große, sich feldeinwärts erstreckende Gärtnerei [...].[39]

Ich habe hier noch eine andere Karte, die zusammengefaltet auf dem Bücherregal hinter meinem Schreibtisch liegt und aus dem Jahr 1875 stammt. Falte ich sie auf und schaue mich darauf nach diesem Schnittpunkt um, fallen mir in winzigen Buchstaben gedruckte Worte auf: »Gärtnerei Dörr«. Fontanes fiktive Version Berlins hat sich so sehr mit ihrem realen Gegenstück vereint, dass Dörr, der Name seines ausgedachten Gärtners, hier auf diesem historischen Dokument auftaucht. Auf der Karte zieht sich ein Netz aus gestrichelten Linien durch das Stück Grün hinter der Gärtnerei und zeigt die Straßen an, die von Hobrecht geplant, aber bis dahin noch nicht gebaut worden waren. »Bauerwartungsland«, heißt es in der Legende der Karte. Das in dieser Erwartungshaltung verharrende Land durfte nur von Gärtnern genutzt werden.

Fontane markiert in *Irrungen, Wirrungen* nicht nur diesen genauen Punkt auf der Karte, er etabliert auch eine Zeitfalte. Obwohl der Roman 1887 verfasst und veröffentlicht wurde, spielt er um 1875 herum, dreht also die Uhr ein Dutzend Jahre in Berlins frühe Gründerzeit zurück. Das Werk mit dem Untertitel *Eine Berliner Alltagsgeschichte* erschien zunächst als Fortsetzungsroman in der liberalen *Vossischen Zeitung,* und das zu einem Zeitpunkt, als das darin beschriebene alltägliche Berlin schon nicht mehr existierte, sondern bereits von dem in alle Himmelsrichtungen wuchernden, alles verschlingenden »Häusermeer der Stadt« verschluckt worden war. Die Stadt und ihre Bewohner wurden in eine unbekannte urbane Zukunft katapultiert.

• • • • •

Ich folge Fontanes Figuren aus *Irrungen, Wirrungen* hinaus auf die alltäglichen Straßen, beschrieben mit einem scharfen Auge für die beiläufigen Details, welche die Geschichte an ihrem Standort verankern. Hier ist Baron Botho von Rienäcker, ein gutaussehender, gutmütiger junger Aristokrat mit einem schwindenden Familienvermögen, der Unter den Linden bis zum Brandenburger Tor entlangschlendert, bevor er sich zum Klub aufmacht, um sich dort gemeinsam mit seinem wohlhabenden Onkel Hummer und Chablis zu genehmigen. Später begegnen wir ihm, als er zusammen mit Lene Nimptsch, der schwerarbeitenden, offenherzigen Tochter der auf dem Grundstück lebenden Waschfrau, in die der Baron sich verliebt hat, die Wiesen hinter der Gärtnerei Dörr durchquert, begleitet von Frau Dörr als Anstandsdame. »Hören Sie nur die Frösche, Frau Dörr.«, ruft Lene. »Ja, die Poggen««, stimmt die zu. »Nachts ist es mitunter ein Gequake, dass man nicht schlafen kann. Und woher kommt es? Weil hier alles Sumpf is und bloß so tut, als ob es Wiese wäre.‹«[40]

Lene und Botho sind frisch verliebt, aber für die Gesellschaft gehören sie nicht zusammen. Lene ist, wie Frau Dörr es ausdrückt, nichts weiter als »propper und fleißig un kann alles und is für Ordnung un fürs Reelle«.[41] Bodo kann dagegen hochtrabend erklären: »›Jeder Stand hat seine Ehre. Waschfrau auch.‹«[42] Letztlich ist Ehre nicht genug, wie hätte es auch anders sein können: Botho folgt dem Lauf des Schicksals und heiratet eine reiche Verehrerin, um sein Familienvermögen aufzustocken. Als ihn spät im Roman ein junger, in eine ähnliche Zwickmühle geratener Soldat um Rat fragt, beschreibt er die Liebe jenseits der Klassengrenze als hoffnungslose Sackgasse: »[B]rechen Sie von Grund aus mit Stand und Herkommen und Sitte, so werden Sie, wenn Sie nicht versumpfen, über kurz oder lang sich selbst ein Gräuel und eine Last sein […].«[43]

Nach der Hochzeit ziehen Botho und seine neue Frau auf die Landgrafenstraße, die quer zum Landwehrkanal verläuft, »keine tausend Schritte« von der Gärtnerei Dörr weg. Damals war die Straße »noch einreihig«, erklärt uns Fontane, während man vom Westbalkon der Wohnung »erst über das Birkenwäldchen und den Zoologischen Garten fort und dahinter bis an die Nordspitze des Grunewalds« schaute.[44] Hier haben wir ein Bild von Berlin an der Schwelle der Transformation, weg von den offenen Flächen, die von der Stadtentwicklung so gut wie unberührt waren, »auf denen die schönste und volkreichste Stadt der Welt entstanden wäre«, kritisiert Werner Hegemann rückblickend. Doch fehlte der Stadt eine Vision für ihre eigene Zukunft, was nur möglich gewesen wäre, »wenn es Männer gegeben hätte, um die Volks- und wirtschaftliche Kraft sowie die künstlerischen Fähigkeiten der Deutschen in segensreiche Bahnen zu lenken«. Kurz gab es eine Chance, doch wurde diese schnell verdrängt durch die strenge Umsetzung von Hobrechts

Plänen und der daraus folgenden Ausbreitung »unwürdige[r] Mietskasernen […], zu deren Beseitigung wahrscheinlich Jahrhunderte erforderlich sein werden«.[45]

Bei der Lektüre von Fontanes Roman folge ich den dort erwähnten Straßen auf der Karte an meiner Wand; Orte, die durch genaue Beobachtung in der Literatur festgehalten wurden. In dieser Nachbarschaft, in der ich heute wohne, lebte auch Fontane. Nach einem Aufenthalt in London kehrte er im Januar 1859 nach Berlin zurück und ließ sich vorübergehend im Hotel de Pologne direkt hinterm Potsdamer Platz nieder. In den folgenden Dutzend Jahren zog er in unregelmäßigen Abständen um, blieb jedoch stets innerhalb eines Dreiecks zwischen dem Landwehrkanal im Süden, dem Potsdamer Platz im Westen und der Königgrätzer Straße (heute Stresemannstraße) im Osten. Fast ein Jahrzehnt lang wohnte er in einem Haus in diesem Dreieck, an einer Ecke, wo, so schrieb er einem Freund, »[d]ie Stadtmauer […] noch [stand], und unmittelbar dahinter verliefen die Stadtbahngleise, die den Verkehr zwischen den Bahnhöfen vermittelten«.[46] 1872 verkaufte sein Vermieter das Haus, die Miete stieg exorbitant, und seine Familie und er mussten ausziehen. Immobilienspekulation war schon damals so weit verbreitet wie heute, eineinhalb Jahrhunderte später, und wurde von denen vorangetrieben, für die der Wert der Stadt sich einzig über den Quadratmeterpreis bemaß.

Fontane war Anfang fünfzig, als er gemeinsam mit seiner Frau Emilie in die Wohnung auf der Potsdamer Straße zog, wo er den Rest seines Lebens verbringen würde. Dort schrieb er in seinem Arbeitszimmer siebzehn literarische Werke und zwei Memoiren. Heute hängt eine bronzene Gedenktafel deplatziert an der Terracotta-Fassade der Potsdamer Platz Arkaden, einem riesigen Einkaufszentrum und Bürogebäude, das von Renzo Pianos Building Workshop entworfen und 1997 im Rahmen des hastigen und irregeleiteten Wiederaufbaus dieser Gegend nach der Wende fertiggestellt wurde. An diesem Ort befand sich einst Fontanes Wohnung: fünfundsiebzig Stufen hoch im dritten Stock des Johanniterhauses, wie ein Zitat auf der Tafel uns verrät.

Von Fontanes Wohnung in der Potsdamer Straße 134c wäre es nur ein kurzer Fußweg bis zur Landgrafenstraße gewesen, wo Baron Botho seine unglückliche Ehe verbrachte. Noch kürzer wäre es zur Königgrätzer Straße, wo Effi Briest lebte, Fontanes bekannteste literarische Figur. Nach ihrer Ächtung und der Scheidung von ihrem strengen, älteren Ehemann, einem Baron, bewohnt sie zwei Zimmer, »ein Vorder- und Hinterzimmer, und hinter diesem die Küche mit Mädchengelass, alles so durchschnittmäßig und alltäglich wie nur möglich«. Isoliert und gesellschaftlich geächtet, wie sie ist, beschreibt der Blick aus ihrem Fenster gut diese soziale Kluft. »Sehen Sie doch nur die verschiedenen Bahndämme, drei, nein vier, und wie es beständig darauf hin und her gleitet«, staunte einer ihrer Besucher. »Wirklich herrlich. Und wie die Sonne den weißen Rauch durchleuchtet!«[47] Der Lärm, der Geruch dieser gewaltigen, Ruß ausstoßenden Lokomotiven, die beständig auf und ab ratterten – Berlin steht kurz vor einem neuen Zeitalter des Wandels, angetrieben von der Eisenbahn.

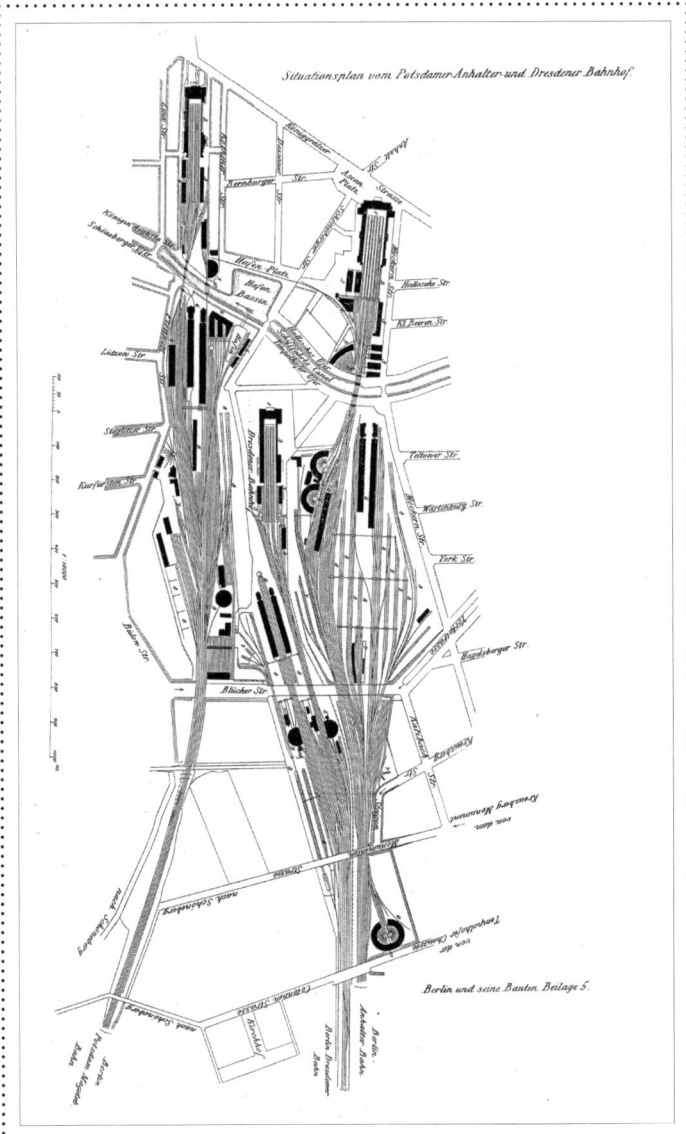

Situationsplan vom Potsdamer Anhalter und Dresdener Bahnhof.

Berlin und seine Bauten. Beilage 5.

Abbildung auf der Vorseite:
Plan vom Potsdamer-Anhalter-Dresdener Bahnhof, 1877

VII.
EISENBAHNZEIT

AUF EINEM FRÜHEN GEMÄLDE Adolph Menzels, *Blick auf den Anhalter Bahnhof im Mondschein*, schaut der Betrachter aus einem Fenster im dritten Stock über eine angrenzende Hausseite hinab in den schattigen Hof des Bahnhofes. Das Depot und seine schweren Maschinen sind in Schatten gehüllt, während geisterhaftes Mondlicht weiß von den Schrägdächern und der Fassade der Bahnhofsgebäude links der Bildmitte reflektiert wird. Den Rest des Gemäldes füllt ein dunkler, wolkenverhangener Himmel aus, von einer schmalen Mondscheibe spärlich beleuchtet. Als Menzel dieses Gemälde 1846 anfertigte, war der Anhalter Bahnhof noch ein einfacher rechteckiger Bau, errichtet just nach der triumphalen Einweihung der ersten Eisenbahnstrecken nach Berlin. Der Anhalter Bahnhof und der nahegelegene Potsdamer Bahnhof waren die ersten Eisenbahnstationen der Stadt. Vom Potsdamer Bahnhof aus führten die Schienen geradewegs gen Westen zum kaiserlichen Hof in Potsdam; wer wiederum vom Anhalter Bahnhof aus aufbrach, fuhr nach Südwesten ins Herzogtum Anhalt.

Anhalt ist zwar der Name eines Herrschaftsgebiets, doch geht er auf das Verb »anhalten« zurück. Ein »Anhalt« ist ein

Hinweis. Ein »Anhaltspunkt« eine Spur. Etwas, das einen auf- oder anhält. Ein Stolperstein, eine Unterbrechung, ein plötzlicher Augenblick der Klarheit. Aus meinem Küchenfenster fällt das Augenmerk auf die Ruine des Anhalter Bahnhofs, sie scheint die Gegenwart zu stören, indem sie ein Überbleibsel der Vergangenheit einrückt. Ein schartiges Stück Wand, dessen vier große, aus dem Mauerwerk geschnittene Rundfenster nichts weiter als leeren Himmel einrahmen. Dieses Fragment der Bahnhofsfassade nimmt in mittlerer Entfernung meinen Blick ein, hinter Lennés Landwehrkanal und Hobrechts Pumpwerk. Dieser Teil des Portikus ist alles, was von Berlins einstmals größtem Bahnhof geblieben ist. Ein freistehender Überrest, der das unheimliche Fehlen eines dahinterliegenden Gebäudes nur zu betonen scheint. Die Ruine des Anhalter Bahnhofs in meinem Fenster ist eine Chiffre, die von verflochtenen Historien berichtet. Von der Gewalt der Luftangriffe und den offenen Straßenschlachten, mit denen der Zweite Weltkrieg sein Ende fand, ebenso wie von der dynamischen Eisenbahnindustrie, die bis zu diesem Zeitpunkt die Stadt geformt hatte. Als die zerbombten Überreste des Bahnhofs in der Nachkriegszeit abgerissen wurden, blieb dieses Stück erhalten, als Andenken an ein vielbewundertes Gebäude und an den Einfluss, den es auf sein Umland hatte. Die Spuren dieser Macht sind in der fehlenden Logik der zugebauten Räume dort noch erkenntlich – den rätselhaften Abwesenheiten und dem verblüffenden architektonischen Raster, die das heutige Gefüge dieser Gegend ausmachen.

· · · · ·

Mit dem Fortgang des 19. Jahrhunderts verdrängte die Vorherrschaft des Eisenbahnnetzes im Wachstum Berlins die klare und weitläufige Vision, die Peter Joseph Lenné für die Stadt entwickelt hatte. In seinen Entwürfen von 1844 hatte

er eine gerade Achse vorgesehen, die in einer einzigen sauberen Linie vom Askanischen Platz vor dem Anhalter Bahnhof
über den Kanal hinweg Richtung Wilmersdorf im Südwesten
der Stadt führte. Eine andere starke Diagonale, der sogenannte
»Generalszug«, verband den Südstern in Kreuzberg mit dem
Wittenbergplatz in Charlottenburg: eine durchgängige Folge
von Alleen, deren Teilstücke nach preußischen Generälen benannt waren, die Deutschland in den Befreiungskriegen zum
Sieg über Napoleon geführt hatten.

Die ästhetische Klarheit dieser beiden eleganten Achsen
vermochte sich jedoch nicht gegen die Unersättlichkeit des
Eisenbahnnetzes durchzusetzen, das immer mehr Land für
Lokomotivschuppen und riesige Güterbahnhöfe verschlang.
1857 traf Lenné sich mit dem Minister für Handel, Gewerbe
und öffentliche Arbeiten am Potsdamer Bahnhof, unterm Arm
seine neu gezeichneten Pläne. Er hatte sich einen Kompromiss
ausgedacht, um der Eisenbahn Raum zu gewähren, ohne die
wichtigsten ästhetischen Eigenschaften seiner ursprünglichen
Entwürfe aufzugeben. Zu einer Einigung kamen sie allerdings
nicht; abermals wurden Lennés Pläne auf Eis gelegt. Als Lenné
1866 starb, schob man seine Richtlinien schließlich beiseite,
ebenso wie seine Sorgen um die Gesundheit und das Wohlergehen der Bürger. Die reibungslose Ermöglichung eines ef-
fizienten Verkehrswesens war nun das Wichtigste für Berlin.

Aus dem ebenen Stück Land hinter meinem Haus wurde
ein Betriebs- und Güterbahnhof für den Anhalter und den
Potsdamer Bahnhof, deren Gelände sich brutal über die
Routen der schnurgeraden, von Lenné konzipierten Boule-
vards ausbreiteten. Der einzige Straßenzug, der überlebte,
war der Generalszug, doch sein ursprünglich gerader Verlauf wurde in eine Reihe merkwürdiger Winkel und Bögen
gezwungen, die sich um die Grenze des Güterbahnhofs legten. Die Yorckstraße litt an ihrem Südrand am meisten unter
dieser plumpen Umleitung, derweil sie von sechs über sie

hinwegführenden eisernen Bahnbrücken in düstere Schatten gehüllt wurde.

Diese störenden Winkelzüge der Straße erlebe ich öfters, nun, da das zweite Zuhause meiner Kinder, die Mietswohnung ihres Vaters, direkt am Südstern liegt, dem östlichen Anfangspunkt des Generalszugs. Inzwischen haben wir uns an das rhythmische Kommen und Gehen einer getrennten und auf zwei Haushalte verteilten Familie gewöhnt und fahren mit den Kindern und ihren Sachen etwa einmal wöchentlich entlang dieser Achse hin und her. Jedes Mal, wenn ich die Yorckstraße hinabfahre, nachdem ich die Jungs abgeholt und meinen Kleinwagen mit Schultaschen, Skateboards, Tennisschlägern, E-Gitarren und manchmal sogar den Katzen vollgestopft habe, die unglücklich in zusammenpassenden Katzenkörben vor sich hin maunzen, störe ich mich daran, wenn die Straße plötzlich nach links abbiegt, anstatt geradeaus weiterzuführen. Ich weiß nicht, warum ich mich von dieser Umleitung so beeindrucken lasse, von diesem Verlust eines klaren Weges, der nur in Lennés Plänen jemals existiert hat. Dennoch bedauere ich die Abkehr von seiner couragierten Vision, die von auf Maschinen, Effizienz, Pragmatismus und Zweckrationalität ausgelegten Maßstäben ersetzt wurde.

• • • • •

In den 1860er Jahren war das Eisenbahnnetz derart gewachsen, dass die gerade einmal zwei Bahnsteige am Anhalter Bahnhof, die Menzel fünfzehn Jahre zuvor auf die Leinwand gebannt hatte, für die zunehmende Zahl an Passagieren, Lokomotiven, Abfahrten und Ankünften nicht mehr ausreichten. Ein Ausbau musste her, und zwar von nicht gewöhnlicher Dimension und Art. Bis 1871 zeichnete sich ab, dass der neue Bahnhof nicht nur gewaltig sein musste, sondern eine Pracht ausstrahlen sollte, die zur Preußischen Staatseisenbahn passte, einer der Staatsbahnen des neu vereinten Deutschen Kaiserreiches. Franz Heinrich Schwechten, ein dreißigjähriger Architekt frisch von der Universität, wurde für den Auftrag ausgewählt. Er zeigte sich der Situation gewachsen und ließ eine 170 Meter lange Bahnhofshalle aus dem Boden stampfen, unter deren gewölbtem verglasten Tonnendach 40 000 Menschen zusammenkommen konnten. In der Eingangshalle, die dreißig Meter hoch und siebenundachtzig Meter breit war, gab es Fahrschein- und Gepäckschalter, separate Wartesäle für vier Reiseklassen, Verwaltungsbüros und eigens den Angehörigen des Hofes von Kaiser Wilhelm I. vorbehaltene Räumlichkeiten. Indem Schwechten den miteinander verknüpften Prozessen einer Bahnfahrt so viel Raum gewährte, organisierte er eine reibungslose architektonische Überleitung von der Beschleunigung der Eisenbahnfahrt in den Trubel der neuen Weltstadt. Der im Stil der Neorenaissance gehaltene Bahnhofsportikus war mit symmetrischen floralen Figuren aus Terrakotta und geformten Verblendsteinen dekoriert und stellte eine bühnenhafte Schwelle dar, die den Übergang zwischen diesen beiden Facetten des modernen Lebens markierte. Gekrönt wurde das Ganze von einer gewaltigen Uhr mit zwei allegorischen Figuren, die Tag und Nacht verkörperten.[48]

Schwechtens Anhalter Bahnhof, der im Juni 1880 von Kaiser Wilhelm I. und Reichskanzler Otto von Bismarck offiziell eröffnet wurde, war ein unübersehbares Schaustück des Erfolgs der Eisenbahnindustrie. Zu diesem Zeitpunkt zogen sich bereits über 18 000 Kilometer Schienennetz kreuz und quer durch das Deutsche Reich, mit Berlin in dessen Zentrum. Ob Passagiere nun von Paris im Westen nach Russland im Osten oder von Skandinavien im Norden nach Mailand im Süden fuhren, sie alle mussten in Berlin einen Zwischenhalt einlegen. Berlin war der wichtigste Eisenbahnknotenpunkt Europas. Die Preußische Staatsbahn gehörte zur Hauptstadt, und darauf waren die Behörden entsprechend stolz.[49]

Als die Eisenbahn zu Berlins Lebensader wurde, setzte eine neumodische mechanische Energie, die beständig entlang dieser eisernen Vektoren floss, schließlich die sumpfige Bewegungslosigkeit im Erdreich der Stadt außer Kraft. »Die maschinelle Einheit, die Rad und Schiene, Schienenweg und Fahrzeug bilden, entfaltet sich zur Einheit des gesamten Schienennetzes«, schreibt Wolfgang Schivelbusch in seiner Abhandlung über die Geschichte der Eisenbahn im 19. Jahrhundert.[50] Während die Eisenbahn sich in den neuen preußischen Gebieten ausbreitete und die Provinz mit der Stadt und die Berge mit der Küste verband, entstand eine Einheit des Raumes, die sich auf die Zeit selbst ausweitete. Nun, da all diese weit voneinander entfernten Orte über Maschinen miteinander verbunden waren, benötigte man für die pünktliche Zeitplanung des Schienenverkehrs ein einheitliches System. 1874 wurden die norddeutschen Eisenbahnen der »Berliner Zeit« unterstellt, 1893 galt die »Eisenbahn-Zeit« offiziell im ganzen Deutschen Kaiserreich. Die Uhr, die den großen Portikus von Schwechtens Anhalter Bahnhof krönte, stand sinnbildlich für die regulative Autorität der »Eisenbahnzeit«. Diese Uhr gibt es inzwischen aber nicht mehr, auch die beiden Originalfiguren von Nacht und Tag an ihrer Seite sind nicht mehr da. Alles, was blieb, ist ein aus den Mauern geschnittenes Rund, ein leeres Loch in einem verfallenen Kulissenelement.

• • • • •

In den Jahren nachdem er sein erstes Gemälde vom Anhalter Bahnhof im Mondschein angefertigt hatte, beschäftigte Menzel sich weiterhin mit der Entwicklung der Eisenbahn. Der Zug in seinem 1847er Gemälde *Die Berlin-Potsdamer Bahn* ist nicht viel mehr als ein schwarzer Strich, der eine graue Rauchfahne hinter sich herzieht, während er sich durch eine idyllische Landschaft schlängelt, weg von den schemenhaften Gebäuden, die am Rande der Felder den Horizont bilden. In den folgenden Jahrzehnten verengten Menzels Perspektiven sich zusehends, bis er schließlich auf dem Aquarell- und Gouache-Gemälde *Auf der Fahrt durch schöne Natur* von 1892 mitten-drin ist im mit gepolsterten Sitzen ausgestatteten Inneren des Zugabteils und den gesamten Trubel der Eisenbahnpartie selbst erlebt. Seine Mitreisenden hat er in unterschiedlichen Bewegungen festgehalten: einer lehnt sich aus dem Fenster, von der Geschwindigkeit des Zuges fasziniert, ein anderer steht mit Ferngläsern bereit da, wieder andere lesen, dösen oder unterhalten sich. Die Szene strömt eine spürbare Aufregung aus und weist auf all den Nervenkitzel und das gesellschaft-liche Potential dieser revolutionären Transportart hin.[51]

Theodor Fontane entführt uns in seiner Novelle *Cécile* von 1886, die an einem Berliner Bahnhof beginnt, in einen ähn-lichen Wagen. Seine Protagonisten sind gerade eingestiegen. »[E]s war einer von den neuen Waggons mit Treppenaufgang«, heißt es im Roman. Ein kräftiger Mann in seinen Fünfzigern und eine jüngere Frau, schlank und komplett in Schwarz ge-kleidet, lassen sich für ihre Fahrt in den Harz im Herzogtum Anhalt nieder. »Gott sei Dank«, merkt der ältere Herr an, »Gott sei Dank, wir sind allein«. »Um es hoffentlich zu blei-ben«, antwortet seine Begleiterin knapp. »Damit brach das Gespräch wieder ab.«[52]

Als der Zug durch die Stadt hinausfährt und das Paar schweigend dasitzt, ziehen im Hintergrund flüchtige Ein-drücke vorbei, die an Menzels Zeichnungen von rand-ständigen, verborgenen Orten erinnern. In den vor den Augen der Öffentlichkeit verborgenen Hinterhöfen stehen die Schlafzimmerfenster offen, die Seitenflügel sind ruß-geschwärzt, zwischen den hohen Gebäuden Gruppen von Kugelakazien, Klapptischen und grün angestrichenen Garten-stühlen. Die Siegessäule, die an die Einigungskriege 1864 bis 1871 erinnert, taucht auf, die geflügelte Goldstatue auf ihrer

Spitze erhebt sich geisterhaft über die Baumwipfel, während der Zug die Stadt hinter sich lässt. Für Fontane bedeutet eine Bahnfahrt eine Möglichkeit, den Zwängen und Ängsten der gesellschaftlichen Normen der Stadt zu entkommen, weshalb er seine Figuren in ländliche Gegenden mit ihren Verheißungen von Freiräumen, Erholung und zwanglosen Gelegenheiten entführt.

In Fontanes Romanen bietet das Spazierengehen oder der Blick aus dem Fenster Freiheit, während die Innenräume, die seine Protagonisten bewohnen, in gesellschaftliche Zwänge eingebunden sind. Ihre Diener und Mägde, das schwere Mobiliar und die Verzierungen an den Wänden, die Benimmregeln und die Etikette, all das ist umständlicher Putz der wilhelminischen Schicklichkeit. In die Innenräume eingemeißelte Gesetze bestimmen das Verhalten und die sozialen Möglichkeiten. Draußen auf der Straße spiegelt dagegen das freie Umherschweifen der Figuren ihr Gemüt wider. Hier draußen, inmitten der unbändigen Betriebsamkeit von Baustellen und Verkehr, Eisenbahnen, Märkten und der aufgeregten Energie einer sich ausbreitenden Metropole, kann es noch Wildnis geben.

Cécile von St. Arnaud und ihr Ehemann, »der Oberst« genannt, leben in einer Wohnung am Hafenplatz, der schräg gegenüber von meinem Haus auf der anderen Seite des Kanalufers liegt. Inzwischen ein schöner Park voller blühender Bäume, gab es hier mal einen Hafen, wo der Kanal sich aus seinem engen Bett in ein großes rechteckiges Becken ergoss. Robert von Gordon, ein gutaussehender schottischer Gentleman, den das Paar auf seiner Reise in den Harz kennenlernt und der den dritten Scheitelpunkt des erzählerischen Dreiecks bildet, lebt ganz in der Nähe in der Lennéstraße. Wieder in Berlin, macht von Gordon sich auf und besucht Cécile in ihrem Heim. Er umgeht den Potsdamer Platz, der wegen Kanalarbeiten und des Baus von Inselperrons nicht passierbar ist, geht über einen geschäftigen Markt und biegt an der Ecke links ab, um zur Wohnung der St. Arnauds zu gelangen. Sein Besuch ist vergeblich, da das Paar noch nicht vom Land zurück ist, doch wird ein darauffolgender Ausflug zum Hafenplatz mit einer Stunde in Céciles Gesellschaft belohnt. Nachdem er sich verabschiedet hat, kehrt von Gordon auf die Straßen der Gegend zurück und wendet sich von der Hauptstraße ab, um einen ruhigen Seitenweg am Bahndamm entlang einzuschlagen, vorbei an Gleisen, Güterbahnhöfen und Eisenbahnbrücken, in seinem Kopf nur Gedanken an Cécile.

Von Gordons Ausflug führt ihn an der Ecke Schöneberger Brücke/Tempelhofer Ufer vorbei, damals ein unbebautes Stück Land direkt gegenüber dem Hafen, ein paar hundert Meter vom Haus der Zimmermanns entfernt. Fünf Jahre nachdem Fontane seine Novelle verfasst hatte, begannen die Bauarbeiten des neoklassizistischen Backsteingebäudes, das heute auf dem Grundstück steht und eine ganze Straßenseite ausfüllt. Das Eindrucksvollste an dem ernsten Bauwerk sind die beiden rotgeziegelten, leicht vorstehenden Ecktürme, die dem Haus ein strenges, festungsgleiches Aussehen verleihen, während sie gleichzeitig das bedauerliche Fehlen von rechten Winkeln verbergen. Über dem symmetrischen Eingang, oberhalb einer kurzen Treppe, krönt ein aus Sandstein herausgemeißeltes Wappen die Tür. Es handelt sich um ein von der Seite abgebildetes Rad, das mit Flügeln geschmückt ist und aus dem in alle Richtungen Blitze zucken. Das futuristische Symbol der Königlichen Eisenbahndirektion – dies ist deren Dienstgebäude.

Neben dem raschen Ausbau des Berliner Eisenbahnnetzes war eine ganze Maschinerie aus barocker Bürokratie entstanden, die bis zu diesem Zeitpunkt elf eigene Eisenbahndirektionen mit fünfundsiebzig Unterabteilungen umfasste. Das neue Gebäude am Kanalufer sollte sie alle unter einem Dach vereinen, Platz für 600 Angestellte schaffen und gleichzeitig unmissverständlich die Autorität der Königlichen Eisenbahndirektion bekunden. Das dafür vorgesehene Stück Land, das an den Güterbahnhof grenzte, war bereits im Besitz der Eisenbahngesellschaft und hatte sich für Immobilienhändler aufgrund all der Gleise, Betriebshöfe, Loks und Emissionen in der direkten Umgebung als nicht sonderlich anziehend erwiesen. Genau diese Eigenschaften machten das Grundstück jedoch neben der markanten Lage am Wasser zum idealen Standort für das Dienstgebäude der Eisenbahn. Das Grundstück der Zimmermanns einen Block weiter südlich, einst bloß von Bäumen und dem Kanal umgeben, büßte indes schnell seinen Reiz ein. Zwischen Kähnen und Eisenbahngleisen, dem Lärm von Güterbahnhöfen und den Rauchwolken von Lokomotiven nahm der ruhige, baumgesäumte Wasserweg, den sich Lenné vorgestellt hatte, immer mehr Schaden. Einst die friedlichen Vorteile seiner randständigen Lage jenseits der Zollgrenze genießend, war es nun direkt ins Zentrum des wichtigsten städtischen Organs geworfen worden.

1891 begann der Bau der Dienststelle der Königlichen Eisenbahndirektion, doch hielt der hohe Wasserspiegel des Grundstücks die Arbeiten auf. Für das Fundament des weitläufigen Gebäudes grub man weiter und weiter in den sumpfigen Boden hinein und erreichte schließlich an manchen Stellen eine Tiefe von vier Metern. Diese unterirdischen Arbeiten fraßen immer größere Teile des Budgets, sodass die für die sichtbaren Elemente gedachten Gelder schrumpften. Als das Gebäude 1895 schließlich fertig war, beeindruckte seine Fassade gebührlich mit seiner formalen Symmetrie, aber sein enges und glanzloses Inneres mit seinen niedrigen Decken, seiner spärlichen Dekoration und dem statt Holz verlegten Linoleumboden wurde in Architektenkreisen schnell als gleichermaßen provinziell wie bedrückend verworfen.

• • • • •

Auf dem Stadtplan von 1896, der an der Wand neben meinem Schreibtisch hängt, taucht die Königliche Eisenbahndirektion als kleiner schwarzer Fleck direkt auf der gegenüberliegenden Seite des rechteckigen blauen Hafenplatzbeckens auf. Die bebauten Teile Berlins sind beigefarben, dazwischen verlaufen die hellroten Linien der verschiedenen Eisenbahnlinien wie Fäden, die sich hier und da zu den knotigen Verklumpungen der Bahnstationen, Kreuzungen oder Güterbahnhöfe verdichten. Die roten Linien und Verzweigungen scheinen wie Arterien oder lebenswichtige Organe, die Güter und Menschen in die Stadt, in ihr umher und wieder hinaus transportieren, als wäre Berlin ein kränklicher Körper, dem dieses geschäftige Netzwerk das Leben in die Adern pumpt. Das Grundstück mit meinem Haus darauf ist von einem winzigen beigefarbenen Dreieck aus Straßen umschlossen; auf der einen Seite grenzt es an das blaue Band des Kanals an, auf allen anderen an ein scheußliches rotes Wirrwarr. Das sind die Schienen, die den Anhalter Bahnhof und den Potsdamer Bahnhof auf der anderen Kanalseite mit den in alle Richtungen weit ausgreifenden Güterbahnhöfen dahinter verbinden. Mein Haus ist innerhalb dieses Energieknotens eingeschlossen, gleich einem Fremdkörper, der sich in einem riesigen, blutigen, schlagenden Herzen eingenistet hat.

Veränderungen im direkten Umfeld können die Attraktivität eines Viertels erhöhen oder auch das Gegenteil bewirken. Unerwartete Entwicklungen können dazu führen, dass ein zuvor gut situierter Ort auf einmal als unschön oder sogar unbewohnbar erscheint. Im lebenden Organismus der Stadt kann das, was einst friedlich und ruhig war, sich in eine laute und lärmende Hölle verwandeln, und das, was einst am Rande existierte, mag sich mitten im Zentrum der Handlung wiederfinden. Wenn der Holzhändler Zimmermann in den frühen 1880er Jahren aus seinem Fenster schaute, sah er den gerade fertiggestellten Anhalter Bahnhof, dessen 170 Meter langes

Glasdach in der Morgensonne glänzte. Zehn Jahre später wurde er Zeuge, wie an der nächsten Straßenecke eine immer tiefere Grube ausgehoben wurde. Derweil puffen rechts und links die Züge vorbei, stießen Ruß und Rauch aus, während Holz als Baumaterial von Eisen abgelöst wurde und die Kohle zum neuen Brennstoff avancierte.[53]

Mittels der Informationsfetzen, die ich eineinhalb Jahrhunderte später in Archiven zusammenkratze, versuche ich mir den früheren Bewohner meines Hauses und seinen Alltag vorzustellen. In einem Internetportal zur Ahnensuche stoße ich auf den Namen von Carl Zimmermanns Ehefrau, Anna Wilhelmine Louise Koplin. Bei der Hochzeit 1865 war sie siebzehn Jahre alt, er siebenundzwanzig. Sie zog in das damals noch schlichte Gebäude, das mit Stallungen, Gärten und einer Werkstatt ausgestattet war und auf einem trapezförmigen Stück Land stand. Vier Jahre später rissen sie alles ab und errichteten das große Wohnhaus, das bis heute steht. Vier weitere Jahre später kam ihre Tochter zur Welt, Anna Elfriede Auguste Zimmermann.

Als ich mir diese junge Frau auszumalen versuche, vielleicht die Herrin der Wohnung, in der ich jetzt lebe, stelle ich mir Fontanes Cécile vor, die von Gordon in ihrem Zuhause am nahegelegenen Hafenplatz willkommen geheißen wird: »Gordon folgte, den Korridor entlang, bis an den sogenannten Berliner Saal, an dessen Stelle Cécile bereits stand und ihn begrüßte.«[54] Sie führt ihn in einen Raum im Seitenflügel, auf den ein den Hof überblickender Balkon folgt, während sie sich entschuldigt, dass sie ihn nicht in den »Glanzräumen« empfängt, wie sie die prachtvollen, nach vorn gewandten Empfangsräume nennt. »Wir sind noch wie zu Gast bei uns selbst und beschränken uns auf ein paar Hinterzimmer«, erklärt sie. »Ein Glück, daß wir wenigstens einen leidlich repräsentablen Gartenbalkon haben.«[55]

Von Gordons Wohnung in der Lennéstraße ist »so still und verkehrslos […], als ob es eine Privatstraße wäre und mit einem Schlagbaum rechts und links«. Die einzigen Menschen, die er von seinem Fenster aus sieht, sind die, die durch den Tiergarten gegenüber spazieren oder dort auf den Bänken sitzen. Er erinnert sich zurück: »Als ich Berlin Ende Mai passierte, schien der Tiergarten, speziell hier herum, aus lauter roten Kopftüchern und blauweißen Kinderwagen zu bestehen.«[56] Diese roten Kopftücher waren Markenzeichen der sorbischen Kindermädchen, die zu Dutzenden nach Berlin kamen. Seit Kaiser Wilhelm II. sorbische Kinderfrauen für die Betreuung seiner sieben Kinder angestellt hatte, waren sie zu einem gefragten Statussymbol für Familien der Mittel- und Oberklasse geworden. Die Mehrheit des Bürgertums beschäftigte damals wenigstens ein Dienstmädchen (eine besonders schöne junge Magd oder »Jungfer«, wie von Gordon sie nennt, öffnet bei dessen erstem Besuch bei Cécile die Tür). Für Mädchen vom Land oder ledige Frauen sorgte eine feste Anstellung in einem Haushalt der Mittelklasse trotz langer Arbeitszeiten und schmalem Lohn für eine begehrte Stabilität. Wenn der Platz es gestattete, befand sich ihr Schlafraum im Familienanwesen. Häufig war das nicht sehr viel mehr als ein Hängeboden über der Küche oder dem Badezimmer, der über eine Klappleiter erreicht werden konnte, so wie das »Mädchengelass« in Effi Briests Wohnung. Die »Mädchenkammer« in der Wohnung der Zimmermanns war dagegen relativ geräumig. Im Seitenflügel lag hinter dem Berliner Zimmer ein Raum, der durch eine Zwischendecke horizontal in zwei Geschosse geteilt wurde, jedes davon weniger als eineinhalb Meter hoch. Im unteren Teil befand sich eine Vorratskammer, im oberen, erreichbar über eine zu einer niedrigen Tür führenden Treppe, lag das Schlafzimmer der Dienstmagd. Als wir die Wohnung zum ersten Mal besichtigten, war diese Mädchenkammer noch ganz genauso wie zu Zimmermanns

Zeiten: ein stickiger Raum für tief gebeugtes Gesinde, mit zwei kleinen Fenstern oben und zweien unten. Wir rissen die Treppe und den das Zimmer teilenden Hängeboden heraus, um aus den beiden Räumen einen zu machen, doch blieben die vier kleinen Fenster erhalten: eine in die Architektur eingelassene Kluft zwischen den Klassen.

· · · · ·

In Fontanes Novelle erfahren der Leser und von Gordon gleichzeitig von Céciles kompromittierter Vergangenheit, nämlich aus einem süffisanten Brief seiner Schwester Klothilde. Céciles Mutter schickte ihre siebzehnjährige Tochter als »Begleiterin« zu einem älteren wohlhabenden Fürsten, der schon bald starb. Als St. Arnaud sich Jahre später mit Cécile verlobte, teilte ihm sein eigenes Offizierskorps mit, dass diese Verbindung nicht »angänglich« sei.[57] Das führte wiederum zu einem Duell mit dem ältesten Stabsoffizier, bei dem dieser von St. Arnaud getötet wurde. Cécile selbst hatte keinerlei Bildung erfahren. Als Tochter einer berühmten schlesischen Schönheit und selbst auffallend hübsch, war es ihre Lebensaufgabe, vor allem gefällig zu sein; je weniger sie folglich wusste, desto besser.

Solche Briefe, die mir etwas über das Schicksal von Anna Zimmermann verraten könnten, gibt es nicht, obwohl sie ebenso jung war, als sie den Holzhändler heiratete und ins Haus am Ufer zog. Es gibt kaum Aufzeichnungen über ihr Leben. Die Dokumente im digitalen Ahnenarchiv erfassen den beruflichen Werdegang der Männer, über die Frauen erfahren wir dagegen nicht viel mehr als die Daten und Namen, die ihren Lebensweg nachzeichnen. Geburten, Heiraten, Todestage, Mädchen- und Ehenamen, die Namen der Kinder und deren Geburtstage. Aber selbst diese wenigen Fakten können ein Mysterium ans Licht bringen. Ich folge der Spur von

Anna Zimmermanns Daten und finde heraus, dass nach der Geburt ihres ersten Kindes 1881 ein zweites zur Welt kam, allerdings nicht in Berlin, sondern einer Kleinstadt in Hessen. Der Name des Kindes lautet ebenfalls Anna, doch wird kein Vater genannt, und ein Totenschein offenbart, dass das Baby nach nur wenigen Monaten starb. Das ist nicht viel, dennoch riechen diese Angaben nach einer Tragödie, nach einer außerehelichen Liebesbeziehung, nach einem unehelichen Kind. Eine Geschichte, gefärbt vom untilgbaren Schandfleck einer »gefallenen Frau«, die alle Zutaten für einen Roman von Fontane zu haben scheint: Scham, Geheimnisse und Ereignisse, über die man nur hinter vorgehaltener Hand spricht.

· · · · ·

Laut den Papieren in der Bauaktenkammer wechselte das Haus am Ufer 1907 den Besitzer, als es an einen Herrn Adolf Sala und dessen Bruder Fortunato verkauft wurde. Die Salas stammten aus der zweiten Generation einer Familie von Druckern, die ursprünglich aus Italien kam und ihr Unternehmen 1845 gegründet hatte. Nach der Ankunft am Ufer reichten die Gebrüder Sala rasch Pläne für eine Fabrik im Hinterhof ein, die mit einem elektrischen Fahrstuhl ausgestattet sein und in der ihre Druckmaschinen untergebracht werden sollten. Handgezeichnete Blaupausen dieser Gebäude auf großen, gefalteten Papierbogen, versehen mit dem Tintenstempel des Bauamts, stellen ausführlich die optimistischen Expansionspläne der Brüder dar.

1882 hatte Fortunato Sala das der Herstellung von Papierwaren aus dem Luxussegment gewidmete Familienunternehmen übernommen und einen auf Spielzeug aus Papier und Brettspiele spezialisierten Zweig namens »Sala-Spiele« gegründet, der seitdem zum Hauptstandbein des Unternehmens geworden war. Spiele von Sala waren Produkte der Spitzenklasse, bei denen Farblithografien für kunstvolle Panoramen, winzige Aufklapp-Schaubühnen oder für handbetriebene Apparate eingesetzt wurden, die auf langen Papierstreifen aufgedruckte Bilderreihen antrieben, um die Illusion von Bewegung zu erzeugen. Am beliebtesten waren die Gesellschaftsspiele, die von bürgerlichen preußischen Familien in ihren Glanzräumen überall in der Stadt gespielt wurden: Memory oder traditionelle Kartenspiele wie Schwarzer Peter oder Quartett. Ich habe diese Spiele als Kind selbst gespielt, obwohl wir sie in England *Old Maid,* »Alte Jungfer«, und *Happy Families,* »Glückliche Familien«, nannten. In *Old Maid* werden ordnungsgemäß Paare gebildet und die gefürchtete, nicht ablegbare *spinster card* – der »Schwarze Peter« – unter allen Umständen vermieden. Bei *Happy Families* war jede Familie durch ihren jeweiligen Beruf gekennzeichnet und als humorvolle Karikatur abgebildet: *Mr. Bun*, Herr Brötchen, der Bäcker, und *Mrs. Bun*, Frau Brötchen, die Ehefrau des Bäckers, *Mr.* und *Mrs. Bones*, Herr und Frau Knochen, die Metzger, oder *Mr. Pot*, Herr Topf, der Maler, und *Mrs. Pot*, Frau Topf, die Gattin des Malers, jeweils ergänzt durch einen *Master* oder eine *Mistress*, also einen Sohn oder eine Tochter desselben Familiennamens. Ziel des Spiels war, eine komplette Familie aus vier Karten zu sammeln.

Meine Faszination für die Familie Sala begann, über den Reiz ihrer Tätigkeit hinaus, bei ihrem Namen, der in großen Lettern am Haus prangte, als wir es zum ersten Mal besichtigten. Es scheint ein perfekter Wink des Schicksals, dass die Nachfolger der Zimmermanns, die das Berliner Zimmer errichteten, nach dem italienischen Wort für Saal, *sala*, benannt waren, also ebenjener Räumlichkeit, für die ihre Gesellschaftsspiele gemacht waren. Derweil ziehen mich die drei Generationen der Gebrüder Sala mit ihren sich irritierend wiederholenden Vornamen in ihren Bann. Auf die erste Generation, Anton Vincenz und Alexander Fortunato, folgten

Aloys Fortunato und Vincenz Adolf. Deren Nachfolge traten wiederum vier weitere Brüder an, die von 1886 bis 1891 als Söhne Fortunatos geboren wurden: Arthur Adolf, Bruno, Kurt und Walter. Es ist jedoch eine weibliche Sala, die das historische Durcheinander dieses Familienknotens unumkehrbar festzurrt: 1888 heiratet Adolf, Sohn von Fortunato, die Tochter seines Onkels Anton, seine Cousine ersten Grades, Marie. 1889 bringt Marie Sala, geborene Sala, ihre Tochter Annelise zur Welt, das einzige Mädchen dieser Generation.

Als die Salas 1907 eintrafen, brachten sie nicht nur Energie und den Glanz ihres Namens mit, sondern auch eine Bande Jugendlicher. Eine neue Generation, die in den Rauch einer industrialisierten Stadt hineingeboren worden war, eins mit der alternativen Anatomie der großen »maschinelle[n] Einheit«, die vollkommen aus Kreisläufen, Knotenpunkten, Gliedern und Wegrichtungen bestand. Ein wesentlicher Bestandteil der Vorwärtsbewegung, die das neue Jahrhundert eingeleitet hatte. Vier junge Erben und eine junge Frau zogen in das Haus am Ufer.

VIII.
JUNGFER

ICH KOMME OFT an der ehemaligen Königlichen Eisenbahndirektion vorbei. Der rote Ziegelbau wirkt mit seinen Ecktürmen so undurchdringlich wie immer. Scharen von Nebelkrähen nisten in den Platanen vor dem Gebäude und hocken wie unheilvolle Wächter auf den Sandsteinornamenten. Obwohl die für die Bahn zuständige Behörde vor vielen Jahren bereits ausgezogen ist, krönt das Flügelrad mit den Blitzen immer noch den Eingang. Ich passiere sie jedes Mal mit dem Fahrrad, wenn ich zur Staatsbibliothek fahre, die seit unserem Umzug in diesen Teil der Stadt zu meinem persönlichen Rückzugsort geworden ist. Die Bibliothek bietet mir eine Alternative zu den häuslichen Verstrickungen des heimischen Lebens. Sie löst mich vom Küchenfenster und der Stasis des Hinausschauens. Zu Zeiten der Zimmermanns lag die Küche versteckt im Seitenflügel hinter der Mädchenkammer, dort, wo heute das Badezimmer ist. Der Blick aus diesem Küchenfenster ist nicht so spannend, und außerdem hätte das Dienstpersonal ohnehin kaum Zeit gehabt, in die Ferne zu schauen. Wir richteten die Küche in diesem nach vorn gelegenen Zimmer ein, weil es hell und gut geschnitten war und einen Ausblick über das Wasser bot.

Die Staatsbibliothek ist nur eine kurze Strecke mit dem Fahrrad entfernt: den Kanal hinauf, über die Potsdamer Brücke, und da ist sie schon, zur Rechten, festgemacht auf der Potsdamer Straße wie ein stattlicher Ozeandampfer. Als »Stabi« bekannt, wurde das Gebäude vom Architekten Hans Scharoun entworfen, der auch für die goldene Philharmonie verantwortlich war, die schräg gegenüber ein Stück abseits der Straße steht, ein glitzerndes Rätsel aus steilen Bögen und winkligen Flächen. Links davon liegt Mies van der Rohes Neue Nationalgalerie, ein hochmoderner, nur aus großen senkrechten Glasflächen bestehender Pavillon. Alle drei Bauwerke waren Teil einer Reihe ambitionierter Gebäude, die in den 1960er Jahren als hervorstechendes kulturelles Westberliner Triumvirat entworfen wurden.

Im Gegensatz zu ihren nächsten Nachbarn ist die Stabi von außen eher unscheinbar: Sie besteht aus mehreren aufeinandergesetzten länglichen Modulen und einem mit Kieselgehwegplatten ausgelegten Vorplatz, den ein Heer aus Rädern an Fahrradständern ausfüllt. Drinnen enthüllt dieses Gebäude derweil seine Andersartigkeit. Die Stabi ist keineswegs dunkel und stickig, wie Bibliotheken sein sollten, sondern luftig und geräumig, ganz in unterschiedlich blassen Schattierungen von Grau gehalten, mit marmornen Oberflächen und wässrig-grünem Teppichboden. Nahezu der gesamte Bereich ist ein großer Lesesaal, der sich über mehrere schwebende, horizontale, durch kurze Treppen miteinander verbundene Ebenen erstreckt. Die ganze Breitseite des Gebäudes besteht aus Fenstern und lässt den Blick auf ein ausladendes Stück Himmel zu. In der Stabi gibt es keine spitzen Winkel. Alles hier ist ordentlich, offen und rechtwinkelig, für wohlüberlegte, ruhige, zielgerichtete Arbeit gedacht. Für mich ist diese Bibliothek ein Ort, an dem ich den häuslichen Pflichten entkommen und Teil einer schweigenden produktiven Gemeinschaft werden kann.

Ich sitze an meinem üblichen Platz, im zweiten Stock, zum Fenster hin, mittlerer Tisch in der vordersten Reihe. Von hier aus kann ich die Neue Nationalgalerie zur Linken sehen und gleich geradeaus den Turm der St.-Matthäus-Kirche. Dahinter versteckt liegen die verschiedenen Museen und Galerien des Kulturforums, darunter das Archiv, in dem ich Menzels Zeichnungen betrachtet habe. Die geflügelte Engelsstatue auf der Siegessäule im Zentrum des Tiergartens leuchtet klein und golden in der Ferne. Gerade bin ich bei den offen zugänglichen Bücherregalen in der Nähe auf den Bereich mit den Werken Fontanes gestoßen, weshalb ich nun einen Stapel seiner Romane überfliege und in seine flüssige Prosa eintauche. Etwas an seinen Protagonistinnen – Cécile, Effi, Lene – irritiert mich jedoch. Obwohl er sie mit mitfühlender Allwissenheit durch ihre engen sozialen und ökonomischen Aussichten führt, ist ihr jugendliches Temperament ausnahmslos von einer dem Untergang geweihten Unausweichlichkeit umschattet. Die Strenge der wilhelminischen Gesellschaft erweist sich als unentrinnbar, und so werden ihre eindeutigen Bestrebungen nach Hoffnung und den Verheißungen der Jugend von allen möglichen zwangsläufigen Kompromissen zerstört. Fontane bietet ihnen keinerlei Ausweg, stattdessen bleibt der Status quo – mit einem Seufzen – erhalten. Während ich hier sitze und aus dem Fenster der Bibliothek auf den Engel am fernen Horizont schaue, frage ich mich, wie diese literarischen Szenarien sich abgespielt hätten, wären sie von einer Frau geschrieben worden. Wer waren die Schriftstellerinnen, die solch eine fiktive Emanzipation ersannen und schilderten? Die Künstlerinnen und Augenzeuginnen, die uns das preußische Leben aus der gelebten Perspektive einer Frau zeigen können?

Dieser lose Gedankengang führt mich weiter auf dem verschlungenen Pfad der Recherche, der bei einem dicken Band auf einem anderen offenen Bücherregal in der Bibliothek endet: einer Enzyklopädie Berliner Künstlerinnen, 1992 vom Verein der Berliner Künstlerinnen 1867 e. V. herausgegeben.[58] Als ich das in Spalten und winziger Schrift dicht gedruckte Kompendium durchblättere, fällt mir ein Gemälde mit einem Zimmerinterieur ins Auge. Darauf abgebildet ein schwerer Holztisch mit hohen Stapeln Büchern und Papieren, ein Biedermeierstuhl mit geschwungenen hölzernen Armlehnen, ein verglaster Schrank voller Bücher, eine Standuhr und ein von schweren Vorhängen eingerahmtes Fenster. Es handelt sich, wie die Bildunterschrift verrät, um Theodor Fontanes Arbeitszimmer in seiner Wohnung in der Potsdamer Straße, bloß einen Steinwurf von der Bibliothek entfernt, in der ich gerade sitze. 1898 wurde das Aquarell von Marie von Bunsen gemalt, einer Künstlerin, Schriftstellerin und einem Mitglied des Vereins der Berliner Künstlerinnen. Sofort schlage ich ihren Namen im Online-Katalog der Bibliothek nach und bestelle zwei ihrer Werke: *Die Welt, in der ich lebte. Erinnerungen aus glücklichen Jahren 1860–1912* und *Die Frau und die Geselligkeit*. Ein dritter Band, der nach ihrem Tod erschien und den spannenden Titel *Im Ruderboot durch Deutschland. Auf Flüssen und Kanälen in den Jahren 1905 bis 1915* trägt, ist leider nicht erhältlich. Wie so viele Bücher in der Sammlung der Staatsbibliothek hat es den Krieg nicht überlebt. Zwei schmale, in Leinen gebundene Bände werden kurze Zeit später in mein Fach in der Abholung gestellt. Bei *Die Frau und die Geselligkeit* handelt es sich um eine alte Ausgabe, gedruckt in deutscher Frakturschrift, deren aneinandergereihte, schmerzhaft stacheligen Buchstaben ich kaum zu entziffern vermag. Aber *Die Welt, in der ich lebte. Erinnerungen aus glücklichen Jahren 1860–1912* ist in moderner Schrift gedruckt und versetzt mich ins Berlin des 19. Jahrhunderts, betrachtet durch die Augen einer Frau.

Marie von Bunsen kam 1860 als Kind eines preußischen Politikers und einer englischen Bankierstochter zur Welt. Sie wuchs in einer gigantischen Villa im Bezirk Tiergarten auf.

Das Haus, dessen Bau von ihrem Vater in Auftrag gegeben und im damals beliebten neugotischen Stil aus Backsteinen errichtet worden war, verfügte über angebaute Stallungen voller Schweine und Tauben, mehrere Gewächshäuser, eine eigene Wohnung für den Gärtner und einen Tennisplatz – den ersten in Berlin, erklärt sie uns, abgesehen von dem der englischen Botschaft. In ihrer Autobiografie berichtet Bunsen davon, wie sie mit ihren Schwestern die Straßen der Nachbarschaft entlanglief, um die Morgenzeitung zu holen, wie sie früh am Morgen das Fahrradfahren im Tiergarten lernte, wie sie Adolph Menzel (»der kleine Menzel«) 1883 bei einem Ball kennenlernte. Sie war die älteste Tochter einer Familie aus gutem Hause, blieb ledig und verließ ihr Elternhaus erst nach dem Tode ihrer Mutter 1899. Daraufhin verkaufte sie das Haus ohne zu zögern für eine halbe Million Reichsmark in bar, teilte das Vermögen mit ihren Geschwistern und zog mit vierzig Jahren in eine Gartenhauswohnung im ersten Stock am Ostufer des Landwehrkanals. Hier, von der Potsdamer Brücke aus nur ein kleines Stück den Kanal hinauf und nicht weit von Fontanes und Menzels Wohnungen entfernt, kam von Bunsen zum ersten Mal in den Geschmack der Unabhängigkeit. »Diese von 1902 bis zum Krieg währende Zeitstrecke der Lebensfülle und der Unabhängigkeit ist die schönste meines Lebens gewesen«, erinnert sie sich.[59] Durch eine Ansammlung randständiger Details und der »beiläufigen Passagen«, von denen Rebecca Solnit spricht, entsteht das Porträt einer Stadt aus der Perspektive einer Frau. Gewiss, einer Frau, die alle mit Wohlstand und gesellschaftlichen Verbindungen einhergehenden Privilegien genoss, aber dennoch keine weiterführende Schule besuchen durfte. Sie macht eine Ausbildung zur Lehrerin, dem einzigen ihr zugänglichen Beruf, und verbringt ihr Leben damit, zu unterrichten, gesellschaftlich zu verkehren und viel zu reisen. Laut Bunsen werden die Schwierigkeiten, denen eine Frau in der wilhelminischen Gesellschaft begegnet, nur noch von der Heuchelei einer Ehe übertroffen.

Damals, als Frauen nicht an der männlich dominierten Öffentlichkeit teilhaben durften, wurden ihre Energien vergeudet und ihre weibliche Produktivkraft »versickert[e ...] in der direkten Sklavenarbeit für die Männer«, wie Klaus Theweleit in *Männerphantasien* anmerkt. Die Produktivität der Frauen fand in der Literatur nur selten Beachtung. Dort galten Frauen eher als Gefäße für die männliche Lust, die letztlich nur die Produktivität der Männern absorbieren sollten.[60] Zu der regelmäßigen Überhöhung der Frau gesellte sich »die Negation der konkreten fleischlichen Realität der Frauen«, schreibt Theweleit, wodurch die Frauen zu einem bloßen »Absorptionsfaktor« reduziert würden, zu etwas, durch das die Lust einfach nur hindurchfließen könne.[61] Darauf basieren all die dem Unheil geweihten Heldinnen Fontanes, deren Lebenskräfte durch die bloße Nähe zu Männern aufgezehrt werden. Wie der dicke Band über Künstlerinnen in der Staatsbibliothek bezeugt, gab es die Produktivkraft von Frauen, doch da es ihr an sichtbaren Ventilen fehlte, versickerte sie einfach ungesehen, sank ins Grundwasser ab und hinterließ nur wenige kostbare bleibende Spuren, die ein Jahrhundert später noch zugänglich sind.

• • • • •

Damals wie heute wird ein Großteil der weiblichen Produktivkraft in die häusliche Domäne abgeleitet. Wie überall, wo es um Haushalt, Betreuung und Familie geht, haben die dort Arbeitenden am Ende kaum etwas vorzuweisen. Tatsächlich wird diese Arbeit erst sichtbar, wenn sie liegenbleibt, wenn die Wohnung verdreckt, der Kühlschrank leer ist und die Kinder plötzlich aus all ihren Kleidern herausgewachsen sind. Die Arbeit von zu Hause schafft ein ganz eigenes Dilemma:

Es ist schwer, deutliche Grenzen zu ziehen, sodass die Frage der Produktivität ständig offenbleibt. Wenn die Arbeit in den eigenen vier Wänden aus Schreiben besteht – ein langsamer, schlecht vergüteter Prozess, von dem bis auf eine Reihe Worte auf einer gedruckten Seite kaum ein Beleg bleibt –, dann scheint diese flüchtige Tätigkeit mit allen anderen zu verschwimmen. Begleitet wird dieser Vorgang von einem unheimlichen Gefühl mangelnder Authentizität. Ich war so in den Versuch verstrickt, das Schreiben mit den ständig wachsenden Aufgaben des Familienlebens unter einen Hut zu bringen, dass es eine Weile dauerte, bis ich erkannte, dass ich in eine Form der Abhängigkeit geraten war, die unangenehm an das 19. Jahrhundert erinnerte.

Während Marie von Bunsen das seltene Glück finanzieller Unabhängigkeit besaß, gab es im Preußen des späten 19. Jahrhunderts über eineinhalb Millionen ledige Frauen, und diese wurden zur Abhängigkeit erzogen. Das ist die tragische Botschaft des einzigen in der wilhelminischen Zeit beliebten Romans, der von einer Frau verfasst wurde und den ich endlich ausfindig machen kann. *Aus guter Familie. Leidensgeschichte eines Mädchens* wurde 1895 von Gabriele Reuter geschrieben und folgt dem Schicksal Agathe Heidlings durch einen ganzen Katalog weiblichen Unglücks hindurch. Die nervenschwache Mutter ist nach dem Verlust mehrerer junger Kinder depressiv. Das Dienstmädchen fleht Agathe an, ihr dabei zu helfen, ein Schloss an ihrem Schlafzimmer anbringen zu lassen, damit Agathes älterer Bruder sich nicht mehr ungefragt nähert. Die freigeistige Freundin Eugenie, die den Taugenichts von Bruder heiratet und alles zu haben scheint, was eine Frau sich wünscht, erweist sich als oberflächlich und egoistisch. Agathe selbst bleibt nichts anderes übrig, als darauf zu warten, dass irgendwann ein Verehrer sie aus den wartenden Jungfrauen auswählt. Als das Vermögen der Familie sich in den Spielschulden ihres Bruders auflöst, verschwindet zugleich auch ihre Mitgift und damit ihre Heiratsfähigkeit. Die Jahre vergehen, auf eine Enttäuschung folgt die nächste, Agathe darf keine freien Entscheidungen treffen und sich noch nicht einmal intellektuell betätigen. Sie leidet unter der Abhängigkeit und der unausweichlichen Verbitterung, zurückgeblieben zu sein. Nach einem Nervenzusammenbruch wird sie in eine Anstalt eingewiesen und einer Elektroschocktherapie unterzogen – all das noch vor ihrem vierzigsten Lebensjahr. Man verweist sie auf den beschämenden und gefürchteten Status der Alten Jungfer.

Obwohl Reuter seit ihrer Jugend schrieb und Artikel veröffentlichte, während sie sich um ihre kranke Mutter kümmerte, war *Aus guter Familie*, das sie mit zweiunddreißig Jahren verfasste, ihr Durchbruch. In ihrer Autobiografie hielt sie fest: »Und plötzlich wusste ich, wozu ich auf der Welt war –: zu künden, was Mädchen und Frauen schweigend litten. Nicht die großen Schmerzen der Leidenschaften. Nein, die stumme Tragik des Alltags wollte ich künden.«[62] Der Roman war ein Bestseller und etablierte Reuter als die weibliche Stimme ihrer Generation. Ihre folgenden Veröffentlichungen schilderten in ebenso fesselnden Einzelheiten die unterschiedlichen Schicksale von Frauen in der deutschen Gesellschaft zur Jahrhundertwende. In *Ellen von der Weiden* ging es um die Institution Ehe und die Schande einer Scheidung aus weiblicher Perspektive. *Das Tränenhaus*, veröffentlicht 1908, erzählt die Geschichte einer unverheirateten jungen Frau, die schwanger wird. Man schickt sie aufs Land in eine »Pension«, in der sie das Kind zur Welt bringt.

Reuters Leser wussten damals nicht, dass die Autorin selbst persönliche Erfahrung mit einem unehelichen Kind hatte. Als sie 1899 von Weimar nach Berlin zog, vierzig Jahre alt und ledig, brachte sie ihre zweijährige Tochter Lili mit, ein Umstand, der nur ihren engsten Freunden bekannt war, auf deren Verschwiegenheit sie sich verlassen konnte. Im deutschen Kaiserreich wurden jährlich 180 000 uneheliche Kinder geboren, doch das Phänomen der unverheirateten arbeitenden Mütter kam in der Öffentlichkeit nur selten zur Sprache.

• • • • •

Die neu gefundene Unabhängigkeit, die Marie von Bunsen 1900 erfuhr – vierzig Jahre alt, ihre Eltern verstorben, und endlich alleine in einer Gartenhauswohnung am Kanal lebend –, war sogar noch seltener. Sie fing an, jeden Sonntagmorgen einen »Salon« abzuhalten, zu dem sie Schriftsteller, Künstler, Philosophen und Professoren sowie Diplomaten, enge Freunde und Mitglieder des königlichen Hofes einlud, nebst zuweilen berühmten Persönlichkeiten auf der Durchreise. Damals besaß Berlin von allen Städten im deutschsprachigen Raum mit Abstand die meisten Salons und wurde auf internationaler Bühne in dieser Hinsicht nur von Paris übertroffen. Von Bunsens Salon am Ufer gehörte zu den angesehensten der Stadt. Sie wählte ihre Gäste mit Bedacht, damit die verschiedenen Teilnehmer ein soziales und intellektuelles Gegengewicht zueinander bildeten, sodass ihr Haus »das einzige war, wo man die Kompositionslehre der Geselligkeit aus dem Grunde verstand. Weil Frau von Bunsens Tisch klein war, mußten die Gäste gut kontrapunktiert werden«.[63] In Anbetracht der damals mangelnden Ausdrucksmöglichkeiten für Frauen wurde aus dem Salon eine besondere Kunstform der gesellschaftlichen Art: ein Tableau vivant der Gesprächskultur.

Salons gehörten zu den wenigen Bereichen, in denen Frauen, die meisten davon verheiratet (von Bunsen war eine der wenigen unverheirateten Ausnahmen), ihre intellektuelle und soziale Unabhängigkeit ausleben konnten. Der Salon, dessen Teilnehmer sich um eine Frau in ihrem Heim sammelten, schien eine Generalprobe für die Emanzipation zu sein. Als gesellschaftliche Kunstform war der Salon, der verschiedene Individuen durch Gedankenaustausch und Gespräch zusammenführte, untrennbar mit den häuslichen Räumen verknüpft, in denen er abgehalten wurde. Ein Gemälde Adolph Menzels aus dem Jahr 1875 zeigt einen Salonabend in der Wilhelmstraße 73. Die Gastgeberin, Marie Gräfin von Schleinitz, hat sich auf einer Chaiselongue niedergelassen, sie trägt ein prachtvolles schulterfreies Rüschenkleid, um sie herum ihre aristokratisch und künstlerisch anmutende Gesellschaft. Die Damen haben Platz genommen und sind in ebenso raffinierte Kleidung gehüllt, während bärtige Männer wacker in ihren Fracks oder mit Epauletten versehenen Uniformen herumstehen, die Hände in den Taschen oder hinter dem Rücken verschränkt. Gewiss eine elegante Szene, doch worüber unterhielten sich die dort Abgebildeten? Mehrere Jahrzehnte später erscheint eine andere Salonnière auf einer Fotografie: Marie von Olfers, abgebildet 1917 im Alter von 91 Jahren, selbstbewusst in ihrem mit Polstermöbeln reich ausgestatteten Wohnzimmer sitzend. Als Dichterin und Kinderbuchautorin hatte sie seit 1843 in ihrer Wohnung am Ufer des Kanals literarische Salons abgehalten.

Der Salon war von Natur aus ein sehr kurzlebiges Ausdrucksmedium. Obwohl es eine Handvoll Bilder von Salons gibt, kann man das gesellschaftliche Gefüge und den über Gespräche vermittelten Austausch, die den Erfolg des Salons ausmachten, nur durch Schnipsel zeitgenössischer Korrespondenz, Tagebücher oder andere Fragmente von den äußersten Rändern der Literatur rekonstruieren. Inzwischen sind nicht nur die Dutzenden Salons im Bezirk Tiergarten und der Umgebung des Landwehrkanals nahezu spurlos verschwunden, sondern auch die Gebäude, in denen sie ihren Ort hatten. Tatsächlich sind ganze Straßen auf dem Stadtplan nicht mehr zu finden, weil sie umbenannt, umgelegt oder durch die Gewalt des nachfolgenden Jahrhunderts ausgelöscht wurden.

· · · · ·

Die Salons existierten in einem durch und durch bürgerlichen Milieu, hingen von gesellschaftlichen Privilegien, wirtschaftlicher Stabilität und der Art von Wohnungen ab, die damit einhergingen. »Für die besitzende bürgerliche Frau ist ihr Haus die Welt«, schrieb Rosa Luxemburg 1914. Als die Salas in dieser Gegend eintrafen, die auch Menzel und Fontane Heimat gewesen war und außerdem die prachtvollen Behausungen der fiktiven Cécile und der echten Maries – der Marie von Bunsen, Marie von Schleinitz und Marie von Olfers – beherbergt hatte, waren die Straßen rund um den Landwehrkanal herum das Zentrum der Berliner Salongesellschaft und ihres literarischen und publizistischen Umfelds. Für die Arbeiter in den dunklen und engen Räumen, der Domäne der Armen, lagen die Dinge allerdings anders. *Für die Proletarierin ist die ganze Welt ihr Haus,* die Welt mit ihrem Leid und ihrer Freude, mit ihrer kalten Grausamkeit und ihrer rauen Größe.«[64] Die Zuflucht und die finanzielle Sicherheit, die ein Heim bot, waren bürgerliche Privilegien, die den unteren Klassen versagt blieben.

Rosa Luxemburg selbst war 1898 von Zürich nach Berlin gezogen und hatte gleich nach der Ankunft in der Stadt mit der Wohnungssuche begonnen. »Du hast keine Ahnung, was das heißt, in Berlin eine Wohnung zu suchen«, schrieb sie im Mai dieses Jahres an ihren Geliebten, Leo Jogiches.

> Obwohl ich »nur« in drei Stadtteilen suche […], aber das sind derartige Entfernungen, daß für ein paar Straßen Stunden draufgehen, um so mehr als man Haus für Haus die Stockwerke hochrennen muß […], zumeist vergeblich. Die Zimmer sind allgemein überall schrecklich teuer.[65]

Sie beschreibt die »bedrückende Größe« der Stadt mit ihrer »kalten und mir gegenüber gleichgültigen Macht« und ihrer überwältigenden Männlichkeit, sind doch »die Offiziere der herrschende Stand hier«.[66] Als sie schließlich eine Wohnung findet, handelt es sich um ein Gartenhaus in einer Straße, die unmittelbar an den Tiergarten grenzt, »im aristokratischsten Teil, wie Du siehst«. Das Viertel ist »entzückend still, es gibt dort keine Straßenbahn, ringsum üppiges Grün, und die Luft ist ausgezeichnet«, schreibt sie an Leo. »Kauf Dir unbedingt einen Plan von Berlin, damit Du siehst, wo ich wohne.«[67]

Luxemburg schreibt fast täglich an Leo Jogiches und bedenkt ihn mit unzähligen Kosenamen: Mein Goldchen – Bobo – mein teuerstes, einziges Kind – mein Kuka – Dziodzi – Dziodziusia – Dzioziuchna! Die Briefe sind voller Details ihres »außerordentlich regelmäßigen« Lebens, wie sie es nennt. »[Ich] esse und schlafe zur rechten Zeit, gehe regelmäßig täglich spazieren, sorge für die Gesundheit und die Kleidung, meine Sachen sind in Ordnung, die Zeitungen lese ich täglich genau und zerschneide sie, und in der Bibliothek bin ich viermal wöchentlich.«[68] Doch erzeugt die Stadt selbst einen merkwürdigen Eindruck der Abkoppelung:

> Mir ist so, als wäre etwas in mir gestorben, ich empfinde weder Angst noch Schmerz, noch Einsamkeit, genau wie ein Leichnam. Es ist, als wäre ich ein ganz anderer Mensch als in Zürich […]. Die Menschen beachte ich irgendwie gar nicht, und Berlin nehme ich nicht wahr. Ich sehne mich zurück nach Schlesien, in irgendein Dorf, und träume schon davon, wenn wir beide dort sein werden.[69]

Die nächsten Jahre bleibt Luxemburg in Berlin, während Leo und sie sich Stück für Stück auseinanderleben, bis die beiden sich 1907 schließlich trennen. Ihre folgenden Briefe sind an Genossen, andere Aktivisten und Freunde adressiert, darunter viele an Kostja Zetkin, der Luxemburgs nächster Geliebter wurde, und noch mehr an dessen Mutter, Luxemburgs enge Freundin Clara Zetkin. Zetkin war radikale Sozialistin und kämpfte leidenschaftlich für die Rechte der Frau. Sie war drei Jahre älter als Marie von Bunsen und hatte ihre Laufbahn gleichfalls als Lehrerin begonnen. Ab 1891 gab sie *Die Gleichheit* heraus, eine Zeitschrift für Frauen der Sozialdemokratischen Partei. Sie glaubte, dass die wahre Befreiung der Frau nur über eine proletarische Revolution möglich sei.

Luxemburgs liebevolle Briefe an das »liebste Klärchen« sind gefüllt mit Ansichten zu innerparteilichen Streitigkeiten, Berichten über Tagungen, mit Klagen über Politiker und Anmerkungen zu deren Arbeit. »Wann schreiben Sie mir den großen Brief über die Frauenbewegung?«, fragt sie 1903.[70] Am 4. Juni 1907, kurz bevor sie »ins Loch« geht, wie sie das Frauengefängnis in der Berliner Barnimstraße nennt, in dem sie eine zweimonatige Haftstrafe wegen »Aufrufs zur Gewalt« in einer öffentlichen Rede antreten muss, schreibt sie an Clara mit Blick auf den Ort der Haftanstalt: »[I]ch freue mich sehr darüber; es wird mir doch wohltun, mich in der Nähe von Freunden und Bekannten zu denken.«[71] Im März 1916, kurz nach der Entlassung aus einer weiteren Haft in der Barnimstraße, schildert sie, wie Genossinnen sie beim Verlassen des Gefängnisses begrüßten: »Über tausend an der Zahl holten sie mich ab, und dann kamen sie massenhaft zu mir in die Wohnung, um mir die Hand zu drücken.«[72]

»Der Frühling kommt allerdings sehr zögernd«, schreibt sie ein Jahr später aus dem Gefängnis in Posen, in dem sie gerade inhaftiert ist. Wegen der Kälte draußen seien »viele Feldmäuse« in ihre Zelle gekommen, und eine habe »im Schrank in ein Seidenkleid ein großes Loch gebissen«.[73] Im November 1917 wird sie in ein Gefängnis in Breslau verlegt. Sie schreibt:

»Alle Leute überschütten mich so mit Blumen und Blumentöpfen, daß ich einen ganzen Wintergarten in der Zelle habe.« Unterdessen ist sie zu der Überzeugung gelangt, »daß in einigen Jahren eine große Umwälzung in ganz Europa unvermeidlich ist«.[74]

Ab 1914 sind ihre Briefe gespickt mit Hinweisen auf den Ersten Weltkrieg und Beileidsbekundungen für gefallene Söhne und Ehemänner, Freunde und Genossen, die ihr Leben auf dem Schlachtfeld lassen mussten. Die deutsche Zermürbungstaktik und die strenge Politik, »keinen Rückzug« zu gewähren, führt zu katastrophalem Leid auf allen Seiten, während der Tod in die Häuser und Wohnungen von Familien in ganz Europa, im ganzen Deutschen Reich und in ganz Berlin einzieht. Im Mai 1916 stirbt Walter Sala im Haus am Ufer, der jüngste Sohn von Fortunato, im Alter von vierundzwanzig. Sein Bataillon, die 52. Infanterie-Division des Deutschen Heeres, war eines der vielen, die an der Schlacht um Verdun teilnahmen, eine der längsten und blutigsten Auseinandersetzungen des Krieges. Mehr als die Hälfte der in dieser Schlacht gefallenen französischen und deutschen Soldaten konnten bis heute nicht identifiziert werden. Walter Sala wird verwundet zurückgebracht und stirbt später in Berlin. Einen der Gebrüder Sala gibt es nicht mehr, nur noch drei sind übrig.

»Wenn die Männer töten, so ist es an uns Frauen, für die Erhaltung des Lebens zu kämpfen«, schreibt Clara Zetkin in einem Aufruf mit dem Titel »An die sozialistischen Frauen aller Länder!«. »Wenn die Männer schweigen, so ist es unsere Pflicht, erfüllt von unseren Idealen, die Stimme zu erheben.«[75] Als Rosa Luxemburg im November 1918 schließlich aus Breslau entlassen wird, nachdem sie ein Jahrzehnt abwechselnd im Gefängnis und in Freiheit verbracht hat, kehrt sie nach Berlin zurück und beginnt mit der Vertiefung ihrer Pläne für den Spartakusbund, der von Luxemburg, Karl Liebknecht and

Zetkin gegründet wurde. Zetkin wird eingeladen, die Leitung der Frauenbeilage der *Roten Fahne* – publizistisches »Zentralorgan« des Spartakusbundes – zu übernehmen. »Du sollst sie machen«, schreibt Luxemburg am 29. November an Zetkin. »Disponiere darüber, wie Du für richtig hältst.«[76]

IX.
TRIANGULATION

WENN ICH MEINE AKTUELLEN BEWEGUNGEN auf dem Stadtplan nachverfolge, der aus dem Jahr 1896 stammt und bei
mir an der Wand hängt, wird mein Blick geradezu zwanghaft
zur Position unseres Hauses und dem kleinen beigefarbenen
Dreieck hingezogen, in dem es sich befindet. Dieses Dreieck
wirkt wie etwas Fremdes in der roten Masse der Eisenbahntrassen und Güterbahnhofsgelände ringsum. Ein dreieckiges
Gebäude oder Grundstück ist wenig verheißungsvoll, lese
ich bei meinen Nachforschungen im Internet. Dort wird die
Energie in alle drei Richtungen gezogen. »In der Dynamik des
Dreiecks gibt es weder Ruhe noch Nahrung«, sagen die Feng-
Shui-Meister. »Die besten Formen für ein Grundstück oder
Haus sind das Quadrat oder das Rechteck, da sie es der Feng-
Shui-Energie ermöglichen, sich niederzulassen.« Unsere Wohnung ist reich an ungünstigen Winkeln, die Flure verjüngen
sich zu engen, ausweglosen Ecken. Und dann ist da noch das
Dreieck, das meine beiden Söhne und ich in unserem um-
gestalteten Heim bilden, nachdem wir die viereckige Stabilität der aus zwei Elternteilen und zwei Kindern bestehenden
»glücklichen Familie« aufgegeben haben.

Dreiecke mögen schwierig sein und die Energie in alle Richtungen spucken oder sich in verzwickten Verwinkelungen festfahren, doch Ecken bieten auch Schutz. Jeder Winkel in einem Haus, jede Ecke in einem Zimmer »ist für die Einbildungskraft eine Einsamkeit, der Keim eines Zimmers, der Keim eines Hauses«, schreibt Gaston Bachelard in einer seiner feinsinnigen Analysen der Räume, in denen wir leben. »Aber zunächst ist der Winkel eine Zuflucht, die uns einen ursprünglichen Daseinswert sichert: die Unbeweglichkeit.«[77] Ein Winkel bietet uns das Gegenteil der Ungebundenheit einer Heide, eines Moors oder einer offenen Landschaft. »Das Ungebundene ist abstoßend«, behauptet die Dichterin Anne Carson in einer Rede mit dem Titel »Über Ecken«. »Es ist nichts als Anfang oder endlos zerfaserte Seilenden.«[78] Eisenbahntrassen bringen Sinn ins Ungebundene, indem sie A, B und C miteinander verbinden und alles, was darunter liegt, zu einem Territorium machen, das es zu durchqueren gilt. Das Dreieck selbst ist jedoch unbeweglich, nach innen gekehrt, mit sich selbst beschäftigt. Es produziert Querschläger aus Energie und führt zu einem Zustand permanenten Schwunds – einer weiteren Senke, die für ständigen Abfluss sorgt. Nicht zufällig spricht man im Deutschen von einem »toten Winkel«.

· · · · ·

»Ich bekenne mich zum Gleisdreieck. Es ist ein Sinnbild und ein Anfangs-Brennpunkt eines Lebenskreises und phantastisches Produkt einer Zukunft verheißenden Gewalt«, erklärte Joseph Roth 1924 in seiner regelmäßigen Kolumne für die *Frankfurter Zeitung*. »Es ist ein Mittelpunkt«, fuhr er fort:

> Alle vitalen Energien des Umkreises haben hier Ursprung und Mündung zugleich, wie das Herz Ausgang und Ziel des Blutstroms ist, der durch die Adern des Körpers

rausch. So sieht das Herz einer Welt aus, deren Leben Radriemenschwung und Uhrenschlag, grausamer Hebeltakt und Schrei der Sirene ist. So sieht das Herz der Erde aus, die tausendmal schneller um ihre Achse kreist, als es Tag- und Nachtwechsel uns lehren will.[79]

Die englische Übersetzung dieses Artikels erschien in *What I Saw*, einer Sammlung von Texten über Berlin, die Roth zwischen 1920 und 1933 schrieb. Ein enger Freund aus New York gab sie mir, kurz nachdem ich 2001 hierher gezogen war. Ich erinnere mich noch, wie ich Roths beißende Beschreibungen des Berlin der 1920er Jahre – mit seinem dichten Verkehr und seinen Baustellen, seiner Schickeria, seinen heimatlosen Vertriebenen, seiner Vergnügungsindustrie und seinen »sehr großen Kaufhäusern« – in der U-Bahn las, die mich von unserer Wohnung in dem zum früheren Ostberlin gehörigen Prenzlauer Berg in das vertrautere Zentrum der Konsumkultur drüben im Westen brachte. Zu dieser Zeit war ich bereits schwanger und fuhr diese Strecke einmal im Monat zum Besuch bei einer Englisch sprechenden Frauenärztin, wobei ich mich jedes Mal etwas schwerer fühlte. Roths Artikel über das Gleisdreieck traf einen besonderen Nerv, wenn der Zug durch dieses Gelände fuhr. Das Gleisdreieck ist ganz buchstäblich ein Dreieck aus Gleisen, in dem zwei U-Bahnlinien zusammenkommen. In Roths Augen versinnbildlichte das Gleisdreieck den Drang Berlins nach Geschwindigkeit und der Herstellung von Verbindungen. »Schüchtern und verstaubt werden die zukünftigen Gräser zwischen metallenen Schwellen blühen«, prophezeite er. »Die ›Landschaft‹ bekommt eine eiserne Maske.«[80]

Wenn der Zug über die höhergelegte Trasse rollte, schaute ich hinunter auf das sandige Gelände. All die Lebensenergien, die Roth beschrieben hatte, waren verschwunden. Oben fuhren in regelmäßigen Abständen Züge kreuz und quer, doch da unten schien nichts zu geschehen. Keinerlei Aktivitäten und kaum Vegetation – nur ausgetrocknete Erde und zuweilen ein paar Pfützen. Als sich dort noch die Anlagen des Güterbahnhofs der Reichsbahndirektion befanden, konnte Roth schreiben: »In den Gleisdreiecken, Gleisvielecken vielmehr, laufen die großen glänzenden, eisernen Adern zusammen, schöpfen Strom und füllen sich mit Energie für den weiten Weg und die weite Welt: *Aderndreiecke*, Adernvielecke, Polygone, gebildet aus den Wegen des Lebens.«[81] Jetzt produzierte das Gelände nur noch Sackgassen. Straßen endeten abrupt, wenn sie auf den hohen Zaun trafen, der das Ödland umgab. Dessen Unzugänglichkeit ließ es irgendwie finster erscheinen: so viel leerer Raum im Zentrum der Stadt. Zugleich aufgegeben und befestigt. Eine physische Leerstelle diesmal, ein toter Winkel aus weiten Sandflächen und rostenden Schienen.

• • • • •

Als wir 2014 ans Tempelhofer Ufer zogen, lag das Gleisdreieck direkt hinter unserem Haus, und ich lernte es aus nächster Nähe kennen. Damals war die weitläufige Ödfläche bereits in einen erstaunlich erfolgreichen und gut besuchten Stadtpark umgewandelt worden. Weite Rasenflächen und Kinderspielplätze grenzten an Bereiche, die man im Zustand der Wildnis belassen hatte. Selbst ausgesäte Birkenwälder und Brombeerbüsche sprossen zwischen verrosteten Gleisen, die geradewegs und zielgerichtet ins Nichts führten. Damals gingen meine Söhne dorthin, um Fußball zu spielen und Skateboard zu fahren oder sich im Schatten der U-Bahn-Überführungen mit Freunden zu treffen. Ich durchquere den Park mit dem Fahrrad auf meinem Weg zu den nahegelegenen Geschäften in der Potsdamer Straße. Dieses einstmals aufgegebene Gelände beherbergt heute zahllose Formen menschlicher Aktivitäten von Gruppen jeden Alters, jeglicher Herkunft und aller sozialen Schichten.

Hundespaziergänger, Jogger, Rentner laufen die Fußwege entlang, und auf den Spielplätzen schaufeln kleine Kinder Sand. Eng zusammengedrängte Kreise aus kiffenden Teenagern, Picknicks von Großfamilien, durchtrainierte Aerobicfans. Über diesen Zentren lebhaften geselligen Treibens schießen regelmäßig auf den hochgelegten Gleisen Züge wie gelbe Pfeile in die Bahnhöfe hinein und wieder heraus.

Der U-Bahnhof Gleisdreieck besetzt eine der Spitzen des beigefarbenen Straßendreiecks in der Umgebung meines Hauses. Ein befreundeter Künstler, der ein paar Blocks weiter den Kanal hinunter wohnt und historische Druckerzeugnisse sammelt, gab mir eine Postkarte aus dem Jahr 1908, die er gefunden hatte und die den U-Bahnhof Gleisdreieck zeigt. Darauf ist ein Bild der Zerstörung zu sehen. Auf der Eisenbahnbrücke ist ein Zug entgleist, einer der Wagen hat das Geländer durchbrochen und liegt zertrümmert unten auf der Straße. Dort drängt sich eine Menschenmenge um den herabgestürzten Wagen, während oben auf der Brücke winzige Gestalten in Gruppen auf das Desaster unten hinabschauen. Die Aufschrift neben dem Bild lautet: »Die furchtbare Katastrophe auf der Hochbahn zu Berlin am 26. September 1908. Die Unglücksstätte.« An diesem Tag hatte die Signalanlage versagt. Zwei Züge waren auf dem Gleisdreieck zusammengestoßen, und man beklagte achtzehn Tote sowie zwanzig weitere Verletzte. Es mag seltsam erscheinen, dass man solch ein grausiges Bild für eine Grußpostkarte verwendete. Doch bevor man Fotografien in Zeitungen abdruckte, befriedigten derartige Postkarten den Wunsch des Publikums nach Katastrophendarstellungen und verbreiteten die Nachrichten über Zugunglücke oder fürchterliche Großbrände als Zeugnisse aus zweiter Hand. Adressiert ist diese Postkarte in einer geschwungenen, mit einer inzwischen braun gewordenen Tinte geschriebenen Schrift an »Professor Berger, Oberbahnassistent«. Ich verderbe mir die Augen bei dem Versuch, die

winzigen, äußerst ordentlich geschriebenen Worte zu entziffern, die der Absender oder die Absenderin dieser tragischen Szene hinzugefügt hat, aber das gelingt mir nur bei der
Unterschrift: »Maria«.

Ob Adolf und Fortunato Sala, die optimistischen neuen
Eigentümer des ganz in der Nähe liegenden Hauses, Zeugen der Nachwirkungen dieses Unglücks waren, das sich
nur wenige Monate nach ihrer Ankunft ereignete? Hörten
ihre Frauen und Kinder die kreischenden Räder, das Knir-
schen von Stahl, die Schreie der Passagiere, als die Züge auf
dem Gleisdreieck zusammenstießen, das Geländer durchbrachen und auf die Straße stürzten? Empfanden sie dieses
Unglück als unheilvollen Auftakt eines neuen Kapitels am
Tempelhofer Ufer?

• • • • •

Im selben Jahr, 1908, wurde am Askanischen Platz vor dem
Anhalter Bahnhof das Hotel Excelsior eröffnet. Es war das
größte und modernste Hotel in Europa: ein sechsstöckiger
neoklassizistischer Bau mit vorgesetzten Säulen und Ziergiebel,
der über einen Tunnel mit der Eingangshalle des Bahnhofs
verbunden war. Die Zahl der Gästezimmer, die bei der Eröffnung 200 betrug, verdoppelte sich bis 1912 und stieg in
den 1920er Jahren auf 600. Das Hotel Esplanade am nahegelegenen Potsdamer Platz galt zwar als feiner, doch das Excelsior bot etwas anderes. Dieses Hotel war *modern*, es war
für die neuen Geschäftsreisenden konzipiert, die von dem das
ganze Reich umspannenden Eisenbahnnetz tagtäglich nach
Berlin befördert wurden. Beide Hotels befanden sich jedoch
im Besitz desselben Hoteliers namens Curt Elschner. Der Sohn
eines Gastronomen hatte seine berufliche Laufbahn als Kellner in Leipzig begonnen und wurde zu einem Paradebeispiel
für den dynamischen Unternehmergeist im kosmopolitischen

Berlin. Das Excelsior war sein Glanzstück. Er modernisierte und erweiterte es unablässig. In den 1920er Jahren ersetzte er die Kohleheizung durch eine Gasheizung und stellte die Küchen in dem guten Dutzend gastronomischer Einrichtungen auf Elektrogeräte um. Das Hotel besaß eine eigene Strom- und Wasserversorgung und Plätze für 5000 Gäste, die in den diversen Restaurants und Bars jährlich mehr als eine Million Liter Bier tranken.

Im Hotel Excelsior gründeten Rosa Luxemburg und Karl Liebknecht am 11. November 1918 offiziell den Spartakusbund. Und dort produzierten sie auch ihre Zeitung, die *Rote Fahne*. »Wenn Du wüßtest, wieviel ich Dir zu sagen hätte und wie ich hier lebe – wie im Hexenkessel«, schrieb Luxemburg am 29. November 1918 an Clara Zetkin. »Gestern nacht um 12 Uhr bin ich zum ersten Mal in meine Wohnung gekommen, und zwar nur deshalb, weil wir beide – Karl und ich – aus sämtlichen Hotels dieser Gegend ausgewiesen worden sind!«[82]

Im Dezember benannte der Spartakusbund sich in Kommunistische Partei Deutschlands um, doch wurde er einen Monat später während des Spartakusaufstands brutal zerschlagen. In einem Brief vom 11. Januar 1919 an Clara Zetkin schildert Luxemburg das alltägliche Chaos:

> Es ist nämlich nicht zu beschreiben, welche Lebensweise ich – wir alle – seit Wochen führen, den Trubel, den ständigen Wohnungswechsel, die unaufhörlichen Alarmnachrichten, dazwischen angestrengte Arbeit, Konferenzen etc. etc. [...] Meine Wohnung sehe ich nur ab und zu für ein paar Nachtstunden.

Im Blick auf die Kommunistische Partei ist sie optimistischer: »Im ganzen entwickelt sich unsere Bewegung prächtig, und zwar im ganzen Reich.« Sie räumt allerdings ein: »In diesem Augenblick dauern in Berlin die Schlachten, viele unserer bra-

135

ven Jungen sind gefallen.«[83] Wie sich zeigen sollte, war dieser Brief an Zetkin Luxemburgs letzter. Vier Tage später wurden sie und Liebknecht von Angehörigen der Garde-Kavallerie-Schützen-Division gefangengenommen und ins Hotel Eden gebracht, aus dem sie nie nach Hause zurückkehren sollten. Am 8. April 1919 schrieb Clara Zetkin an den »Freund und Genossen Lenin«:

> Der Mord an Karl und vor allem an Rosa war ein fürchterlicher Schlag. Er traf mich gleichermaßen grausam als Kämpferin wie als Mensch. Fast unmittelbar danach folgte der Tod meines Freundes [Franz] Mehring und dann wenig später der Mord an Leo [Jogiches]. Das geschah kaum 24 Stunden, nachdem ich Berlin verlassen hatte. […] Von den vieren, die als erste gegen den Weltkrieg protestierten und für die Revolution kämpften, bin jetzt nur noch ich am Leben, und in Deutschland fühle ich mich wie eine Waise. Für mich haben sie mit Leo Rosa ein zweites Mal getötet.[84]

• • • • •

Eine gekräuselte Wasserfläche geht über in horizontale Streifen, die mit wachsender Geschwindigkeit über die Leinwand huschen, gefolgt von einem harten Schnitt auf eine herannahende Dampflokomotive. Die Fensterflucht vorbeieilender Eisenbahnwaggons kommt verwischt ins Bild. Schienen, Kolben, Räder: Eine hektische Eisenbahnfahrt führt uns aus dem Umland in die Stadt. Vorbei an Industrievororten, Strommasten, Signalanlagen, dazwischen Schnitte auf Puffer und Kupplungen, hinein in den städtischen Ballungsraum, über ein Gewirr aus Gleisen, vorbei an Hinterhöfen und Reklamewänden, bis der Zug schließlich in die große Bogenkonstruktion des Anhalter Bahnhofs einfährt. Räder und Kolben werden langsamer, stoßen Wolken von Dampf aus. Es ist fünf Uhr am Morgen. Ein Schild in Großaufnahme nennt unser Ziel. Wir sind angekommen: BERLIN.

Mit dieser Montage beginnt Walter Ruttmanns 1927 gedrehter Dokumentarfilm *Berlin – Sinfonie einer Großstadt*. Die nächste Sequenz zeigt die noch schlafende Stadt, zunächst mit Luftaufnahmen der dichtgepackten Gebäude, vierseitige Wachhäuser um versteckte Innenhöfe. Dann zurück auf den Boden, Geschäfte mit heruntergelassenen Läden, kaum ein Zeichen von Leben außer Tauben und einer streunenden Katze. Der einzige Mensch ist ein Mann, der seinen Hund ausführt. Doch in den folgenden Szenen beginnen die Bewohner der Stadt aufzutauchen: Fließende Menschenmassen strömen aus Zügen, ergießen sich über Bahnhofstreppen, eilen über Bürgersteige und Brücken. Schnitt auf Fabriken und deren unermüdliche mechanische Choreografien – surrende Räder und rotierende Kolben, regelmäßige, symmetrische, endlose Rhythmen –, der ganze »Radriemenschwung und Uhrenschlag, grausamer Hebeltakt und Schrei der Sirene«, über die Joseph Roth schrieb.

Der Blickpunkt in Ruttmanns Film wandert ständig umher. Durch ein durchdachtes Aneinanderschneiden gut beobachteter Details konstruiert er das Bild einer in Bewegung befindlichen Stadt. Da sind Fabrikschlote, die Rauch ausstoßen, und mechanisierte Fertigungslinien, die unablässig in Aktion sind. Geschäfte und deren Laufburschen, Dienstmägde mit Einkaufskörben, Büros voller Schreibkräfte, die tippen, telefonieren, in ständiger Kommunikation stehen. Baustellen, Schaufensterauslagen, Züge, Straßenverkehr, Reklame. Auf Perrons Passagiere, die geschäftig Züge verlassen oder besteigen und Gepäck aus- oder einladen. Doppeldeckerbusse und vergebliche Versuche, die Straße zu überqueren. Das ist der »Großstadtwahn«. Tempo, Mobilität, Produktion und Austausch. Vor allem aber die Gleichzeitigkeit dieses ganzen

Erlebens. In Ruttmanns Film ist deutlich zu sehen, dass die treibende Kraft die Eisenbahn ist.

In den 1920er Jahren ist der Potsdamer Platz der verkehrsreichste Knotenpunkt in ganz Europa. Fünf große Straßen und fünfundzwanzig Straßenbahnlinien laufen dort zusammen, dazu Automobile, Busse, von Pferden gezogene Wagen, Fahrräder und Schubkarren. Nach einer amtlichen Zählung von 1928 überqueren den Platz täglich im Schnitt 2753 Fahrzeuge pro Stunde.[85] Unfälle sind eine ständige Gefahr. Deshalb errichtet man in der Mitte des Platzes einen Turm aus Stahl und Beton: die erste Verkehrsampel der Stadt. Zur Enttäuschung Joseph Roths nicht »etwas großartig Ragendes«, sondern »ein kleines, graues metallenes Türmchen [...], mit großen, aber noch geschlossenen runden Augen am obern Rand«. Der Potsdamer Platz wirkte nach Roths Ansicht »wie eine große erbärmliche Rißwunde der Stadt«, und, so schreibt er, »Tag für Tag, Nacht für Nacht wühlen Arbeiter in dieser Wunde«.[86] Dennoch wurde der Platz zu einer boomenden Attraktion im Zentrum der neuen Metropole und zog Einwohner wie auch Besucher in seinen Malstrom hinein.

• • • • •

Ruttmanns Film fängt die Weimarer Republik auf ihrem Höhepunkt ein. Sie wurde am 9. November 1918 gegründet, zwei Tage bevor Luxemburg und Liebknecht den Spartakusbund ins Leben riefen. Den Auslöser bildete eine allgemeine Meuterei: Massenbewegungen auf den Straßen und in den Fabriken, die ein Ende des Krieges und die Abdankung des Kaisers verlangten. Allein schon dieser revolutionäre Akt war ein Verstoß gegen die Konventionen annehmbaren Verhaltens und forderte zum Umsturz der spießigen, rigiden, autoritären Gesellschaft im Deutschen Kaiserreich auf, die vom Kaiserhaus, dem Adel und dem Militär wie auch von einer beengenden, heuchlerischen Sexualmoral beherrscht wurde.[87] Die neue, am 31. Juli 1919 beschlossene Verfassung gewährte ein allgemeines Wahlrecht für alle über Zwanzigjährigen. Sie war ein Sprung in die Demokratie und die moderne Welt hinein, doch anders als die uneingeschränkte sowjetische Revolution, die einen vollständigen Umsturz der alten Ordnung herbeiführte, versuchte die neue Weimarer Regierung, eine mittlere Position zu beziehen. Ihre politischen Führer waren bereit, Kompromisse mit Offizieren, hochgestellten Bürokraten und Industriellen einzugehen, um deren Kooperation zu gewinnen. Sie glaubten, dieser pragmatische Ansatz werde dazu beitragen, Deutschland aus dem Chaos der Niederlage und der Revolution, hin zu Demokratie und wirtschaftlicher Genesung zu führen. Aber diese Konzessionen und die Unterzeichnung des weithin verhassten Versailler Vertrages untergruben von Anfang an die Integrität der Republik.

Berlin war das Herz der Weimarer Republik, und das Excelsior lag im Herzen Berlins und beherbergte das breite Spektrum der Figuren, die in den 1920er Jahren das Bild der Stadt bestimmen sollten. Es diente der in Wien geborenen Vicky Baum als Vorbild für ihren Erfolgsroman *Menschen im Hotel*, der zunächst als Fortsetzungsroman in einer Zeitung und 1929 dann in Buchform erschien. Der Roman wurde für die Bühne bearbeitet, die Aufführungen im Theater am Nollendorfplatz ernteten begeisterte Kritiken. Die englische Übersetzung verkaufte sich in den USA allein in den ersten sechs Monaten nach ihrem Erscheinen 95 000 Mal. 1932 kam eine MGM-Verfilmung mit Greta Garbo und Joan Crawford in den Hauptrollen heraus, die einen Oscar für den besten Spielfilm gewann. Diese atemlose Erfolgsgeschichte voll Glanz und Glamour wirkt wie ein Abbild des Tempos und der Lebendigkeit des Romans wie auch der Stadt, in der seine Handlung spielt.

Der Hilfsbuchhalter Otto Kringelein verlässt darin nach der Diagnose einer lebensbedrohlichen Krankheit seine

Heimatstadt in der Provinz und kommt in die Großstadt, weil er seine restlichen Tage mit einem gewissen Stil verbringen möchte. Nach mehreren vergeblichen Versuchen bezieht er Zimmer Nr. 70 des Hotels, um in dieser Umgebung aus Mahagonimöbeln, Seidenpolstern und Spitzenvorhängen zu schwelgen, woran ihn allerdings sein Gefühl, nicht dazuzugehören, immer wieder hindert. In den Räumlichkeiten des imposanten Baus und vor dem lebhaften Hintergrund der temporeichen Metropole entfaltet sich eine Großstadterzählung. Industrielle, Sternchen, alternde Ballerinen, gutaussehende Lümmel, schicke Trickbetrüger und entstellte Veteranen des Ersten Weltkriegs bevölkern Baums Hotel. Liebesaffären werden begonnen und Verträge ausgehandelt. »Der Zucker wurde teurer, die Seidenstrümpfe billiger, die Kohle knapp, dies und tausend andere Dinge hingen davon ab, wie solche Kämpfe im Konferenzzimmer des Grand Hôtels abliefen.«[88] Die Atmosphäre der Stadt entrollt sich in Mischungen, die nach Benzin riechen und voller Verkehrslärm sind. Straßenkehrmaschinen und Busse segeln wie Schiffe die Straßen entlang, erleuchtet von riesigen Reklametafeln. Otto Kringelein schaut ungläubig aus dem Fenster seines Hotelzimmers:

> Sogar ein Baum war da, er streckte Zweige, nicht allzuweit vom Hotel, andere Zweige wie die Bäume in Fredersdorf. Er hatte ein Inselchen von Erde mitten im Asphalt, dieser Berliner Baum, und rund um die Erde einen Zaun, ein Gitter, als müsse er gegen die Stadt geschützt werden.[89]

Baums lebendige Erzählung verfolgt das Schicksal der Protagonisten, während überbrückende Passagen dem Puls der Stadt Ausdruck verleihen, die ihrerseits eine eigenständige Figur darstellt. Technik, Bewegung, Geschwindigkeit, Verkehr, Mode. Die Energie, die in alledem steckt. Schwung und Dynamik der Stadt sind unermüdlich, die Schicksale ihrer Bewohner miteinander verwoben. Unterdessen nimmt das Grandhotel sie alle teilnahmslos auf und beherbergt sie mit stoischer Entschlossenheit. Selbst am Ende des Romans erlahmt der Schwung nicht. »Die Drehtür dreht sich, schwingt, schwingt, schwingt …«, lautet die letzte Zeile.

• • • • •

Ein Hauch von dieser Dekadenz der Weimarer Zeit steckt immer noch tief in der Identität Berlins, doch ist in der Umgebung meines Hauses nur wenig aus dieser Zeit erhalten geblieben. Da ist das großartige Shell-Haus am Landwehrkanal Richtung Tiergarten, das gegen Ende der Weimarer Zeit erbaut wurde und heute noch da ist. Es besteht aus einer abgestuften Folge von sieben Elementen mit einer Höhe von sechs bis zehn Stockwerken, deren Fassade in einer auf ewig futuristischen Welle fließt. Andere einst charakteristische Gebäude wie Erich Mendelsohns Columbushaus am Potsdamer Platz sind dagegen verschwunden und durch anonyme Kästen im Stil der Kaufhausarchitektur des 21. Jahrhunderts ersetzt worden. Der Weimarer Geist zerstreute sich eher in der Reibung der Körper in den Cafés oder den Menschenmengen auf den Straßen, in der hektischen Energie, die Ruttmanns Film zeigt, in den kulturellen Erzeugnissen der Musik, des Theaters, des Tanzes, der Massenmedien, in befreiter Sexualität und lockerer, anzüglicher Kleidung. Die Kehrseite der neuen Freiheiten der »Goldenen Zwanziger« bildeten jedoch die Gewalt auf den Straßen, die Unnachgiebigkeit des Auslands, eine gewaltige Inflation und die Zersplitterung der politischen Unterstützung auf eine Vielzahl verschiedener Parteien.

Die Weimarer Demokratie basierte auf Widersprüchen. Lukrative Fusionen riesiger Konzerne auf der einen Seite, lange

Arbeitszeiten und schlechte Arbeitsbedingungen in den Fabriken auf der anderen. Die kulturelle und künstlerische Blüte von Gestalten wie Bertolt Brecht, Thomas Mann und George Grosz erfolgte in einem prekären, desillusionierten Umfeld. Als Hannah Höch in den 1920er Jahren mit Bildern aus illustrierten Zeitschriften neuartige Dada-Anatomien zusammensetzte, zeichnete Käthe Kollwitz mit Kohle eine schwangere Frau am Ufer eines Gewässers, die sich voller Schrecken die Hand vor den Mund hält (*Schwangere, ins Wasser gehend,* um 1926). Die Sexualreform lag in der Luft, aber weiter verbreitet waren Verhältnisse, die als »Ehemisere« und »die Krise der Familie« beschrieben wurden. 1933 war die Geburtenrate nur noch halb so hoch wie 1900. In diesem Jahr waren mehr als 35 Prozent der Ehepaare kinderlos, während eine Million Frauen illegal abtrieben und dabei gesundheitliche Schäden davontrugen oder sogar den Tod fanden.[90]

In den Jahren davor entwarf Kollwitz Plakate, die sich mit sozialen Anliegen und mit Fragen der ungewollten Schwangerschaft, des Wohnungsmangels, der häuslichen Gewalt und des Alkoholismus auseinandersetzten. »Nieder mit den Abtreibungs-Paragraphen« ist dort neben dem Bild einer Schwangeren zu lesen, die ein Baby an ihre Brust drückt, das Gesicht ausgemergelt, eines ihrer Augen blaugeschlagen. In der oberen rechten Ecke des Plakats steht der Hinweis: »Herausgegeben von der KPD«, der Kommunistischen Partei Deutschlands.

Die 1867 geborene Käthe Kollwitz war mit dreißig Jahren nach Berlin gekommen, um dort Kunst zu studieren, und gehörte zu den drei Frauen unter den insgesamt fünfundsechzig Gründungsmitgliedern der Berliner Sezession. Die 1889 geborene Hannah Höch kam gleichfalls nach Berlin, um ihren künstlerischen Interessen nachzugehen. Sie traf dort 1912 ein und schrieb sich in die Kunstgewerbeschule Charlottenburg ein. Höch stammte aus derselben Generation wie die beiden Söhne der Kollwitz, deren jüngerer, Peter, im Ersten Weltkrieg fiel, doch blieb ihr als Frau das Schicksal ihrer männlichen Altersgenossen erspart, die an die Front geschickt wurden und niemals zurückkehrten. Da Höchs Vater sich 1916 weigerte, ihr Kunststudium weiterhin zu unterstützen, und ihr den Geldhahn abdrehte, arbeitete sie nun drei Tage in der Woche im Ullstein Verlag, dem riesigen Berliner Verlagshaus. Dort hatte sie leichten Zugang zu illustrierten Zeitungen und Publikationen und begann, ihre ersten Collagen und Fotomontagen anzufertigen. In Höchs frühen Werken schlug die Sozialkritik, wie Kollwitz sie in ihren figürlichen Zeichnungen zum Ausdruck brachte, eine andere Richtung ein. Sie stellten die Hardware des Krieges und einen zerfallenden Militarismus neben die galoppierende Mechanisierung und den überbordenden Kapitalismus im großstädtischen Leben des 20. Jahrhunderts. In *Das schöne Mädchen* (1920) verschmelzen modisch frisierte und spärlich bekleidete Frauen mit Bruchstücken von Maschinen. An die Stelle eines Gesichts tritt eine elektrische Glühbirne.

Höch gesellte sich zu der Dada-Bewegung, die sich um George Grosz, John Heartfield und Raoul Hausmann bildete, und war die einzige Frau auf der »Ersten Internationalen Dada-Messe«, die 1920 in Otto Burchards Galerie am Lützower Ufer stattfand. Damals unterhielt sie bereits seit fünf Jahren eine turbulente Beziehung zu Hausmann, obwohl der verheiratet war. Hausmann äußerte seine Verachtung für die patriarchalische Familienstruktur und glaubte an die sexuelle Revolution, weigerte sich aber dennoch, seine Frau zu verlassen. Höch wollte ein Kind, allerdings nicht mit einem verheirateten Mann. Laut einer Biografie am Ende des Katalogs einer Ausstellung mit dem Titel »Aller Anfang ist DADA!«, die 2007 in Berlin stattfand, hatte sie in dieser Zeit zwei Abtreibungen, unter denen ihre Gesundheit litt.[91] Höch beschrieb ihre Lage satirisch in einer 1920 verfassten Kurzgeschichte mit dem Titel »Der Maler« über ein modernes

Paar, das in seiner Beziehung für die Gleichheit der Geschlechter eintritt – ein damals neuer und schockierender Gedanke. Der männliche Protagonist, der »Maler«, geriet allerdings in eine Krise, weil er sich »gezwungen sah, im Laufe von vier Jahren ebensoviel mal das Geschirr, das Küchengeschirr, abzuwaschen«. Der Maler hatte das Gefühl, die Frau durchkreuze »den hemmungslosen Flug des Genies« und »kam sich als Mann, aber auch als Maler, degradiert vor«, sodass er des Nachts Alpträume hatte. Und »wenn er auch als moderner Mensch theoretisch für die Gleichwertigkeit der Geschlechter eintreten müsse, so könne doch, wenn man es recht betrachte – und überhaupt – in seinen vier Wänden – und – eine ähnliche Forderung ihrerseits käme ja geradezu einer Versklavung seines Geistes gleich …«[92] Nicht lange danach trennten Höch und Hausmann sich, und ein paar Jahre später traf sie die holländische Schriftstellerin Mathilda (Til) Brugman. Sie nutzten die fließenden Möglichkeiten dieser Zeit und begannen eine Beziehung, in der sie zehn Jahre glücklich miteinander verbrachten, zuerst in Den Haag, dann in Berlin.

· · · · ·

In den Jahren nach dem Ersten Weltkrieg lockerten sich für die Frauen langsam die Zwänge, und ihre Chancen wuchsen. Obwohl die ersten Mädchengymnasien in den 1890er Jahren entstanden und der preußische Staat 1908 die Zulassung von Frauen an den Hochschulen erlaubte, eröffnete sich für sie erst nach dem Ersten Weltkrieg ein breiterer Zugang zur höheren Bildung. Clara Zetkin begründete den Internationalen Frauentag, der 1911 erstmals begangen wurde, und 1918 erhielten die Frauen in Deutschland das Wahlrecht. Es gab nun mehr Möglichkeiten für Frauen, eine Arbeit aufzunehmen, und für Schriftstellerinnen, ihre Arbeit veröffentlicht zu sehen. Kurzhaarschnitt, kurze Röcke, Flapper-Look, Rauchen, Tanzen,

Cafés besuchen und allein ausgehen – die »Neue Frau« war ein Emblem der Weimarer Zeit. Als Gegenstand erbitterter Diskussionen und gegensätzlicher Meinungen wurde sie satirisch von Otto Dix und George Grosz oder positiver von Jeanne Mammen und Lotte Laserstein dargestellt. Die »Neue Frau« war, wie der Historiker der Weimarer Zeit Eric Weitz schrieb, »das sichtbarste, meistdiskutierte, umstrittenste Symbol der moralischen und sexuellen Revolution der 1920er Jahre«.[93]

Obwohl diese modernen aktiven Frauen eine zentrale Stellung einnahmen, lässt sich nicht leicht herausfinden, wer sie waren. Peter Gays 1968 erschienenes Buch *Die Republik der Außenseiter. Geist und Kultur in der Weimarer Zeit: 1918–1933* setzt Maßstäbe für die Auseinandersetzung mit dieser Zeit, doch finden sich in dem siebenseitigen, doppelspaltigen Register der amerikanischen Originalausgabe nur elf Frauennamen, darunter Kaiserin Auguste Victoria (die nebenher als Gattin Kaiser Wilhelms II. genannt wird) und Marlene Dietrich (oder vielmehr ihre Beine, die neben den Bauten von Gropius und Kandinskys abstrakten Bildern als Verkörperung des Weimarer Geistes bezeichnet werden). Vicky Baum wird als »gängiges Mittelmaß« abgetan, obwohl Gay ausgiebig ihr Lob für die liberale Presse- und Verlagslandschaft Berlin in diesen Jahren zitiert. Die Namen und Leistungen der in der Publikation des Vereins Berliner Künstlerinnen genannten Frauen sind weitgehend vergessen, auch wenn einige von ihnen heute, fast ein Jahrhundert später, langsam wiederentdeckt werden. Nach der kurzen Liste der in Gays Register aufgeführten Frauen blieben Schauspielerinnen oder Sängerinnen deutlich eher in Erinnerung als Schriftstellerinnen oder bildende Künstlerinnen. Die Weimarer Zeit mag die Außenseiter gefeiert haben, doch wurden die Frauen weiterhin an den Rand gedrängt. Wie soll ich diese verschwundenen Stimmen aufspüren? Da ich mich erneut in einer Sackgasse befinde, kehre ich auf die Straße zurück.

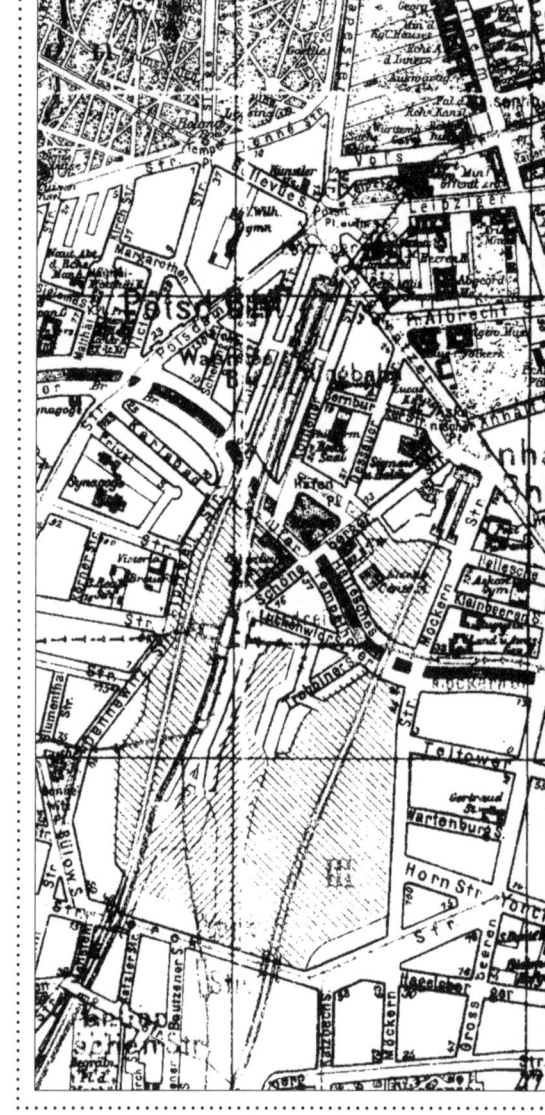

X.
ZEICHEN

SEIT ICH MIT MEINEN NACHFORSCHUNGEN BEGANN, bleibt meine Aufmerksamkeit an Details hängen, wenn ich zu Fuß oder mit dem Fahrrad in der Stadt unterwegs bin. Ich fühle mich von Dingen angezogen, die zu fehlen oder nicht recht zu passen scheinen, und so lese ich jedes Schild, an dem ich vorbeikomme. Auf diese Weise entdecke ich voller Verwunderung, dass es gleich hinter dem Gleisdreieck früher einmal ein Schwimmbad gab. Diese Information steht auf einem kleinen Schild in einem kleinen Park, der nach Auskunft eines anderen Schildes Nelly-Sachs-Park heißt. Ich schaue den Namen im Internet nach und erfahre, dass Nelly Sachs eine deutsch-schwedische Dichterin und Theaterschriftstellerin war, die 1891 in einer ganz in der Nähe lebenden jüdischen Familie geboren wurde und später den Nobelpreis erhielt. Durch die Verbindung von Straßenschild und Internet kann ich sie wieder in ein historisches Gewebe einfügen, das von Verschwundenem, Ausgelöschtem und Falscherinnertem durchlöchert ist.

Nach Rosa Luxemburg ist schon seit Langem eine Straße benannt, ebenso nach Karl Liebknecht. Beide – kaum überraschend – im ehemals kommunistischen Osten. Es gibt eine Lennéstraße und eine Hobrechtstraße, einen Walter-Benjamin-Platz, eine Menzelstraße, eine Fontanestraße und eine Fontanepromenade. Im einstigen Osten führte früher eine Clara-Zetkin-Straße parallel zur Spree direkt durch Berlin Mitte. Da Zetkin wegen ihrer Verbindungen zu den Bolschewiken unerwünscht war, benannte man die Straße nach der Vereinigung 1996 in Dorotheenstraße um, nach der einheimischen Adeligen Dorothea von Brandenburg.

Die Berliner Landesregierung legte 2011 fest, dass Frauen bei der Benennung von Straßen, »verstärkt Berücksichtigung finden« sollten, um bei den Straßennamen ein besseres Gleichgewicht im Geschlechterverhältnis herzustellen. Damals waren 90 Prozent der nach Personen benannten Straßen Männern gewidmet. Inzwischen tragen von den 10 000 Straßen der Stadt 500 den Namen einer Frau. Bedenkt man, dass die großen Straßen bereits den Wilhelms, Friedrichs, Bismarcks oder Militärs wie Gneisenau, Yorck, Bülow und Kleist gewidmet sind, finden sich diese weiblichen Namen unvermeidlich in außergewöhnlichen neuen Teilen der Stadt. In ehemaligen toten Zonen, die der hektischen Wiederbebauung nach der Vereinigung oder dem Grundstücksausverkauf in den frühen 2000er Jahren zum Opfer fielen, der die leeren Kassen der Stadt auffüllen sollte. So findet man denn reihenweise fade Wohnblocks und anonyme Bürogebäude in Straßen, die nach bemerkenswerten, vielfach radikalen Frauen benannt wurden, deren Leistungen auf den Gebieten der Politik, der Literatur, der Kunst oder der Musik heute mit größter Wahrscheinlichkeit kaum bekannt sind.

Die jenseits des Kanals stromauf gelegenen Areale um die Stadtbibliothek und den Potsdamer Platz sind genau solche seltsamen Neubauviertel. Sie wurden im Zweiten Weltkrieg nahezu vollständig eingeebnet und litten unter der Berliner Mauer, die sich während des Kalten Kriegs durch dieses Gebiet zog. In den frühen 2000er Jahren wurden diese Flächen für zahllose protzige Bauprojekte benutzt, die keinerlei Rücksicht auf die Traumata und Narben der Region nahmen. Eine meiner regelmäßigen Radfahrten von meinem Haus in das Fitnessstudio des Viertels führt den Kanal hinauf über die zweite Brücke, wo ich an der Ecke des Hafenplatzes links abbiege, an dem vor mehr als einem Jahrhundert Cécile und der Oberst wohnten. An der nächsten Straße biege ich rechts ab und erreiche das Fitnessstudio, in einer nagelneuen Wohnanlage mit bewachtem Eingang gelegen, die mit dem typischen unangebrachten Anspruch den Namen »The Charleston« trägt. Diese Fahrt unternahm ich mit der Zeit immer häufiger, als das stetige Unglücklichsein in einer sterbenden Beziehung durch den scharfen Schmerz der Trennung ersetzt wurde. Die Entwicklung physischer Stärke bot ein Gegengewicht zum langsamen Prozess der emotionalen Genesung. Neben der Straße, in der sich das Fitnessstudio befindet, erhebt sich ein abgeschrägter, vollständig mit Rasen bedeckter Hügel, der eine asymmetrische Form von der Länge eines Blocks bildet. Erst Monate später bemerkte ich, dass dieses sonderbare Landschaftselement die Gleise des einstigen Potsdamer Bahnhofs bedeckt – ein nicht erkennbarer Grabhügel für einen längst verstorbenen Bahnhof, auf den sich allerdings am Ort selbst keinerlei Hinweis findet. Nach dieser Entdeckung nahm ich endlich auch den Namen der Straße zur Kenntnis: »Gabriele-Tergit-Promenade«. Wer ist diese Gabriele, und warum hat man diese eigenartige Straße nach ihr benannt?

Gabriele Tergit, so finde ich heraus, war das Pseudonym der Journalistin und Schriftstellerin Elise Hirschmann, die 1894 in eine jüdische Industriellenfamilie geboren wurde. Sie wuchs in der Berliner Corneliusstraße auf, nicht weit vom Tiergarten, am malerischsten Stück des Landwehrkanals. Ihren ersten Zeitungsartikel – über die berufliche Bildung für Frauen – veröffentlichte sie 1915 mit einundzwanzig

Jahren in der Beilage des *Berliner Tageblatts*. Als Tergit in die Redaktion kam, um ihr Honorar abzuholen, war der Redakteur erschrocken, dass sie so jung war, und erklärte, er hätte den Artikel niemals angenommen, wenn er das gewusst hätte. »Ein junges Mädchen aus guter Familie hatte nicht in Zeitungen zu schreiben«, meinte Tergit viele Jahre später. »Ich begegnete allgemeiner Verachtung.«[94] Unbeeindruckt schrieb sie während ihres Studiums weiter und veröffentlichte Artikel im liberalen *Berliner Tageblatt* und der älteren, honorigen *Vossischen Zeitung*. 1924 begann sie mit einer regelmäßigen Kolumne im *Tageblatt* und spezialisierte sich dabei auf Reportagen aus dem Kriminalgericht Moabit. Gerichtsverhandlungen, so fand sie, »sagen viel über die soziale Lage einer Zeit«:

> Besser als das Werk der Dichter und Historiker gibt die ursprüngliche Quelle, der Brief, das Tagebuch, das aufgezeichnete Gespräch das Wesentliche der Epoche. Die Akten eines Kriminalfalles bestehen außer dem Formalen aus diesen ursprünglichen Quellen zur Erkenntnis der typischen Gefühle einer Zeit.[95]

Als arbeitende Frau sah Tergit ihren Platz nicht im Salon, sondern am Stammtisch. Ihrer befand sich im Capri, einer italienischen Trattoria neben dem Hotel Excelsior. Einmal in der Woche trafen sich dort Journalisten zu einem italienischen Mittagessen, das sie mit einem oder zwei Gläsern Chianti und einem Grappa herunterspülten: »unser Symbol der Kameradschaft«.[96] Am Stammtisch im Capri war Tergit eine Journalistin unter anderen Journalisten, Redakteuren, Stammgästen und Besuchern, nahezu ausschließlich Männern.

Tergits wöchentliche Reportagen fangen den alltäglichen Atem der Stadt in kurzen, blockartigen Beobachtungen ein. In ihrer Fokussierung auf kleinformatige Akteure und banale Dramen beweisen sie eine widerwillige Zuneigung zu diesem Ort, wie sie typisch ist für Menschen, die in Berlin geboren und aufgewachsen sind. »Schnauze mit Herz«, wie man in Berlin sagt. Ihre kurzen und prägnanten Texte wandern durch die Stadt wie über eine Karte und zeigen die sozialen Zäsuren, die im Gefolge des Ersten Weltkriegs entstanden sind. Mit einem ausgeprägten Sinn für aufschlussreiche Details beschreibt sie Gebäude, Geschäfte, Buslinien und Einwohner der Stadt. Die jungen Männer, die in den Krieg geschickt wurden und wöchentlich einen Brief an ihre Mutter schreiben, um sich für die Pakete mit Würsten zu bedanken; Männer, deren Korrespondenz abrupt endet und die niemals heimkehren. »Kompliziert ist unser Dasein«, so schließt sie einen ihrer Texte mit typischem Understatement.

· · · · ·

Gabriele Tergits Text »Eingewöhnen in Berlin« zeigt sie, als sie Anfang der 1920er Jahre von einem Aufenthalt im Süden zurückkommt. Bei der Rückkehr von solch einer Reise, so schreibt sie dort, gehöre es »zu den schauderhaftesten Momenten des Daseins […], wenn man die eisernen Eisenbahnbrücken und den imitierten Albrecht-Dürer Turm am Anhalter Bahnhof nach längerer Abwesenheit erblickt«.[97] Sie beschreibt die kümmerlichen Wälder der Stadt, die schwächlichen Kiefern, die auf dem von Eisenbahngleisen eroberten Terrain zu kämpfen haben. »Dort unten liegt Berlin. – Berlin? Den Hauptplatz nimmt die Eisenbahn ein, Schienen, Schuppen, Häuschen, grün Bepflanztes, Eisengerüste. […] Im ausgesparten Teil liegen die Häuser, die man Berlin nennt.«[98] Unterdessen wirken die eleganten Straßen am Tiergarten, in denen Tergit aufwuchs, in den Jahren nach dem Ersten Weltkrieg wie eine Anomalie aus längst vergangenen Zeiten: »Vergnügungsstraßen und exklusive Villen für Vorkriegsexistenzen«.[99] Tergits schwermütige Gefühle gelten gleichermaßen den Bewohnern und ihrer Stadt, als wäre sie ein lebendiger Organismus: »Diese Stadt Berlin war zweihundert Jahre lang ein Ausbeutungsobjekt der preußischen Könige gewesen, in ihren Freiheiten beschränkt, in ihrer Ausdehnung behindert, ihrer grünen Lungen beraubt.«

Die Gründung der Weimarer Republik hatte den Status quo völlig verändert, doch da es an politischem Konsens mangelte, blieb die Koalitionsregierung fragil und stets gefährdet. Als Christopher Isherwood in die überfüllte Dachwohnung der Familie Nowak am Halleschen Tor in Kreuzberg zog, war Frau Nowak eine Anhängerin des alten Reichs, die sich nach der Rückkehr des Kaisers sehnte, ihr jüngster Sohn Otto wollte eine kommunistische Revolution, und Lothar, ihr ältester, hatte sich bereits den Nazis angeschlossen.

In Berlin litten junge Paare und Familien wie die Nowaks unter dem Mangel an bezahlbarem Wohnraum, während die riesigen Wohnungen aus der wilhelminischen Zeit all denen, die sich auf eine neue Lebensweise einzustellen versuchten, plötzlich unhandlich erschienen. Verarmte ältere Witwen vermieteten die vielen Zimmer ihrer großgeschnittenen Gründerzeitwohnungen an slawische Flüchtlinge oder mittellose Studenten. Falls sie dennoch zum Auszug gezwungen waren, ließen sie ihre altmodischen, überdimensionierten Möbel einfach auf der Straße zurück: »Die ehemalige Repräsentation, die ehemalige Behaglichkeit ist öder Ballast«, bemerkt Tergit trocken.[100]

Ihr Text »Die Dame aus den 8oer Jahren« zeichnet ein lebhaftes Bild einer alternden »Salonistin«: »Sie spricht viel von früher […]. Sie ist wohltätig und gut zu ›den Leuten‹, aber sie hat keinen Schimmer, was Arbeit heißt.«[101] In einem anderen Artikel berichtet Tergit von Nachbarinnen, die darüber klagen, wie »anspruchsvoll« die jungen Frauen doch geworden seien, die nur noch »seidene Strümpfe« im Kopf hätten und alle acht

Tage zum Friseur gingen, um »sich die Haare brennen« zu lassen. Tergit stellt sich auf die Seite der jungen Frauen und entgegnet, diese Frauen wünschten sich zwar solch einen kleinen Luxus, aber sie hätten kein Bedürfnis nach großen Wohnungen, schweren Möbeln, Glas, Silber, Figurinen und Bronzen – nach all dem sperrigen Kram der bürgerlichen preußischen Frau. Sie strebten nach Unabhängigkeit und sie seien bereit, dafür zu arbeiten. Seidenstrümpfe und gelocktes Haar seien »Waffen im Lebenskampf geworden«. Das Mädchen, das ihre Nachbarin als »anspruchsvoll« empfindet, zeuge von einer sozialen Neuorientierung nach dem Krieg. Sie sei

> eine besonders tapfere Kämpferin im Lebenskampf, und manche, die mit einem gelockten Kopf wie ein Püppchen herumläuft, unterstützt daheim eine alte Mutter und die Familie des arbeitslosen Bruders.[102]

Gabriele Tergit – direkt, mitfühlend, gewitzt und scharfzüngig – ist die Zeitzeugin, nach der ich gesucht habe. Der weibliche Blick auf die Straßen, Gebäude und Menschen der Stadt, der Generationswandel und soziale Schichten analysiert. Die soziale Emanzipation war jedoch nur eine Seite der turbulenten Weimarer Zeit. Da gab es auch die politisch motivierten Morde der 1920er Jahre, die Fememorde der Schwarzen Reichswehr. Tergit verfolgte die Gerichtsverhandlungen um diese Verbrechen im Kriminalgericht Moabit und notierte die emotionslosen Geständnisse der Täter: wie der eine »einen Menschen hatte ›plumps‹ ins Wasser fallen lassen« und ein anderer von »einem Schüßchen in den Hinterkopf« sprach.[103] Die Fememorde, so schreibt Peter Gay, »gehören zu den greulichsten Verbrechen in einem an Greueln reichen Jahrhundert. Arbeitslose Fanatiker und nicht verwendbare ehemalige Offiziere prügelten Männer zu Tode und erwürgten Frauen – häufig nur auf den Verdacht ›vaterlandsfeindlicher Umtriebe‹

hin.«[104] Anders als ihre sozialistischen Entsprechungen, die hart bestraft wurden, belangte man diese rechtsgerichteten Mörder, die später als die ersten Soldaten des Dritten Reichs gefeiert wurden, nur selten, oder sie erhielten allenfalls geringe Strafen von Richtern, deren Loyalität noch der alten Ordnung des Kaiserreichs gehörte. Tergit beschreibt die Angst eines Zeugen in einem dieser Prozesse, der seine Aussage widerrief. »Er schwieg«, schreibt sie.[105] Schweigen sei auch eine Aussage.

XI.
KOLLISIONSKURS

WENN ICH AN DAS BERLIN DIESER ZEIT DENKE, erfasst mich ein Gefühl der Trostlosigkeit. Ein mächtiger Sog nach unten. Wie ein negativer Strudel, der hinter dem immer hektischeren Tempo, das diese Metropole vereinnahmt hat, die kommende Katastrophe spürt. Als 1932 Irmgard Keuns Erfolgsroman *Das kunstseidene Mädchen* erscheint, ist die Stadt von einem harten Saum aus Rücksichtslosigkeit umgeben, der auch das Schicksal der jungen, naiven, gerade erst zugereisten Protagonistin Doris berührt. Sie hat ihre Heimat im Rheinland verlassen, um in Berlin ihr Glück zu suchen. »Ich werde ein Glanz«, erklärt sie mehrfach. Ihre Erzählung ist atemlos, während sie die Ansichten der Großstadt mit ihren Blicken verschlingt:

> Ich gehe und gehe durch Friedrichstraßen und gehe und sehe und glänzende Autos und Menschen, und mein Herz blüht schwer. […] Ich gehe abends und morgens – es ist eine volle Stadt mit so viel Blumen und Läden und Licht und Türen und filzigem Gehänge dahinter – ich male es mir aus, was drinnen ist, und geh manchmal

rein und gucke und tu', als wenn ich jemand suche, der gar nicht da ist – und wieder raus. […] Ich liebe Berlin mit einer Angst in den Knien und weiß nicht, was morgen essen, aber es ist mir egal – ich sitze bei Josty am Potsdamer Platz, und es sind Säulen von Marmor und eine Weite.[106]

Für Doris ist Berlin ein Ort, den man sehen muss und an dem man gesehen werden will. Die nüchternen Probleme des Lebensunterhalts sind absolut zweitrangig. Als sie sich mit einem Nachbarn, Herrn Brenner, anfreundet, der im Ersten Weltkrieg sein Augenlicht verloren hat, wird sie zu seinem Ersatzauge: »Ich gucke mir alle Straßen an und Lokale und Leute und Laternen. Und dann merke ich mir mein Sehen und bringe es ihm mit.« – »Und was noch, was noch?«, fragt Brenner, der das neue Berlin nicht selbst zu sehen vermag. »Ich packe meine Augen aus«, sagt Doris.[107]

Damals, 1932, beginnen die glitzernden Versprechen der Lichter und des Kommerzes in Berlin bereits illusorisch zu wirken. Das eigentliche Herz Berlins, so schreibt Isherwood, ist »ein kleiner, feuchter, dunkler Wald – der Tiergarten«. Im Winter »treibt die Kälte die Bauernjungen allmählich aus ihren kleinen ungeschützten Dörfern in die Stadt, wo sie nach Essen und Arbeit Ausschau halten. Aber die Stadt, die so hell und einladend am Nachthimmel über der Ebene glühte, ist kalt, grausam und tot. Ihre Wärme ist ein Trugbild, eine Fata Morgana in der Winterwüste.«[108]

Keuns Roman folgt Doris durch drei Jahreszeiten, in denen ihr Glück und ihr Optimismus langsam dahinschwinden. Sie verliert ihren Job, stiehlt einen Pelzmantel, lebt mit einem Mann zusammen und wird hinausgeworfen. Im dritten und letzten Teil mit dem Titel »Sehr viel Winter und ein Wartesaal« finden wir sie desorientiert und ohne Unterkunft: »Ich gehe herum mit meinem Koffer und weiß nicht, was ich will und wohin. Im Wartesaal Zoo bin ich sehr viel. Warum können Kellner so voll Hohn sein, wenn man zufällig kein Geld hat?«[109] Auch wenn die Lebensbedingungen für Frauen sich dem Anschein nach verbessert haben, ist dieser Roman doch ein ähnlicher Katalog weiblichen Unglücks wie Gabriele Reuters *Aus guter Familie* von 1895. Der weibliche Wunsch nach Unabhängigkeit mag zu erblühen begonnen haben, doch sind die für eine echte Blüte nötigen sozialen Strukturen immer noch unzulänglich schwach ausgeprägt.

• • • • •

Im weiteren Verlauf der 1930er Jahre liegen die latente Aggression der Freikorps und die immer besser organisierte Nationalsozialistische Partei Deutschlands wie ein tödlicher Unterstrom unter der Oberfläche der Stadt. Eine beängstigende Veränderung kündigt sich an, die den weiteren Kurs Berlins von einem vibrierenden liberalen Intellektualismus und einer sozial ausgerichteten Politik zur blanken, reaktionären Brutalität Hitlers, Goebbels', Görings und ihrer Heere von Braunhemden umlenken wird. Es ist nahezu unerträglich, dies alles im Rückblick zu beobachten, während sich wie in Zeitlupe der Horror entfaltet.

Der Sommer 1932 ist von Zusammenstößen zwischen Kommunisten und SA-Leuten vergiftet. Vor den Wahlen im Juli kommt es zu Hunderten von Straßenschlachten, zu ständigen Einschüchterungen und zu politisch motivierten Morden. Allein am Wahltag werden neun Menschen ermordet.[110] Das Wahlergebnis ist ein gewaltiger Sieg für die Nazis, die 230 Parlamentssitze erringen, auch wenn sie mit 37,3 Prozent der abgegebenen Stimmen weit von einer deutlichen Mehrheit entfernt sind. Aber da die Opposition in kommunistische und sozialdemokratische Parteien zersplittert ist, gerät der Staat in Unordnung.

Clara Zetkin, inzwischen fünfundsiebzig Jahre alt, erklärt: »Schwerstens belastet ist das Schuldkonto des Präsidialkabinetts durch die Morde der letzten Wochen, für die es die volle Verantwortung trägt durch die Aufhebung des Uniformverbots für die nationalsozialistischen Sturmabteilungen und durch die offene Begönnerung der faschistischen Bürgerkriegstruppen.« Es ist der 30. August 1932, und Zetkin hält die Ansprache zur Eröffnung des Reichstags – eine Ehre, die ihr als der ältesten Abgeordneten in der Versammlung zufällt. Im Plenarsaal füllen die neugewählten NSDAP-Abgeordneten die Hälfte der Sitze. Obwohl Zetkin erst im vorausgegangenen Jahr einen Herzinfarkt erlitten hat, von dem sie immer noch nicht vollständig genesen ist, hält sie eine kämpferische Rede:

> Das Gebot der Stunde ist die Einheitsfront aller Werktätigen, um den Faschismus zurückzuwerfen, um damit den Versklavten und Ausgebeuteten die Kraft und die Macht ihrer Organisationen zu erhalten, ja sogar ihr physisches Leben.

Zetkin greift die Institutionen innerhalb ihrer eigenen Mauern an und brandmarkt »den morschen Boden der bürgerlichen Gesellschaftsordnung«, die ein Kabinett zulasse, das hauptsächlich aus Baronen und Offizieren bestehe. Sie weist die Schuld dafür eindeutig der Führung dieser staatlichen Institution zu und stellt ihr die Entrechteten und »Niedergetretenen« entgegen, darunter die »Millionen Frauen«, die »noch immer Ketten der Geschlechtssklaverei und dadurch härtester Klassensklaverei ausgeliefert sind« und deshalb »in der auch in Deutschland sich formierenden Einheitsfront der Werktätigen« nicht fehlen dürften.[111]

Einige Monate später, im Winter 1932, begegnet Gabriele Tergit ihren Kollegen im Capri zum letzten Mal. Sie treffen sich außerhalb des Lokals, das inzwischen zu einer Stammkneipe für die SA-Leute des Viertels geworden ist. »Wir waren vertrieben, bevor wir noch vertrieben waren«, bemerkt sie voll Grimm.[112]

· · · · ·

Während die Weimarer Republik ins Wanken gerät und die Rücktritte sich mehren, schließt dasselbe Präsidialkabinett, das Zetkin in ihrer Rede brandmarkte, einen schicksalhaften Handel ab. Am 30. Januar 1933 ernennt Reichspräsident von Hindenburg Adolf Hitler zum Kanzler des Deutschen Reichs, wobei man davon ausgeht, dass Vizekanzler von Papen und andere konservative Kabinettsmitglieder ihn in Schach halten werden.[113] Sie glauben, die Nazis für ihre eigenen Zwecke benutzen, die Weimarer Republik stürzen und wieder ein autoritäres militaristisches Regime errichten zu können.[114] Stattdessen wurde die gesamte demokratische Institution buchstäblich in Brand gesetzt. Am 27. Februar bricht im Reichstag ein Feuer aus. Hitler macht die Kommunisten dafür verantwortlich, und Hindenburg unterzeichnet eine Notverordnung. Nun können Festnahmen ohne konkreten Tatvorwurf vorgenommen werden. SA und Polizei suchen die Berliner Wohnbezirke nach Anzeichen für Widerstand ab, verhaften Kommunisten, Sozialdemokraten, Linke und Gewerkschafter, misshandeln sie und werfen sie ins Gefängnis. In Richies *Faust's Metropolis* sind Seiten um Seiten mit Schilderungen abscheulicher, brutaler, sadistischer Vorfälle gefüllt. Am 5. März finden Reichstagswahlen statt. Die NSDAP gewinnt 43,9 Prozent der abgegebenen Stimmen, immer noch keine echte Mehrheit. Doch am 24. März wird Hitlers »Ermächtigungsgesetz« verabschiedet, das der Regierung die Möglichkeit gibt, Gesetze ohne Zustimmung durch das Parlament zu erlassen. Im Juli 1933 werden alle übrigen Parteien per Gesetz verboten. Die Machtübernahme ist abgeschlossen.

In der Nacht vor den Märzwahlen erscheinen SA-Leute vor Gabriele Tergits Wohnung im Tiergarten, hämmern um 3 Uhr morgens an die Tür und fordern sie lautstark auf, zu öffnen. Zum Glück hat sie einige Wochen zuvor einen Tipp erhalten, der ihren Mann veranlasste, die Tür mit einer Eisenstange zu sichern. Die SA-Leute können nicht herein. Früh am Morgen packt sie ihre Koffer, verlässt Berlin und fährt mit ihrem Sohn in die Tschechoslowakische Republik. Wenig später trifft sie ihren Mann in Palästina, wo die Familie mehrere Jahre lebt, bis sie 1938 nach Großbritannien emigriert. Tergit bleibt in Großbritannien und lebt für den Rest ihres Lebens im Exil. 1935 verlässt auch Irmgard Keun Berlin. Zunächst geht sie nach Frankreich, gemeinsam mit dem gleichfalls im Exil lebenden Joseph Roth, der ihr Geliebter geworden ist. Nach mehreren Jahren in schwierigen finanziellen Verhältnissen, in denen er von Hotel zu Hotel zieht und heftig trinkt, stirbt Roth 1939 in Paris. Keun kehrt 1940 nach Deutschland zurück, lebt *incognito* in ihrer Heimatstadt Köln. Vicky Baum zieht 1931 nach Los Angeles, um die Theaterfassung von *Menschen im Hotel* zu schreiben, und bleibt dort bis zu ihrem Tod 1960. Auch Walter Benjamin geht Anfang der 1930er Jahre weg und arbeitet auf Ibiza und in Italien an seinen Berliner Kindheitserinnerungen. Sie bleiben allerdings unveröffentlicht, und als 1940 Pläne für eine Emigration in die USA scheitern, nimmt Benjamin sich das Leben. Sein Freund Franz Hessel, von Geburt Jude, verlässt Berlin 1938 und stirbt 1941 im Exil. Werner Hegemann, Autor von *Das steinerne Berlin*, flieht gleichfalls und geht im November 1933 nach New York, wo er bis zu seinem Tod 1936 Stadtplanung lehrt.

In der Bevölkerung einer Stadt gibt es ständig einen gewissen Wechsel. Das Kommen und Gehen einzelner Einwohner, Wellen der Zuwanderung, eine Generation folgt der anderen. Berlin kennt diesen Fluss der Bevölkerung schon lange, ein Sickern in beide Richtungen. In dieser Zeit jedoch nimmt das plötzliche Verschwinden gewaltig zu, und es kommt zu brutalen Brüchen im Leben ganz normaler Menschen. Juden, Kommunisten, literarische und intellektuelle Fäden im Gewebe der Stadt werden systematisch herausgezogen. Am 10. Mai 1933 holen Studenten Bücher, die auf einer Liste mit mehr als 150 Autoren verzeichnet sind, aus den Bibliotheken der Stadt und bringen sie auf den Platz vor der Staatsoper. Mehr als 20 000 Bücher werden auf einem Scheiterhaufen verbrannt, während der neue Propagandaminister Joseph Goebbels triumphierend verkündet: »Liebe Kommilitonen! Deutsche Männer und Frauen! Das Zeitalter eines überspitzten jüdischen Intellektualismus ist nun zu Ende.«[115] Werke von Hegemann, Benjamin, Roth, Luxemburg, Keun, Baum und Tergit gehören zu denen, die ins Feuer geworfen werden. »Der kommende deutsche Mensch wird nicht nur ein Mensch des Buches, sondern auch ein Mensch des Charakters sein«, verkündet Goebbels.

· · · · ·

Drüben am Tempelhofer Ufer hat sich während der gesamten Weimarer Zeit die Expansion der Salas fortgesetzt. Zu den Kartenspielen mit Abbildungen von Schlachtschiffen, die sich während des Ersten Weltkriegs so gut verkauft haben, ist in den 1920ern ein neues Quartettspiel mit farbigen Bildern von Filmstars hinzugekommen. Im Mai 1929 können sie eine Garage für das Firmenauto bauen, wie aus Plänen in der Berliner Bauaktenkammer hervorgeht. Daneben findet sich kaum etwas, mit dem sich ihr Leben in dieser Zeit konkreter fassen ließe. Ich brauche neue Quellen. Die Berliner Telefon- und Adressbücher sind inzwischen digitalisiert und online zugänglich, so beginne ich sie von meinem Schreibtisch aus zu durchkämmen und Jahrgang für Jahrgang nach Hinweisen auf die Familie Sala zu durchsuchen. Die drei noch lebenden Brüder sind sämtlich im Haus am Tempelhofer Ufer gemeldet. 1936 scheint der älteste, Arthur Sala, allerdings nach Wilmersdorf gezogen zu sein. Ich kehre zu den Bauakten zurück und stelle fest, dass Arthur um diese Zeit nicht mehr als Besitzer des Betriebs genannt wird, was seltsam erscheint, da er doch der Älteste und damit wahrscheinlich der Erbe ist. Gab es da möglicherweise ein Zerwürfnis? Einen Familienstreit irgendeiner Art? 1936 heiraten die beiden Junggesellen Bruno und Curt im Abstand von nur einem Monat Frauen, die seltsamerweise beide Charlotte heißen. Bruno und Curt, beide Mitte vierzig, sind jeweils Trauzeuge bei der Hochzeit des anderen. Ihre Frauen sind beide Mitte dreißig. Nazideutschland mit seiner Betonung der ehelichen Pflichten und der Kinderaufzucht ist kein Ort für alternde Singlefrauen.

Da ich außer diesen spärlichen Informationen nichts finde, bleiben mir Spekulationen, allerdings gefärbt von den dunklen Schatten der Zeit. Diese turbulenten, von politischem Extremismus geprägten Jahre führten zu mancherlei Streitigkeiten in Familien, Geschäftsunternehmungen und Gemeinden. Nicht jeder vermochte die Gewalt und Verfolgung zu ertragen, auf die sich die Naziherrschaft stützte. Der Mädchenname der Mutter der drei Brüder nagt an mir. Amanda Bertha Goldmann. Obwohl die Salas als Protestanten registriert sind, scheint dieser Name jüdische Vorfahren zu signalisieren. Die Nürnberger Rassengesetze waren im Jahr zuvor verabschiedet worden. Sie verboten Heiraten oder sexuelle Kontakte zwischen Juden und Deutschen, sie verfügten, dass nur Menschen von deutschem Blut Bürger des Reichs sein konnten und verwehrten allen anderen entsprechende Rechte. Spielte das bei dem Zerwürfnis zwischen den Brüdern eine Rolle?

Bei meiner Suche in Archiven und Onlinequellen stoße ich schließlich auf ein neues Sala-Quartettspiel, das einen beunruhigenden Beweis für den Einfluss des Dritten Reichs auf das Familienunternehmen der Salas darstellt. Ich finde es in der Datenbank des Deutschen Historischen Museums, das in seiner Sammlung über ein Exemplar des Spiels verfügt. Es trägt die Bezeichnung *Führer-Quartett*. Entschlossen, dieses schaurige Artefakt mit eigenen Augen zu sehen, nehme ich Kontakt zum Museum auf. Dr. Sabine Witt, zuständig für die Sammlung Alltagskultur des Museums, lädt mich ein, nach Spandau zu kommen, wo die Sammlung in vier riesigen Hallen hinter zwei Reihen eines hohen Metallzauns aufbewahrt wird. Regale um Regale mit obskuren und oft ganz gewöhnlichen historischen Objekten warten hier sorgfältig verpackt darauf, in den Ausstellungen des Museums gezeigt zu werden. Dr. Witt lässt mich ein und gibt mir ein Paar weiße Baumwollhandschuhe.

An einem hohen Tisch, mit Handschuhen versehen, wird mir ein kleiner Glassinebeutel mit einem Exemplar des *Führer-Quartetts* ausgehändigt. Dr. Witt hilft mir, die Karten nach den verschiedenen Kategorien in Vierergruppen aufzuteilen, jede mit einem Foto in Sepia und einer Aufschrift in Frakturbuchstaben. Es gibt verschiedene Sätze von »Führern« (Porträts von Hindenburg, Hitler, Heß, Göring, Goebbels, Himmler und den übrigen). Andere Sätze zeigen Hitlers Aufstieg zur Macht oder »Des Führers Werdegang«, »Des Führers Leidensweg« und »Des Führers Freudeweg«. Beim Anblick der Propagandabilder dreht sich mir der Magen um, doch bei keinem so schlimm wie bei denen in dem Satz »Der Führer als Vorbild«, der Hitler zeigt, wie er Kinder und Hunde tätschelt und in den Bergen wandert, um zu beweisen, dass er ein »Tierfreund« und ein »Naturfreund« ist. Als »Kunstfreund« zeigt ihn ein Bild von der Eröffnung des neu erbauten Hauses der Kunst in München. Es gibt Karten, die die Jugend des Dritten Reichs, Wächter des Dritten Reichs, die Verteidigungskräfte, Fahnen und Flaggen Deutschlands zeigen. Auf all diesen Karten, insgesamt sechzig an der Zahl, ist nirgendwo eine Frau abgebildet – abgesehen von einem kleinen Mädchen in Tracht, das Hitler auf der Karte »Der Führer als Kinderfreund« an der Hand hält. Ansonsten nur Männer in Uniform, Paraden, Fahnen, Waffen. Diese schaurigen Bildkarten präsentieren den Führerkult in Gestalt eines fröhlichen Gesellschaftsspiels. So viel zu den »glücklichen Familien«.

Ich bin tief enttäuscht, dass die Salas so etwas in ihrer Druckerei, in unserem Haus, produziert haben. Auf die Zeiten zu reagieren ist eine Sache – aber etwas derart Groteskes herzustellen? Ob sie sich aus eigenem Antrieb dazu entschlossen? Dr. Witt analysiert den Inhalt der Karten – die abgebildeten Minister, die Eröffnung des Hauses der Kunst – und kommt zu dem Schluss, dass die Spielkarten wahrscheinlich 1938 produziert wurden. Damals war die Macht der Nazis derart gefestigt, dass die Produktion des *Führer-Quartetts*, wie sie meint, wohl von der Partei empfohlen oder sogar verlangt worden sei. Die Vorlagen für die Bilder, sämtlich gängige Propagandabilder, dürfte Goebbels' Reichsministerium für Volksaufklärung und Propaganda bereitgestellt haben. Vielleicht hatten die Salas kaum eine Wahl. In diesen Jahren schloss man Druckereien und Verlage, die sich nicht der Parteilinie fügten, einfach von der Papierversorgung aus.

Das *Führer-Quartett* der Sala-Spiele verdeutlicht das moralische Dilemma, das während der zwölfjährigen Naziherrschaft alle Aspekte der Gesellschaft und der Wirtschaft durchdrang. Gegenüber wem waren die Gebrüder Sala zur Loyalität verpflichtet? Gegenüber ihren Vorfahren? Ihrer Familie? Ihrem Betrieb? Ihrer Gemeinschaft? Ihrer Stadt? Der Partei? Jede Familie und jeder Einzelne war gezwungen, Prioritäten angesichts eines Regimes festzulegen, das keinerlei Abwägung persönlicher ethischer Prinzipien und keinerlei Unterscheidung zuließ. Die Angst, von Nachbarn beobachtet und denunziert zu werden, war ein ständiger Begleiter. Der Wunsch nach Widerstand wurde gezügelt. Man ging Kompromisse ein. Der Überlebensinstinkt gewann die Oberhand.

Niemand wollte auffallen. Der Unterschied wurde aufgehoben in Massenformationen, Paraden und militaristischen Ritualen, wie das Führer-Quartett sie zeigt – »in dem Gefühl, für diesen Moment selber Strom sein zu dürfen, Teilchen einer riesigen gebändigten Flut, ist der Mann für einen Moment aus jedem double-bind herausgehoben«.[116] Die Frauen wurden entschieden aus der öffentlichen Arena und den Bereichen männlicher Produktion ausgeschlossen: Sie waren allein für unermüdliche Arbeit im Haushalt und die Aufzucht der Kinder zuständig, all das hinter verschlossenen Türen. »Die deutsche Frau schminkt sich nicht«, erklärte das Regime. Sie wird nahezu unsichtbar.

Als 1936 die Mitgliedschaft in der Hitlerjugend für Jungen über vierzehn Jahren verpflichtend wurde und man von den Mädchen erwartete, in den Bund Deutscher Mädel (BDM) einzutreten, zwang man selbst noch die Kinder in Uniform. Im Winter 1939, nach dem Einmarsch der Nazis in Polen und der Kriegserklärung der Alliierten, kündigte Goebbels an, jedes Nazikind könne sich freuen, unter dem Weihnachtsbaum eine Packung mit Wehrmachtszinnsoldaten zu finden.

XII.
TRANSPORT

WENN ICH AUS DEM HAUS TRETE, mich nach rechts wende und dem Kanal anderthalb Blocks weit folge, komme ich an der Ecke zu einem Gebäude mit einer Fassade aus Glas und Stahl, das auf der Rückseite an den neuen Park am Gleisdreieck grenzt: das Deutsche Technikmuseum. Es wurde 1983 eröffnet, ursprünglich in einem der aufgegebenen Lokschuppen des Bahnbetriebswerks Anhalter Bahnhof, in dem jenseits der modernen Eingangsfoyers auch weiterhin viele seiner Ausstellungsstücke untergebracht sind. Dort präsentiert man eine Geschichte des deutschen Eisenbahnwesens anhand einer Sammlung von Lokomotiven, Waggons und zum Eisenbahnverkehr gehörigen Objekten aus allen verschiedenen Zeiten, einige davon immer noch rußgeschwärzt. Es gibt einen Nachbau der ersten von einem Deutschen, dem Berliner Fabrikanten August Borsig, konstruierten Lokomotive aus dem Jahr 1844 und elegant gepolsterte Eisenbahnwaggons aus den 1880er Jahren, wie sie uns bei Menzel und Fontane begegnen. Auch finden wir hier die originalen allegorischen Bronzefiguren Der Tag und Die Nacht, die einst die Uhr oben auf dem Portikus des Anhalter Bahnhofs flankierten und aus dem Schutt geborgen werden konnten. Während ich in der historischen Reihenfolge durch die Sammlung wandere, spüre ich dieses Gefühl des Sinkens, den eindringlichen Sog nach unten. Was werde ich finden, wenn wir die 1940er Jahre erreichen? Wird die Ausstellung die Kriegsjahre umgehen, wie so viele offizielle Geschichten es zu tun scheinen? Ich befürchte, statt nach einer Möglichkeit zu suchen, einen historischen Augenblick anzusprechen, der irgendwie jenseits der Sprache steht, wird man sich fürs Auslassen entschieden haben. Besser, gar nichts zu sagen und zu schweigen.

Aber ich irre mich. Unter den anderen Eisenbahnwagen und Lokomotiven finde ich auch einen mit Holz verkleideten Waggon, der für den Transport von Vieh bestimmt war. Ein für die Deportation benutzter Waggon, mit dem man jüdische Menschen von Berliner Bahnhöfen in Vernichtungslager im Osten transportierte. Da steht er in seiner ganzen stummen Stofflichkeit.

· · · · ·

Claude Lanzmanns Dokumentarfilm *Shoah* beginnt mit Dampflokomotiven wie jenen, die von Berliner Bahnhöfen, darunter der Anhalter Bahnhof, abfuhren und eine lange Kolonne aus Viehwaggons hinter sich herzogen, vollgestopft mit Menschen. Sie rattern auf überwucherten Gleisen durch die Landschaft, Unkraut und Gras zwischen den Schwellen. Schlammige Wege mit Schlaglöchern. Schmächtige Weißbirken recken ihre dünnen Äste in die Höhe. Die mattfarbene Landschaft ist mir aus den Kiefernwäldern im Umland von Berlin vertraut. Lanzmanns außergewöhnlicher, neuneinhalb Stunden langer Dokumentarfilm kam 1985 heraus, nach elf Jahren der Forschung, des Interviewens und Filmens. Als ich die Wohnung eine Woche lang für mich allein habe, da die Kinder bei ihrem Vater sind, beschließe ich, mir den ganzen

Film anzusehen. Ich ziehe die Vorhänge im Berliner Zimmer zu und drücke auf Start.

Lanzmanns Kamera filmt das leergeräumte Gelände eines der ersten Vernichtungslager der Nazis in Chełmno, die aus riesigen Granitblöcken errichtete Gedenkstätte in Treblinka und das museal wirkende Lager in Auschwitz. Von den Massengräbern und den verbrannten Leichen ist nichts geblieben, keine Spur. »Der Beweis liegt nicht in den Leichen«, sagt Lanzmann in einem Interview, als er auf den Holocaust angesprochen wird. »Der Beweis liegt im Fehlen von Leichen.«[117] Was bleibt, sind nur mündliche Zeugnisse, Augenzeugenbericht der wenigen Überlebenden.

Lanzmann verbindet die Augenzeugenberichte über die Vergangenheit mit Bildern aus der Gegenwart, um die fehlenden Belege nachzuzeichnen. Erst jetzt, in dieses filmische Dokument vertieft, wird mir das schiere Ausmaß des Schreckens samt den nackten Details seiner Herbeiführung endlich bewusst. Heinrich Himmler, der für die Planung der »Endlösung der Judenfrage« zuständig war, äußerte sich niemals genau zu deren eigentlichen Zielen. Das Faktum selbst umging er und überließ es den für die Ausführung verantwortlichen Bürokraten, die Dinge zu erschließen – oder nicht zu erschließen. Eine Ausweichstrategie, die sich als grauenhaft effektiv erwies, vor allem bei der Vermeidung persönlicher Verantwortung. »Daß dort Menschen getötet werden, das hat man uns nicht gesagt«, bemerkt ein ehemaliger ss-Unterscharführer aus Treblinka vor versteckter Kamera. »Der Führer hat Umsiedlungsaktionen angeordnet.«[118] Die verwendete Sprache verdreht und beschönigt. Da ist die Rede von »Umständen«, die Juden werden »bearbeitet«, man bezeichnet sie als »Stücke«, als im Kubikmetern zu berechnende »Fracht« oder als »Ladung«. Den Transport der Juden in Viehwaggons kleidete man in Lügen und in die bürokratische Sprache des Eisenbahnwesens. Mindestens dreißig bis fünfzig Waggons kamen täglich in Treblinka an, vom Bahnhof des Dorfs zu jeweils zehn bis fünfzehn Waggons dorthin verschoben, auf einem Nebengleis, das zur »Rampe«, dem eigentlichen Bestimmungsort, führte. Die Rampe führte wiederum direkt zu den Gaskammern. Als Treblinka seine »volle Leistung« erreicht hatte, kamen täglich drei solcher Züge mit jeweils drei-, vier- oder fünftausend Passagieren im Lager an. Nach zwei Stunden war alles vorbei. Eine ganze Wagenladung Passagiere in Asche verwandelt. In Sobibor erinnerte sich ein polnischer Augenzeuge aus dem nahegelegenen Dorf an die Ankunft des ersten Zugs, der aus vierzig Waggons bestand. Und dann, am folgenden Tag, vollkommene Stille – »eine wirklich absolute Stille […]. Vierzig Waggons waren angekommen, und dann nichts mehr, das war schon eine sehr sonderbare Sache.«

Treblinka sei im Vergleich zu Auschwitz »primitiv« gewesen, meint der Unterscharführer, als spräche er über eine Fabrik. Auschwitz war eine »Mordmaschine«, deren Kapazität 1944 durch eine Fließbandproduktion zur geordneten Vernichtung beträchtlich erweitert wurde. Ihr ungestörtes Funktionieren wurde von den Lügen geölt, die man den »Neuankömmlingen« erzählte, damit sie nicht in Panik gerieten. Schließlich wollte man keine »Zeit verlieren« – Eisenbahn-Zeit, wie sie den gesamten Prozess bestimmte. Lanzmann befragt Walter Stier, ehemaliger Nazi und Leiter des Referats 33 der Deutschen Reichsbahn. Er arbeitete Tag und Nacht an seinem Schreibtisch und sah, wie er behauptet, »niemals einen Zug«. Das Referat 33 war zuständig für die »Sonderzüge«, wie man sie nannte. Stiers Aufgabe war die »Fahrplangestaltung, Durchführung von Sonderzügen und der sogenannten Reisezüge«. »Umsiedlertransporte«, nennt er sie und verliert sich in technischen Details des Vorgehens, der Befehlskette, wer die Befehle gab und wer sie auszuführen hatte. Nur einer von Hunderten Bürokraten wie denen an den Schreibtischen in der Reichsbahn-Hauptverwaltung am Tempelhofer Ufer, die gewissenhaft Formulare ausfüllten, aber niemals über ihre spezielle Aufgabe hinausblickten und Zusammenhänge herstellten. Als Lanzmann Stier fragt, ob er gewusst habe, dass Treblinka und Auschwitz, die Endstationen der Sonderzüge, für die Vernichtung von Menschen benutzt wurden, antwortet er: »Woher sollten wir das denn … ich bin nie in Treblinka gewesen, ich bin nie in einem solchen … Ich bin aus … aus Krakau nicht herausgekommen, ich bin aus Warschau nicht, ich habe ständig an meinem Schreibtisch gesessen, nicht.« Treblinka und Auschwitz waren »ein Ziel«. An diesen Zielen kamen Züge aus ganz Europa an, manche nach einer dreiwöchigen Fahrt. Nach der Ankunft wurden alle 5000 Passagiere direkt in die Gaskammern gebracht. Aber der Leiter des Referats 33 der Reichsbahn sah angeblich niemals selbst einen Zug.

»Die Reichsbahn war bereit, jede Ladung gegen Bezahlung zu befördern«, bemerkt Raul Hilberg, ein herausragender Historiker des Holocaust. Er durchforstet das Kleingedruckte in den Akten über diese Zugbewegungen und sucht nach Hinweisen auf die Funktionsweise des Prozesses, der zu massenhafter Vernichtung führte. Organisiert wurde das gesamte Verfahren vom Mitteleuropäischen Reisebüro, das Buchung und Abrechnung der Fahrten der Juden nach Auschwitz so vornahm, als handelte es sich um das Selbstverständlichste von der Welt.

In Lanzmanns ganzem Film rattern Dampfloks über die Leinwand und lassen ihr Pfeifen ertönen, während sie durch neblige grüne Landschaften dampfen, vorbei an Kiefernwäldern und polnischen Kleinstadtbahnhöfen mit bedrückend vertrauten Namen.

• • • • •

Neben den Ruinen des Anhalter Bahnhofs befindet sich heute eine Gedenktafel. Darauf eine Liste der Transporte, die dort abgingen, jeweils mit dem Datum der Abfahrt und der Zahl der Deportierten. Vom 2. Juni 1942 bis in den März 1945 hinein verließ wenigstens alle paar Tage ein Deportationszug den Bahnhof. Die einzige auffällige Unterbrechung liegt in der Zeit vom 17. Dezember 1942 bis zum 12. Januar 1943 – damit die Nazis Weihnachten feiern konnten.

Vom Anhalter Bahnhof aus – die Rückseite des erhalten gebliebenen Portikus kann ich von meinem Küchenfenster aus sehen – wurden insgesamt 9600 Juden in die Gettos und Vernichtungslager im von den Deutschen besetzten Osteuropa deportiert. Die Abfahrt dieser Züge wurde neben dem üblichen Berufsverkehr am frühen Morgen eingeplant. Nichts unterschied die auf dem zugewiesenen Bahnsteig wartenden Passagiere, abgesehen von dem gelben Stern am Ärmel und der Tatsache, dass sie von Wachleuten umstellt waren. Dies war der einzige innerstädtische Passagierbahnhof, der für die Deportation der Juden benutzt wurde. Insgesamt 116 Transporte mit jeweils 50 bis 100 Personen gingen hier ab, und nur eine Handvoll dieser Passagiere überlebte. Wer legte Zeugnis ab von dieser endgültigen Abfahrt so vieler Berliner? Mehr als fünfundsechzig Jahre später, 2008, wurden diese minutiös organisierten Exzisionen an der Bevölkerung der Stadt, diese Abfahrten, dieses Verschwinden auf einer neben den Ruinen des Bahnhofs aufgestellten Tafel verzeichnet.

Die Ruine des Anhalter Bahnhofs ist eine beständige Mahnung. Ein Phantomglied der verlorenen Energie der Stadt, die Amputation des *maschinellen Ensembles*, einst das schlagende Herz dieser Stadt. Aber sie ist auch ein Mahnmal für die Korrumpierung der Eisenbahn, die für derart mörderische Zwecke missbraucht wurde. Und für die vielen tausend Bürger, die hier in Waggons verladen wurden und deren Reise an den Rampen der Vernichtungslager endete. Heute ist der Bau nur noch ein aufwendiger, aus Ziegeln errichteter Schlafplatz für Tauben. Aber er bleibt.

XIII.
FREIER FALL

WAS KANN ICH MIT DIESEN FAKTEN ANFANGEN? Wie kann ich die kleinen Entgleisungen und geografischen Zufälle meines Lebens neben ein Verbrechen dieser Größenordnung stellen? Meine Auseinandersetzung mit diesen historischen Ereignissen führt zu einem weiteren völligen Verlust der Achse. Meine Orientierungslosigkeit angesichts dieses Wissens erscheint wie ein Echo auf den Verlust des moralischen Kompasses dieser Stadt. Wie lassen sich diese Erfahrungen darstellen, wenn so viele Beweise vernichtet, die Zeugen abgewiesen wurden? Der friedvolle Blick aus meinem Fenster erscheint trügerisch.

Aufgewühlt und darauf bedacht, einen genaueren Blick auf diese grauenvollen Jahre zu werfen, gehe ich wieder in die Bibliothek und besorge mir einen weiteren Stapel Bücher. Augenzeugenberichte aus den letzten Kriegstagen und dem Fall – dem »Untergang« – Berlins 1945. Ich durchsuche sie nach Hinweisen auf den Landwehrkanal und den Anhalter Bahnhof, um mir ein Bild von diesen letzten Tagen zu machen. Eingebettet ins Chaos des Häuserkampfs in der Innenstadt, enthüllen sie einen weiteren Riss im dichten Gewebe meiner heutigen Sicht der Stadt. Eine Klappe geht auf, und ich trete ein. Der Weg führt mich in die Finsternis.

· · · · ·

Am 25. April 1945 schließt die Panzer-Division Müncheberg ihren Rückzug von der Oder nahe der polnischen Grenze nach Berlin ab. Ein deutscher Offizier beschreibt in seinem Journal die neuen Gefechtslinien am Rathaus Schöneberg, dem Halleschen Tor und dem Belle-Alliance-Platz. Das Hallesche Tor liegt von unserem Haus aus nur vier Brücken weiter am Kanal. Sein Tagebuch verzeichnet schwere Straßenkämpfe, gefallene Zivilisten und sterbende Tiere. »Unvergeßliche Bilder« von Frauen, die von Keller zu Keller fliehen, und von erhängten oder erschossenen Deserteuren.[119]

In dieser Phase des Krieges mangelt es der deutschen Wehrmacht an Rekruten, die sie an die Front schicken könnte. Eine Tagebuchschreiberin, die entlang der S-Bahngleise nach Kohlen sucht, ist schockiert, als sie die neuen Soldaten sieht, und erschreckt über den Anblick »zarter Kindergesichter unter riesigen Stahlhelmen … in Uniformen gesteckt, die viel zu groß für sie waren«.[120] Manche sind erst dreizehn – im selben Alter wie mein jüngerer Sohn heute.

Nach schwerem Artilleriebeschuss ziehen die deutschen Soldaten sich noch weiter bis zum Anhalter Bahnhof zurück und errichten am Askanischen Platz eine Verteidigungslinie. Zu diesem Zeitpunkt ist einer der größten Zufluchtsorte in Berlin der Bunker am Anhalter Bahnhof: ein riesiger rechteckiger Betonklotz hinter dem Hauptgebäude, mit drei überirdischen und zwei unterirdischen Stockwerken und bis zu viereinhalb Meter dicken Wänden. Dort drängen sich 12 000 Menschen unter entsetzlichen Bedingungen zusammen, um dem Horror draußen zu entgehen. Der Bunker besitzt eine direkte Verbindung zu den U-Bahntunneln, sodass die Einwohner ihn erreichen können, ohne sich den oben lauernden Gefahren auszusetzen.

Die »namenlose Frau« versteckt sich im Keller und notiert das Geschehen in ihrem Tagebuch, während die Rote Armee sich ihrem Bezirk nähert. Da sie sich nicht vor den Soldaten zu schützen vermag, die Straßen und ausgebombte Gebäude durchstreifen, auf der Suche nach Uhren, die sie stehlen, und Frauen, die sie vergewaltigen können, wendet sie sich an einen hohen russischen Offizier, der als ihr Beschützer fungieren soll, einen ukrainischen Oberleutnant namens Anatol. Er bringt ihr Schnaps und einen runden Laib Schwarzbrot und sagt ihr, dass die Front nun am Landwehrkanal liege.

Die Bahnsteige und Schalterräume im Anhalter Bahnhof gleichen inzwischen einem Heerlager. In den unterirdischen Gleistunneln drängen Frauen und Kinder sich in Nischen und Ecken zusammen, andere sitzen auf Klappstühlen und horchen auf den Gefechtslärm, der von den Straßen oben zu ihnen dringt. Explosionen erschüttern die Tunneldecke, und Betonbrocken brechen herab. Ein deutscher Offizier berichtet in seinem Tagebuch:

Plötzlich eine Überraschung. Wasser spritzt in unseren Gefechtsstand. Schreie, Weinen, Flüche. Menschen, welche um die Leitern kämpfen, die durch die Luftschächte an die Oberfläche führen. Gurgelndes Wasser flutet durch die Schächte. Die Massen stürzen über die Schwellen. Lassen Kinder und Verwundete zurück. Menschen werden zertreten. Das Wasser faßt nach ihnen. Es steigt einen Meter und mehr hoch, bis es sich langsam verläuft. Noch stundenlang entsetzliche Panik. Viele Ertrunkene.

Die Schottenkammern des Landwehrkanals zwischen Schöneberger Brücke und Möckernbrücke sind gerade von den Nazis gesprengt worden. Der Tunnel wird geflutet, um den Feind zu hindern, unter der Erde vorzudringen. Dass Tausende von Zivilisten dort Zuflucht gesucht haben, wird vollkommen ignoriert. *Es schwimmt eine Leiche im Landwehrkanal …*

Als am 27. April 1945 der Abend hereinbricht, steigt ein Vollmond über der Stadt auf und beleuchtet diese unwirklichen Bilder der Zerstörung. Hitler selbst hält sich seit Mitte Januar im Bunker der Reichskanzlei unter dem Potsdamer Platz versteckt.

Inzwischen ist der Potsdamer Platz seinerseits ein einziges Trümmerfeld voll zerschossener Fahrzeuge. Überall liegen Leichen, viele von Panzern oder Lastkraftwagen überrollt und grauenhaft verstümmelt. Der Bezirk Tiergarten, eine langgezogene Ellipse von acht Kilometern Länge und zwei Kilometern Breite, ist alles, was vom Dritten Reich übriggeblieben ist – »eine Insel, von einem Flammenmeer umzingelt, die sich unerbittlich verkleinerte«.[121] Inmitten von rollenden Panzern, Rauchschwaden und Feuerwänden stößt die von Generalleutnant Tschuikow befehligte 8. Gardearmee am Landwehrkanal entlang nordwärts Richtung Tiergarten vor. Der Angriff auf das Reichstagsgebäude ist für den frühen Morgen des nächsten Tages geplant. An diesem Morgen begehen Adolf Hitler und Eva Braun, die er wenige Stunden zuvor geheiratet hat, Selbstmord. Ihre Leichen werden sogleich verbrannt, alle Hinweise darauf vernichtet und alle Anwesenden zur Geheimhaltung verpflichtet. Am Ende dieses Tages ist das Gebiet um den Anhalter Bahnhof ein Friedhof ausgebrannter Panzer. Am frühen Morgen des 1. Mai trifft der Generalstabschef des Heeres Hans Krebs mit Tschuikow zusammen, um eine Feuereinstellung zu verhandeln. Stalin lehnt ab und verlangt eine bedingungslose Kapitulation. Am folgenden Tag kapitulieren die Deutschen. Die Selbstmorde beginnen.

• • • • •

In Fortführung der nihilistischen Agenda der Nazis bis zu ihrer unvermeidlichen Selbstvernichtung war der Zweite Weltkrieg zu einer selbstmörderischen Unternehmung geworden. Nach Hitlers von vielen vorausgesagtem Selbstmord töteten Joseph Goebbels und seine Frau sich im Bunker der Reichskanzlei und ermordeten zudem ihre sechs Kinder, die sich bei ihnen aufhielten. Heinrich Himmler, der in Lüneburg in Gefangenschaft geraten war, tat dasselbe, ebenso wie zahlreiche andere hochrangige Nazi-Funktionäre und ss-Offiziere im gesamten Reich. Auch gewöhnliche Menschen folgten diesem Beispiel, und zwar so viele, dass die Selbstmordwelle als Epidemie betrachtet wurde. In Berlin töteten sich allein im April 3 881 Personen, und die Zahlen erreichten ihren Gipfel auf dem Höhepunkt der Schlacht. »Für die Masse der Deutschen war das Leben völlig umgebrochen worden, allein im Interesse letztlich selbstmörderischer Kriegsanstrengungen«, schreibt Christian Goeschel in seinem Buch *Selbstmord im Dritten Reich*, »und als sich diese als vergeblich erwiesen, blieb es immer noch bei dieser Kultur einer selbstmörderischen Verteidigung, die es kulturell und sozial akzeptabel erscheinen ließ, wenn jemand sich umbrachte«.[122] In der Propaganda der Partei galt Selbstmord als eine entschieden männliche Art des Sterbens. Der Selbstmord war keine feige Kapitulation, sondern ein »heldenhaftes Selbstopfer«.[123] Die Gesamtzahl der Suizide lag in Berlin 1945 bei 7 057. In den Polizeiakten formulierte man äußere Gründe wie »die Russen«, »die gegenwärtige Lage« oder »der Krieg«.

»Immer wieder bemerke ich in diesen Tagen, daß sich mein Gefühl, das Gefühl aller Frauen den Männern gegenüber, ändert«, schreibt die namenlose Frau in ihr Tagebuch.

> Sie tun uns leid, erscheinen uns so kümmerlich und kraftlos. Das schwächliche Geschlecht. Die männerbeherrschte, den starken Mann verherrlichende Nazi-

welt wankt – und mit ihr der Mythos »Mann«. [...] Am Ende dieses Krieges steht neben vielen anderen Niederlagen auch die Niederlage der Männer als Geschlecht.[124]

Und dann? Schweigen. Staub erhebt sich über Szenen völliger Zerstörung. Zerlumpte Menschen kriechen aus ihren unterirdischen Schächten, Tunneln, Bunkern, Kellern: »diese angstvoll verborgene Unterwelt der großen Stadt«, wie die namenlose Frau es nennt. »Das verkrochene Leben in der Tiefe, aufgespalten in kleinste Zellen, die nichts mehr voneinander wissen.«[125]

• • • • •

Ein Augenzeuge, damals noch ein Kind, beschreibt das Bild, das sich ihm bot, als er am Mittwoch, dem 9. Mai endlich aus dem Keller hervorkommt, in dem er und seine Familie sich wochenlang versteckt haben. Seine Mutter hat gehört, es gäbe etwas zu essen in den Kühlhallen am Gleisdreieck, einem großen, mehrstöckigen Ziegelbau, dessen Dach ich durch das rückwärtige Fenster in meinem Berliner Zimmer sehen kann.

Bald erreichten wir den Landwehrkanal. Die Möckernbrücke lag mit gebrochenem Rückgrat im Kanal. Trümmer waren überall. Wir folgten dem Tempelhofer Ufer, denn schließlich wollten wir ja zu den Kühlhallen am Gleisdreieck. [...] Tote, Waffen und Geräte lagen überall. Ständig riefen die Erwachsenen mich zum Weitergehen. Sie waren nicht so erpicht darauf wie ich, sich alles genau anzuschauen. [...] An der Ecke vom Hafenplatz hatten die Russen eine Straßenkontrolle aufgestellt. [...] Wir erreichten den Askanischen Platz am Anhalter Bahnhof. Schwere Kämpfe hatten hier getobt, überall lagen Trümmer. Die Häuser waren zerstört, der Bahnhof nur noch eine Ruine. Inmitten des Chaos stand ein zerstörtes Halbkettenfahrzeug mit einem roten Kreuz. Keine anderen Panzer oder Kanonen waren zu sehen, aber überall lagen Panzerfäuste und Gewehre herum. Die Erwachsenen waren wie betäubt von dem Anblick der unvorstellbaren Zerstörung.[126]

Und dann? Stillstand. Nichts. Sie nannten diesen Augenblick die Stunde null. Als könnte man die Uhr einfach zurückdrehen, und das ganze Dritte Reich wäre verschwunden.

XIV.
EIN ZWISCHEN-
SPIEL

ICH HABE DIE SOGENANNTE STUNDE NULL ERREICHT. Den Augenblick des Zusammenbruchs Berlins. Nicht nur seines physischen Zusammenbruchs, sondern auch einer moralischen Entleerung und eines völligen psychischen Stillstands. In vielerlei Hinsicht ist es eine Erleichterung, an diesem Punkt angelangt zu sein und den Krieg hinter mir zu haben, doch was soll ich nun tun, da das Narrativ der Stadt mich in diese fürchterliche, traumatisierende Ödnis geführt hat? Diesen hoffnungslosen Augenblick in der Geschichte. Wohin soll ich mich nun wenden? Die Aussicht aus meinem Fenster bleibt hartnäckig unverändert. Was mögen die Salas damals gesehen haben als Zeugen von Straßenszenen zunehmender Verwüstung?

Die Dokumente im Grundbuchamt der Stadt liefern mir ein paar verstreute Details über die Kriegsjahre. Im Januar 1942 wird über einen Brand im Haus der Salas berichtet. Dann, am 31. Juli desselben Jahres, adoptieren Bruno und seine Frau Charlotte eine Tochter, Melitta Sala, geborene Richter. Am 22. Januar 1943 macht Bruno sein Testament.

Ich ziehe dramatische Schlussfolgerungen, die zur narrativen Schubkraft des Krieges passen, und spekuliere, dass der

Brand die Folge eines Bombeneinschlags war und Melittas Adoption irgendwie gleichfalls damit zusammenhing. In Wirklichkeit begannen die Flächenbombardierungen Berlins erst 1943. Es gibt keinen offenkundigen Grund dafür, dass zwischen diesen Ereignissen ein Zusammenhang bestanden hätte. Wer also war dieses Mädchen, das bei der Adoption acht Jahre alt war? Was war mit seinen Eltern geschehen? Hatte man sie an die Front geschickt? Oder noch Schlimmeres? War sie mit den Salas verwandt? Die uneheliche Tochter eines Familienmitglieds? Spielte ihre Existenz eine Rolle bei dem Zerwürfnis von 1936? Anders als bei Anna Zimmermann, deren Dokumente im digitalen Ahnenarchiv mir geholfen hatten, einige spekulative Details aufzuzeigen, finden sich über die junge Melitta keinerlei Informationen.

Ich weiß allerdings, dass die Alliierten die unmittelbare Umgebung des Tempelhofer Ufers ab 1943 unablässig bombardierten. Eines ihrer Hauptziele bildeten die Eisenbahnanlagen in der Umgebung des Hauses. Im Dezember 1943 richtete ein Luftangriff beträchtliche Schäden an, und im Februar 1945 fielen die Bomben dort so dicht, dass die Brände vier Tage lang wüteten. In den nächsten Monaten folgten Dutzende weitere Luftangriffe, bei Tage und in der Nacht. War die Druckerei der Salas weiterhin in Betrieb? Und wenn ja, wer machte dort die Arbeit, hatte man doch die meisten Männer im arbeitsfähigen Alter an die Fronten des bereits verlorenen Krieges geschickt? Waren es Zwangsarbeiter, mit denen man den Betrieb der Fabriken aufrechtzuerhalten versuchte, ob nun einheimische Juden, die der Deportation entgangen waren, oder die vielen Tausend, die man aus den Territorien im Osten holte, viele von ihnen Frauen? In Kreuzberg, Tiergarten und Mitte gab es mehr als 600 Lager für Zwangsarbeiter, die bestens dokumentiert sind.[127] Zwangsarbeiter wurden bei Telefunken jenseits des Kanals am Halleschen Ufer eingesetzt, und Hunderte arbeiteten auf dem Güterbahnhof und im Bahnbetriebswerk am Gleisdreieck, beluden und entluden Güterzüge und ölten die Waggons.[128] Der Name Sala-Spiele erscheint jedoch auf keiner der Listen.

Es gibt keine Dokumente, die mir sagen könnten, ob Melitta und Charlotte die Stadt verließen, und so zeichne ich sie hier, wie sie an diesem Fenster Zeugen der zunehmenden Zerstörung in ihrer Umgebung wurden. Meine Fantasie fügt sie in das Narrativ aus der Kriegszeit ein, das sich im Tagebuch der namenlosen Frau entfaltet. Von Tagen und Nächten, die man zusammen mit Nachbarn in dunklen Kellern kauert. Endloses Anstehen für Lebensmittel. Wasser, Gas und Strom häufig unterbrochen oder ganz abgestellt. Verzweifelte Sprints über offene Hinterhöfe, um Granaten und Bomben zu entgehen. Die Angst vor den Soldaten der Roten Armee und die reale Gefahr, von ihnen vergewaltigt zu werden, aus Rache für die Vergewaltigung ihrer Landsfrauen durch deutsche Soldaten.

Suchten Melitta, Charlotte und Bruno Schutz im Keller ihres Hauses am Tempelhofer Ufer? Oder gehörten sie zu den zehntausend, die sich endlose Tage lang im Anhalter Hochbunker jenseits des Kanals zusammendrängten? Der Bunker steht heute noch, gleich hinter der Häuserzeile an der Schöneberger Straße, in Richtung der Ruine des Anhalter Bahnhofs. Er enthält inzwischen ein Museum – oder eigentlich zwei. In den oberen Stockwerken befindet sich das »Berlin Dungeon«, ein Gruselkabinett, das Touristen mit den üblichen Schauergeschichten erschrecken will und keinerlei Hinweise auf die realen Schrecken enthält, die sich hier erst vor Jahrzehnten ereigneten. Ähnlich flach ist der »Berlin Story Bunker« in den beiden Untergeschossen: eine halbherzige Ausstellung in diesen kühlen unterirdischen Stockwerken, die eine holzschnittartige Geschichte Berlins, aber kaum über Allbekanntes hinausreichende Informationen über diesen Bunker oder Bunker im Allgemeinen oder auch den Zweiten Weltkrieg bietet. Der Bunker selbst ist allerdings Faktum genug. Ebenso das

Graffito auf der Außenwand, das in großen schwarzen Buchstaben verkündet: WER BUNKER BAUT WIRFT BOMBEN.

Eintausend Bunker wurden in Berlin in den Kriegsjahren gebaut. Der Anhalter Hochbunker ist einer der gut einhundert, die bis heute erhalten geblieben sind. Riesige, von der Außenwelt abgeschlossene Klötze, in Form und Oberflächenbeschaffenheit derart undifferenziert, dass sie nicht einmal wie ein Bauwerk wirken, sondern eher wie ein Stoffgemisch, weit näher dem Material in seinem Rohzustand. Diese Bunker sind unzerstörbar, sie lassen sich nicht beseitigen. Sie bleiben, verschmelzen mit ihrer Umgebung und besitzen sämtlich die sonderbare Eigenschaft, trotz ihrer enormen Größe praktisch unsichtbar zu sein. Der Anhalter Hochbunker, diese gewaltige graue Masse, liegt in Sichtweite meines Fensters. Aber seine öde, monotone, teilweise von Gestrüpp überwucherte Betonoberfläche lässt sich unmöglich genau erkennen. Der Bunker ist ein weiterer blinder Fleck.

Der französische Philosoph Paul Virilio spricht vom »Skandal des Bunkers«. Wie er schreibt, »verliehen diese in den Lücken der urbanen Freiräume, neben der Schule oder dem Bistro des Wohnviertels errichteten massiven Sockel der Befragung der Gegenwart einen neuen Sinn«. Und tatsächlich befindet sich unmittelbar vor dem Anhalter Hochbunker die Grundschule des Stadtviertels. Die dadurch suggerierte Normalität wird allerdings durch die düstere Erfahrung des Bunkerinneren erschüttert. Virilio schreibt dazu: »In seiner physischen Aktivität eingeschränkt, dabei aber voller Wachsamkeit und Furcht vor den katastrophischen Wahrscheinlichkeiten seiner Umgebung, wird der Bewohner dieser Orte der Gefahr durch eine einzigartige Schwere niedergedrückt; er befindet sich tatsächlich bereits in jener Leichenstarre, die zu verhüten die Schutzvorrichtungen des Bunkers eigentlich bestimmt waren.«[129] Diese aufgegebenen Objekte tragen nicht nur die Last der eigenen Zweckbestimmung, sondern auch die daraus folgende Fähigkeit ihrer staatlichen Erbauer, Bomben abzuwerfen. Nicht nur Abwehr, sondern auch Angriff. Ich bin zutiefst verwirrt, als ich nach meinem einzigen Besuch des »Berlin Story Bunker« wieder in die Augustsonne hinaustrete. »Ich fühlte mich krank, als ich hinausging«, lese ich in meinen damaligen Notizen. »Krank und benommen. Das Gewicht von alledem.«

· · · · ·

Je tiefer ich in das Gewebe dieses Ortes, dieser Ansicht, eindringe, desto unsicherer bin ich mir über mein Verhältnis dazu. Warum bin ich hier? Und wer bin ich, diese Geschichte zu erzählen? Meine Aussicht enthüllt ein unvermeidliches Dilemma der Geschichte und wirft die Frage nach meiner Verantwortung auf. Trage ich eine Verantwortung für diese Vergangenheit? Eine Vergangenheit, die zu dem Haus gehört, in dem ich heute zufällig lebe? Vermag solch ein Gefühl der Verantwortlichkeit uns, durch die Zeiten hindurch, heute zu einer selbstgeschaffenen Erinnerungsgemeinschaft zusammenbinden? Ist das vielleicht die gemeinsame Verantwortung, die Berlin mit sich bringt? Hinzuschauen und nochmals hinzuschauen?

»Er war nicht dumm«, resümiert Hannah Arendt, nachdem sie 1961 den Prozess gegen Adolf Eichmann in Jerusalem aus nächster Nähe verfolgt hat. »Es war gewissermaßen schiere Gedankenlosigkeit – etwas, was mit Dummheit keineswegs identisch ist.«[130] Bürokratie, so sagt Arendt, sei die »Herrschaft des Niemand«. Es liege im Wesen jeder Bürokratie, »aus Menschen Funktionäre und bloße Räder im Verwaltungsbetrieb zu machen und sie damit zu entmenschlichen«.[131] Arendt beschloss, dem Prozess beizuwohnen und darüber zu berichten. In einem Artikel, der im Februar 1963 im *New Yorker* mitten zwischen Werbeanzeigen für Damenschuhe und Kühlschränke erschien, beschrieb sie die »Banalität des Bösen«. »Politisch haftet jede Regierung eines Landes für all das, was durch die Regierung vor ihr zu Recht oder zu Unrecht geschehen ist.«[132] Gilt das auch für die Bewohner von Häusern? Ist das meine Verantwortung?

Als ich mit dreißig Jahren aus einem Bauchgefühl heraus und auf der Suche nach Veränderung nach Berlin kam, dachte ich zu keiner Zeit an den Krieg. Tatsächlich hatte der Zweite Weltkrieg in meinem Verständnis der Vergangenheit kaum eine Rolle gespielt, die über den Geschichtsunterricht in der Schule hinausgegangen wäre. Meine Eltern waren beide in der Kriegszeit geboren worden, doch da meine Mutter damals in Glasgow, mein Vater in der Nähe von Pittsburgh lebte, lag der Krieg niemals sonderlich nahe. Jetzt, achtzehn Jahre nach meiner Ankunft in Berlin, stehe ich hier am Fenster meiner Wohnung, blicke forschend hinaus und versuche, die Fakten zu analysieren, als wären es Fingerzeige.

Als meine Ehe in die Brüche ging und meine Verankerung an diesem Ort sich löste, sagte mir mein Instinkt, ich solle die Kinder nehmen und hier weggehen. Ich solle die Kulisse dieser Wohnung aufgeben und einen Neuanfang in einer anderen, kleineren, leichter zu bewältigenden und weniger von der Vergangenheit belasteten Wohnung wagen. Ich solle diesem Ausblick den Rücken kehren. Doch aus praktischen Gründen blieb ich. Und heute gehört dieser Ort mir. Hier stehe ich nun und sehe aus dem Fenster und auf die Nachwirkungen.

• • • • •

Manchmal fühlt sich dieser ganze Prozess an, als griffe ich blind und allenfalls von einem Blitzlicht geleitet ins Dunkle. Ich kann nur beurteilen, was sich mir Stück für Stück enthüllt, und diese Stücke wie einen Flickenteppich auslegen. Ich bin weniger eine Historikerin als eine Näherin, die Schnipsel von

Beweisen, lose Fäden und Flecken von Bedeutung zusammenheftet. Ich habe die vage Vorstellung, dass es einmal ein Ganzes bilden, dass es zu irgendeinem Schluss führen wird, aber ich weiß noch nicht, was das sein wird. Den Rahmen bildet das Fenster, das auf dieses Stück Land hinausgeht. Es bietet sich selbst als Thema für eine Art von Schreiben an, das einer Aufgabe ähnelt. Eine Möglichkeit, der Abdrift zu widerstehen.

»Meine ideale Methode für das Schreiben eines Reiseberichts wäre es, so wird mir klar, zu Hause zu bleiben, das Telefon auszuhängen, die Türklingel abzustellen und die Jalousien herunterzulassen«, schreibt die britische Autorin Jenny Diski in *Strangers on a Train*, einem Buch über ihre Eisenbahnreise quer durch die Vereinigten Staaten von Amerika.[133] Einsamkeit ist von wesentlicher Bedeutung für den zum Schreiben gehörenden Gemütszustand. Wie Diskis idealer, zu Hause hinter geschlossenen Jalousien geschriebener Reisebericht, so ist auch mein Buch über eine Stadt eher ein Umherstreifen in Gedankenmustern oder Auszügen niedergeschriebener Geschichte als ein Umherwandern in den heutigen Straßen.

In einem anderen Text von Diski finden wir sie für drei Wochen allein zu Hause; ihre Tochter ist mit ihrem Ex-Mann fort, und ihr Lover, der bei ihr wohnte, ist gerade ausgezogen. Endlich hat sie die Freiheit, sich tagelang ohne Unterbrechung den Freuden der Einsamkeit hinzugeben.

> Ich tue nichts. Ich beginne mit dem neuen Roman. Rauche. Trinke Kaffee. Rauche. Schreibe. Starre an die Decke. Rauche. Schreibe. Liege auf der Couch. Trinke Kaffee. Schreibe. Es ist wie im Himmel. Dafür bin ich eigentlich geschaffen. Nichtstun. Es ist Betrug, wenn gesagt wird, Schreiben wäre Arbeit. Schreiben ist Nichtstun.[134]

Bei diesem An-die-Decke-Starren und Nichtstun werden das Innere des Raums und das seines Bewohners austauschbar –

ganz wie beim Am-Fenster-Stehen und Hinausschauen. Der Körper trennt sich von den Gedanken. Diski sagt von diesem besonders wachen Geisteszustand, er »verfolgt die Aktivitäten leicht oberhalb und links des eigenen physischen Körpers«. Das Innere wird vom Außen abgeschnitten. Für mich markiert das Fenster diesen Schnitt.

Das Fenster lässt an einen Augenblick des Friedens denken. Ich schaue hinaus, während ich an verschiedenen Punkten des Arbeitstags darauf warte, dass das Wasser im Kessel zu kochen beginnt. Der Wasserkocher ist strategisch auf der marmornen Arbeitsplatte zwischen Spülbecken und Küchenfenster platziert. Die Tassen, die Teeblätter, der gemahlene Kaffee und die Filter befinden sich sämtlich in den Schubladen darunter. Ich kann meine Tasse Tee oder Kaffee zubereiten und mein Zwischenspiel organisieren, ohne mehr als ein oder zwei Schritte weg vom Fenster zu gehen. Die Krähen schneiden quer über den Himmel, und die Weide am Ufer taucht ihre Wedel ins Wasser. Es ist eine beiläufige private Bühne, die zum Grübeln anregt. Die Pausen, die Tasse Tee oder Kaffee, das Aus-dem-Fenster-Schauen werden zu Gewohnheiten, zu Refrains, die den Rhythmus der Arbeit unterbrechen. Doch je länger ich aus dem Fenster schaue und darauf warte, dass das Wasser kocht, desto klarer wird mir, dass dieser Blick nicht nur eine Pause darstellt. Er ist auch Material. Ein Rätsel, das nach einer Lösung sucht. Ein Schnittpunkt. Ein Anreiz. Der Ort, an dem ich mich befinde, hat sich so tief in meine Gedanken eingeschlichen, dass er mir zum Thema geworden ist. Da sind wir also. Stillstand.

• • • • •

An einem Frühlingstag des Jahres 1845, genau ein Jahrhundert bevor der Vollmond über einer verwüsteten Stadt aufstieg, malte Adolph Menzel ein Bild seines Zimmers. Ein blasses

Frühjahrslicht dringt durch dünne Musselinvorhänge vor einem offenen Fenster, die sich sanft in den Raum hinein bauschen. Das Licht spiegelt sich in einem hellen Streifen auf dem gebohnerten Fußboden und schimmert auf der Sitzfläche eines schräg zum Fenster stehenden Mahagonistuhls. Ein zweiter, dazu passender Stuhl steht gleichfalls schräg und mit etwas Abstand, Rücken zu Rücken, als würde sein Bild an einer diagonalen Fläche gespiegelt. An der Wand hinter den Stühlen steht ein echter Spiegel, hoch und mit einem geschnitzten Mahagonirahmen, darin das Spiegelbild eines goldgerahmten Bildes an der gegenüberliegenden Wand, gleichfalls in einem schrägen Winkel gezeigt. Die Bewegung in diesem Gemälde verläuft vollkommen diagonal, und die gesamte Handlung befindet sich auf der rechten Seite. Auf der linken nur der Parkettboden, die Ecke eines roten Teppichs und eine leere Wand. An dieser Wand ein großer Fleck aus undifferenziertem Weiß – gemalte Leere, als wäre das Bild unvollendet.

Menzel war dreißig Jahre alt, als er dieses intime Bild seines eigenen Interieurs anfertigte. In diesem Raum schuf er etwa um dieselbe Zeit auch das Werk *Blick auf den Anhalter Bahnhof im Mondschein*, eine dunkle Ansicht des Eisenbahngeländes. Sein Haus muss genau dort gestanden haben, wo sich heute die Grundschule mit dem Anhalter Hochbunker dahinter befindet. Wäre es heute noch da, könnte ich es aus meinem Fenster sehen. Dieses kleine Stückchen Nähe begeistert mich umso mehr, als ich nach dem Durchforsten mehrerer Bände seiner Briefe und biografischen Aufzeichnungen Menzels genaue Adresse herausfinde: Schöneberger Straße 18. Das Interieur *Balkonzimmer* gehört zu seinen »privaten Bildern«, einer kleinen Reihe kleinformatiger Werke, die er schon früh schuf und die meiste Zeit seines Lebens in seinem Atelier behielt.[135] Sie wurden erst 1905 veröffentlicht, ein Jahr vor seinem Tod. Dieses hier kaufte die Stadt; es hängt heute in der Alten Nationalgalerie auf der Museumsinsel.

Ich bin so aufgeregt wegen der Entdeckung, dass Menzel praktisch mein Nachbar war, als er dieses Bild malte, und gleich am Kanal in der Nähe des Bahnhofs wohnte, dass ich mir das Gemälde unbedingt ansehen möchte. Ich eile nach draußen, springe auf mein Rad und fahre direkt über die Schöneberger Brücke, an der Schule vorbei, an deren Stelle einst sein Haus stand, vorbei auch an der Ruine des Anhalter Bahnhofs und die breite, gerade Leipziger Straße ostwärts bis zur Spree. In der Alten Nationalgalerie auf der Museumsinsel weist der Wärter mir den Weg zum Menzel-Flügel, wo ich das *Balkonzimmer* finde, ein kleines Gemälde, an prominenter Stelle gegenüber dem Eingang des Raums aufgehängt. Es ist voll Mehrdeutigkeit, weniger das Gemälde eines Zimmers als des hereinströmenden Lichts, das den Raum mit Leben zu erfüllen scheint. Den Raum innerhalb der Wände statt der Wände selbst. Tatsächlich scheint das Bild von *nichts* zu handeln. Nichts zu tun und sich beim Nichtstun selbst zu beobachten. Der mehrdeutige Fleck an der Wand ist ein Ausbund an Selbstreflexivität. Wenn der zentrale Fokus des Werks dieser Farbfleck ist, drängt sich der Gedanke auf, dass die Farbe hier buchstäblich – tautologisch – eingesetzt wird, um ihre eigene Stofflichkeit zu replizieren.

• • • • •

Als ich nach eingehender Betrachtung von Menzels *Balkon-zimmer* wieder zu Hause bin, führen meine Gedanken mich nahezu schlafwandlerisch zu einer 1917 entstandenen Kurzgeschichte von Virginia Woolf mit dem Titel »Das Mal an der Wand«. Der zehnseitige Text zeichnet die lebhaften Bewegungen im Kopf der Autorin nach, als sie, auf einem Stuhl am Feuer sitzend, einen Fleck an der Wand ihres Wohnzimmers bemerkt. Das Schreiben schweift umher und über ihr häusliches Interieur hinaus, wechselt von visuellen Eindrücken zu flüchtigen Gedanken, von der Gegenwart in die

Vergangenheit, zu Menschen, Ideen, kleinen Geheimnissen, zum Leben und selbst zum Tod. Statt nur ein Text über die behandelten Gegenstände zu sein, wird er zu einem lebendigen Porträt des Akts des Denkens.

> Der Baum draußen vor dem Fenster schlägt sehr sanft an die Scheibe ... ich möchte nachdenken, gelassen, ruhig, umfassend, nie unterbrochen werden, nie von meinem Sessel aufstehen müssen, um leicht von einem zum andern zu gleiten, ohne irgendein Gefühl von Feindseligkeit, oder einer Behinderung. Ich möchte tiefer und tiefer sinken, fort von der Oberfläche mit ihren harten unverbundenen Fakten.[136]

Woolfs Text kultiviert eine Mehrdeutigkeit spekulierenden Denkens, dieselbe Art des Sich-Treiben-Lassens, wie sie sich auch bei Diski findet. Er schwelgt darin, Dinge nicht zu wissen, einen gewissen Abstand zur harten Realität der Beobachtung zu halten, um Zugang zu anderen Formen des Wissens und der Wahrnehmung zu finden. Wie Diskis schriftstellerische Aufmerksamkeit sich »leicht oberhalb und links« bewegt, so scheint Woolfs Aufmerksamkeit sich auf den mehrdeutigen Fleck an der Wand zu fixieren, als wäre er ein äußeres Auge, das es möglich macht, den Stand der Dinge zu beobachten. Bewusst einen anderen Standpunkt einzunehmen, um Regeln und Verallgemeinerungen in Frage zu stellen. Das zu umgehen, was in Woolfs Augen »der männliche Standpunkt ist, der unser Leben bestimmt, der die Maßstäbe setzt«.[137]

Menzel malt die Farbe an die Wand, und Woolf schreibt über das Schreiben, doch beide erschließen etwas, das dem vorausgeht: das Denken selbst und wie es entsteht, wenn wir still dasitzen, nichts tun und vor allem allein sind. So wird Woolfs luzider Gedankenfluss abrupt unterbrochen, als ihr Mann ins Zimmer tritt: »Alles bewegt sich, fällt, gleitet, schwindet … Da ist ein grenzenloser Aufruhr der Materie. Jemand steht über mir und sagt – ›Ich gehe eine Zeitung holen.‹« Und nicht nur das. Auf seinem Weg hinaus identifiziert er den Fleck an der Wand und reduziert damit ihr Fantasiepotential auf eine einzelne harte Tatsache: »Ach, das Mal an der Wand! Es war eine Schnecke.«[138] Im gemeinsamen Raum des Wohnzimmers ist Woolf nicht isoliert genug, um sich unwillkommene Unterbrechungen zu ersparen. Menzel findet Einsamkeit im Balkonzimmer seiner Wohnung an der Schöneberger Straße, die er mit seiner Mutter und seinen Schwestern teilt. In einem Brief an einen Freund schreibt er am 1. März 1845: »[I]ch ziehe gegen Ende dieses Monats aus, Vor das Anhaltsche Thor in der Schöneberger Straße Nr. 18, 2 Treppen hoch, wo ich nun mehr Platz und einen zweckmäßigern Raum zum Malen haben werde.«[139] Endlich allein in einem eigenen Zimmer, kann der Künstler in Innerlichkeit schwelgen. Das Gemälde, ein Jahrhundert vor dem raschen Aufstieg und dem ebenso raschen Fall der Stadt entstanden, zeigt die Ruhe vor einem Sturm. Es ist durchdrungen vom Atem des Möglichen.

• • • • •

Das Haus, in dem Menzel lebte und arbeitete, steht nicht mehr, und der Anhalter Bahnhof, einst der Stolz des Deutschen Reiches, ist nur noch ein Portikus, der ins Leere führt. Ein aufwendiger Schlafplatz für Tauben, der auf eine leere, öde Fläche blickt. An der Wand hinter meinem Schreibtisch hängt ein Druck mit einem Foto dieses Portikus: ein Bild heilloser Trostlosigkeit. Im Vordergrund ein aufgegebener, mit Leder bezogener Polstersitz, der möglicherweise aus einem Passagierabteil stammt. Neben der Ruine ein Haufen Gesteinsbrocken, die vielleicht einmal zur Wand des Bahnhofs gehörten, dahinter dichtes Gestrüpp und Müllhaufen. Das gezackte Fragment des Bahnhofsportikus wirkt wie eine Theaterkulisse. Im

Hintergrund ist ein rechteckiger Wohnblock zu erkennen, das Excelsiorhaus.

Das Hotel Excelsior, Schauplatz von Vicky Baums *Menschen im Hotel*, wurde Ende der 1930er Jahre von der NS-Volkswohlfahrt, der Wohlfahrtsorganisation der Nazis, übernommen. Der Besitzer des Hotels, Curt Elschner, hatte sich anfangs geweigert, den Nazis zu Diensten zu sein, und wurde deshalb auf eine schwarze Liste gesetzt. Wie so viele andere floh er schließlich aus Deutschland. Als Elschner nach dem Krieg nach Berlin zurückkehrte, fand er sein geliebtes Hotel schwer von Feuer beschädigt vor. Obwohl er hoffte, es retten zu können, wurden die Überreste 1954 abgerissen. Zwischen 1966 und 1968 entstand an ihrer Stelle ein riesiger rechteckiger Wohnblock: das Excelsiorhaus, siebzehn Stockwerke hoch, mit 500 Wohnungen, jede von ihnen klein und funktional, eine wahrhafte Wohnmaschine. Das bekannteste Merkmal dieses Appartementhauses sind die um eine Mittelachse drehbaren Metallfenster, die es gestatten, die Fenster innen wie außen zu reinigen, ohne die Wohnung zu verlassen. In jedem Stockwerk reihen sich in engem Abstand fünfzig Fenster, und das siebzehn mal von oben bis unten.

Auf dem Foto an meiner Wand ist links oben auf der Fassade in Großbuchstaben das Wort SASKATCHEWAN zu lesen. Diesen exotisch klingenden Namen erhielt die Bar im obersten Stockwerk des Gebäudes. Der Panoramablick, der sich dort bot, reichte über das einstige Stadtzentrum, heute eine wenig anziehende Peripherie am östlichsten Rand Westberlins. Aus meinem Küchenfenster kann ich das Gebäude gut sehen, jenseits des leeren Portikus des Anhalter Bahnhofs. 2013 wurde die Fassade des Excelsiorhauses mit einem verpixelten Muster aus Blau und Weiß bemalt, das aus der Entfernung wie ein blauer Himmel mit weißen Wolken wirkt.

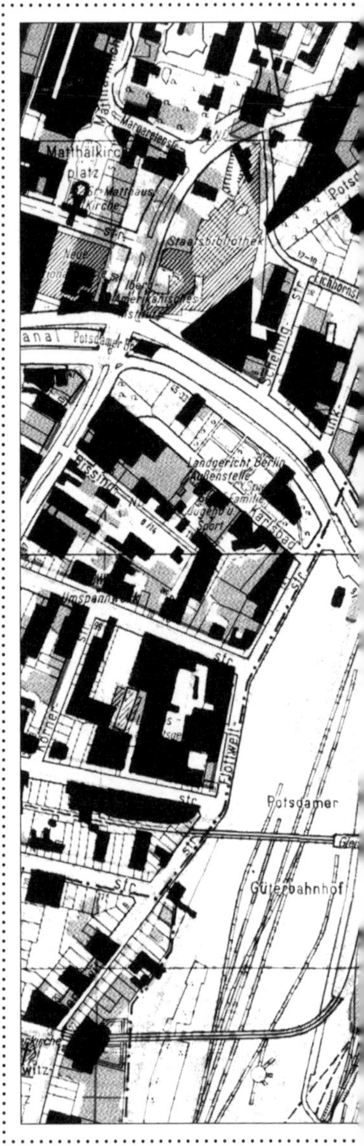

Zerstörte Gebäude

beschädigte, wiederauf-
baufähige Gebäude

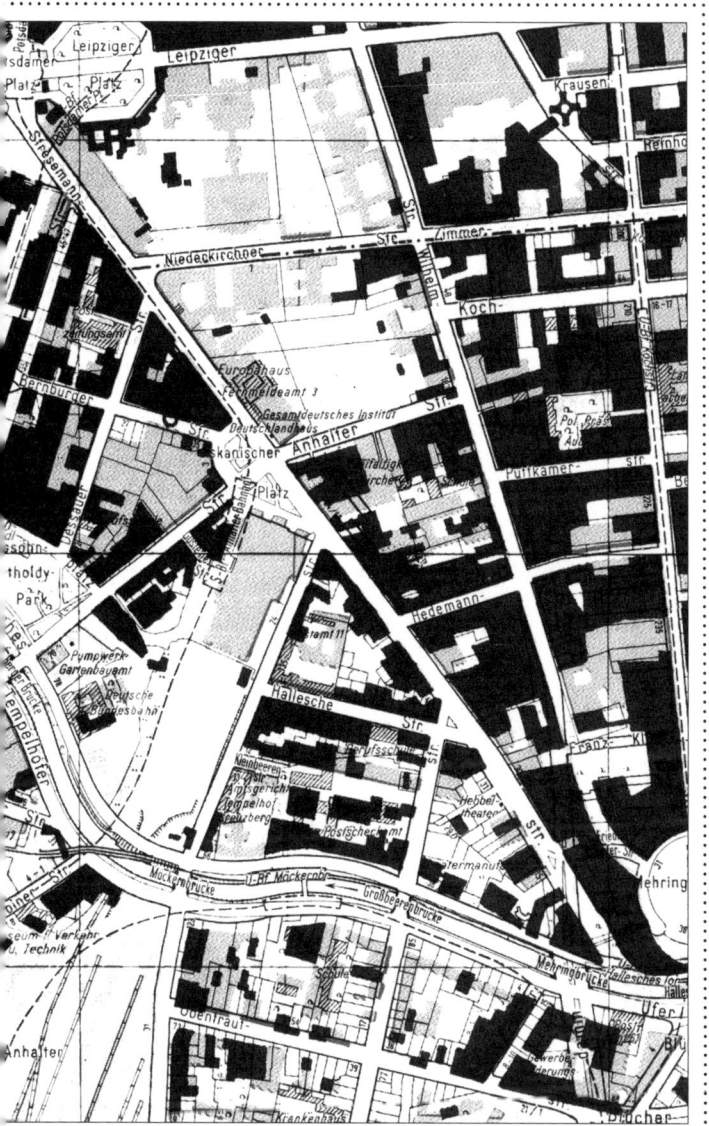

XV.
STILLSTAND

IM MAI GEHT DIE SONNE IN BERLIN FRÜH AUF. Gegen sechs Uhr ist es in der ganzen Stadt bereits hell. Am Morgen des 8. Mai 1945, des ersten Tages nach der Kapitulation Deutschlands, ist das Bild, das sich beim Blick aus dem Fenster bietet, statisch und grau. Stillstand. Auf diesem Stück des Ufers stehen nur noch mein Haus, das daneben und das letzte an der Ecke. Wo einmal Häuser waren, sind nun Krater. Einstmals rechteckige Gebäude sind nun kaskadenartig abfallende Hänge und aufgetürmte Hügel aus Schutt. Fassaden wurden weggerissen und ganze Stockwerke den Elementen schutzlos ausgeliefert. An der Stelle einer Stadtlandschaft findet sich nun Rohmaterial in wechselnden Graden des Zusammenbruchs. Insgesamt 600 000 Wohnungen sind zerstört. Von den 200 000 Bäumen im Tiergarten haben nur 700 überlebt. Statt der Weidenzweige hängen die verdrehten Stahlträger von Brücken in den Kanal herab. Auch das Wasser ist von Staub bedeckt und voller Schutt. Rauchgeruch hängt in der Luft. Über alledem liegt Stille. »Kein Lebenslaut von Mensch oder Tier, von Auto, Radio oder Straßenbahn«, schreibt die namenlose Frau in ihr Tagebuch. »Nur lastende Stille, in der wir unsere Schritte hören.«[140]

Ich versuche mehrmals, dieses Bild in meine unmittelbare Umgebung zu projizieren und es über das Bild zu legen, das sich mir beim Blick aus dem Fenster bietet, wie transparente Blätter, die man bei der Herstellung von Trickfilmen verwendet. Doch ist der Unterschied allzu extrem. Nicht nur die Landschaft selbst, sondern auch die verlotterten Gestalten der Soldaten der Roten Armee, die alliierten Truppen, gefangengenommene Deutsche und erschöpfte Frauen und Kinder. Pferde werden auf dem Bürgersteig geschlachtet und mit Buttermessern zerstückelt, Fleischstücke werden herausgeschnitten, während das Fell des Tiers noch zittert und die Augen in seinem Schädel rollen. Zehntausende Frauen werden vergewaltigt – nach manchen Schätzungen mehr als 100 000 –, hauptsächlich, wenngleich nicht ausschließlich, von Angehörigen der russischen Besatzungstruppen.[141] Albtraumszenarien dieser Art werden zu einer bösartigen Obsession und wiederholen sich in meinem Kopf wie in einer Endlosschleife. Dieser Augenblick – Stillstand – zieht mich hinunter und verhindert ein weiteres Vorankommen.

Denselben Orientierungsverlust und dieselbe Stagnation der Zeit finde ich in einem Buch mit Schwarzweißfotografien von Michael Schmidt, das den Titel *Berlin nach 45* trägt. Die Fotos, eher Abstufungen von Grau als Aufnahmen mit klaren Kontrasten, zeigen die Nachwirkungen. Nackte, exponierte Wände, Streifen dunklen Asphalts, hochaufragende Gebäude, unregelmäßig geformte Solitäre vor gesichtslosen Horizonten. Vordergründe voll ungehemmt wuchernden Unkrauts nehmen die Hälfte oder zwei Drittel des Bildes ein. Die Straßen – ohne jegliche Präsenz, ohne Verkehr oder Bewegung und ohne eine Menschenseele – wirken abweisend. Von Bewohnern keine Spur.

Das Auge der Kamera durchforscht gewissenhaft diese desolaten Gelände. In alle Richtungen Leere: eine Mauer, eine Brache, eine Ruine. Die Anonymität der unerbittlichen Grauskala lässt nur schrittweise nach, wenn einzelne Objekte erkennbar werden, weil sie in unterschiedlichen Blickwinkeln auf mehreren Bildern auftauchen. Die gezackten Umrisse der Ruinen des Anhalter Bahnhofs. Das Excelsiorhaus, das sich in der Ferne abzeichnet. Die trostlose Masse des Anhalter Hochbunkers. Eine bloßgelegte Brandmauer von unterschiedlicher Höhe und der Länge eines ganzen Blocks. Diese fensterlosen Mauern waren nicht dazu bestimmt, gesehen zu werden. Gewöhnlich grenzten sie unmittelbar an die Brandmauern anderer Häuser und standen jetzt nur deshalb frei da, weil die Nachbarhäuser verschwunden waren. Obwohl immer wieder bekannte Bauwerke und zuweilen sogar Straßenschilder – Stresemannstraße, Hafenplatz, Schöneberger Straße – auftauchen, vermag ich die Aufnahmestandorte für diese in einer endlosen Grauskala treibenden Bilder kaum zu bestimmen.

Der Titel von Schmidts Buch, *Berlin nach 45*, ist zugleich korrekt und irreführend. Die fünfundfünfzig darin enthaltenen Fotografien zeigen nur einen Bruchteil von Berlin und wurden sämtlich in den 1980er Jahren aufgenommen. Die Nachwirkungen dauern noch jahrzehntelang an. Die Bilder entstanden in den Straßen um den Anhalter Bahnhof, einem Teil Kreuzbergs, der im Westen und Süden von der Potsdamer Straße und dem Landwehrkanal, im Norden und Osten von der Zimmerstraße und der Prinzenstraße begrenzt wird. Dieses als »Südliche Friedrichstadt« bezeichnete Viertel wurde im 18. Jahrhundert zur Regierungszeit König Friedrich Wilhelms I. als Erweiterung des mittelalterlichen Stadtkerns angelegt.[142] Dieses Gebiet kann ich von meinem Küchenfenster aus sehen.

In seinem einleitenden Aufsatz zu Schmidts Buch entsinnt sich der Kurator, Archivar und Spezialist für Fotografie, Janos Frecot, als Kind mit dem Fahrrad dort unterwegs gewesen zu sein. »Ich erinnere mich, auf Radtouren, die ich als Schüler in den fünfziger Jahren durch das ehemals dicht bebaute Viertel unternahm, immer wieder Gebäude in der Ferne gesehen zu haben, die man seit Jahrzehnten nicht mehr als solitäre Gestalt hatte wahrnehmen können.«[143] Die Gebäude bildeten nicht mehr das »Häusermeer«, über das Walter Benjamin einst geschrieben hatte, sondern glichen nun einzelnen Schiffen auf einem flachen, weiten Meer. Die topografischen Fehlstellen, leeren Passagen und Baulücken in Häuserfronten beschreiben eine Archäologie der freigelegten, aufgeschlossenen und all ihrer Lebensorgane beraubten Stadt, in der »kein Zeichen von städtischem Leben« mehr zu sehen ist.[144] Am bemerkenswertesten ist angesichts der Entstehungszeit der Fotografien allerdings das Fehlen einer kohärenten Nachkriegsbebauung. Das Gebiet, das doch einmal das Kraftzentrum der Stadt gewesen war, gleicht nun einem aufgegebenen Randbezirk an den Grenzen eines geteilten Gebiets, »einer städtebaulichen Abraumhalde von beklemmendem Ausmaß«, wie Frecot es nennt.[145] Statt Erneuerung eine lähmende Trauer.

Schmidts Bilder stellen keine Abfolge dar, legen keinen narrativen Verlauf nahe; kein hoffnungsvoller Horizont lässt eine andere Zukunft erwarten als diese. Stattdessen zeichnen sie eine vieldeutige, in der Zeit gefangene Landschaft, die sich dem Erkennen widersetzt. In diesen Grenzregionen der Nachkriegsjahrzehnte herrschte kein Frieden, sondern eine Waffenruhe.[146] Nach zwölf Jahren eines barbarischen Totalitarismus ist Berlin zur Front im Kalten Krieg geworden. Der prekäre Gemütszustand, der die Stadt erfasst, prägt sich in ihre Landschaft ein. Auf Schmidts Fotos beschreibt das Terrain einen anhaltenden Schwebezustand – der Stadtentwicklung, aber auch des sozialen, politischen und emotionalen Fortschritts – und die funktionale Leere der Waffenruhe.

Michael Schmidt, im Oktober 1945 in Kreuzberg geboren, wurde in den letzten, aussichtslosen Monaten des Kriegs gezeugt. Die Kindersterblichkeit war in diesem Jahr extrem hoch; allein an Ruhr starben 1945 in Berlin 65 Prozent der Neugeborenen, vermerkt die Historikerin Alexandra Richie.[147] Die Fotos in *Berlin nach 45*, die Schmidt mit fünfunddreißig Jahren aufnahm, als er seine einsamen Kreise durch die Straßen zog, die er in- und auswendig kannte, sind auch autobiografisch. Für ihn ist das Heimat. »Seine Fotografien sprechen nicht von Geschichte«, schreibt Frecot, »diese ist in ihnen tatsächlich zu Bildform geworden, mit ihrem Gewicht scheinen sie gänzlich gesättigt«.[148] Fünfundzwanzig weitere Jahre vergingen, bevor Schmidt die Bilder 2005 in Buchform veröffentlichte, als bedurfte es des Abstands von einem Vierteljahrhundert, um sie überhaupt anzuschauen. Auch heute, nach weiteren fünfzehn Jahren, ist ihre Stille immer noch auf unheimliche Weise spürbar. Diese Bilder bieten uns nach Frecot »einen singulären Blick auf Stadt als steingewordene Katastrophe«.[149]

· · · · ·

Der zum Parapsychologen bekehrte britische Archäologe T. C. Lethbridge behauptete, vergangene Ereignisse würden in den »Kraftfeldern« von Objekten gespeichert und ließen sich theoretisch wie Tonbandaufzeichnungen wieder zugänglich machen und anhören – eine Vorstellung, die gelegentlich als »Steintonband-Theorie« bezeichnet wird. Lethbridges 1961 erschienenes Buch *Ghost and Ghoul* ist eine persönliche Forschungsgeschichte voll lebendiger Darstellungen seiner eigenen Auseinandersetzungen mit paranormalen Phänomenen. Er untersucht jeden einzelnen Fall wie ein Detektiv, der nach Hinweisen sucht, ob tatsächlich »in jedem alten Objekt etwas von seiner vergangenen Geschichte eingeschlossen ist, das nur auf die richtige Behandlung wartet, um wieder hervorzutreten«.[150] Er glaubte, Ereignisse, bei denen extrem viel Energie freigesetzt wird, könnten sich geradezu in den Stein eines Ortes einbrennen. Bruchstücke traumatischer

Erlebnisse wie Tod, Verrat, ein gebrochenes Herz, Selbstmord oder Krieg könnten über die Zeit immer wieder in Gestalt eines zurückgebliebenen Geists oder eines vagen atmosphärischen Nachhalls hervortreten. Sind in der Stadtlandschaft Berlins solche steinernen Echos hörbar, die durch vergangene Jahrzehnte bis in die Gegenwart hineinwirken? Können wir sie hören, lesen, dechiffrieren? Ist es das, was ich hier versuche?

Die Hypothese der morphischen Resonanz und des kollektiven Unbewussten wurde in den frühen 1980er Jahren von einem weiteren abtrünnigen britischen Naturwissenschaftler vorgelegt, dem Biologen Rupert Sheldrake, der in Cambridge und Harvard studiert hatte und sich wie Lethbridge von seiner Wissenschaft abwandte, um paranormale Phänomene zu erforschen. Nach Sheldrake ähneln »morphische Felder« kollektiven Gedächtnisbanken, die gemeinsame Erfahrung speichern. »Sie ermöglichen es Gedächtnissen, aus der Vergangenheit durch Raum und Zeit hindurchzugehen«, sagt er. »Sie helfen bei der Erklärung von Gewohnheiten, Erinnerungen, Instinkten, Telepathie und dem Richtungssinn. [...] Sie haben ein inneres Gedächtnis.«[151] Wegen seiner Forschungen zum Immateriellen wurde Sheldrake in den 1980er Jahren vom wissenschaftlichen Establishment verbannt, doch inzwischen ist die Erforschung der Epigenetik ein anerkanntes Fachgebiet. Die Epigenetik erforscht den generationenübergreifenden Einfluss vergangener Erfahrungen und die Vererbung erworbener Merkmale. Sie untersucht, in welcher Weise Verhalten und Umwelt genetisches Material prägen und die »Genexpression« berühren können. In Sheldrakes Augen können unorthodoxe Methoden in den Händen hochqualifizierter Wissenschaftlerinnen und Wissenschaftler zu unerwarteten Durchbrüchen führen. Die Feng-Shui-Meisterin Parvati ist derselben Ansicht: »Gedächtnisfelder sind überall um uns herum«, sagte sie, als sie mich zum ersten Mal in meiner Wohnung besuchte. »Jedes Ereignis wird in morphischen Feldern gespeichert, die einer Festplatte ähneln. Sie bleiben dort und bleiben wirksam, solange sie nicht freigesetzt werden.«

· · · · ·

»Das Vergangene ist nicht tot; es ist nicht einmal vergangen. Wir trennen es von uns ab und stellen uns fremd« – so beginnt Christa Wolfs 1976 erschienener Roman *Kindheitsmuster*.[152] Wolf war in der Nazizeit noch ein Kind und lebte in einer Stadt in Ostpreußen, die heute zu Polen gehört. Jeden Morgen ging sie in die Stadt und bog dort in die Hermann-Göring-Straße ein, um zur Volksschule in der Adolf-Hitler-Straße zu gelangen.[153] In den meisten Städten gab es Straßen mit diesen Namen. Die Königgrätzer Straße in Berlin, in der Theodor Fontanes Effi Briest gewohnt hatte, hieß von 1935 bis 1947 Göringstraße, bevor sie dann in Stresemannstraße umbenannt wurde. Im Januar 1945, als Christa Wolf fünfzehn Jahre alt war, flohen sie und ihre Familie auf einem Lastwagen, um der von Osten näherrückenden Roten Armee zu entkommen. Sie waren nun Flüchtlinge, einige wenige von fast sieben Millionen, die ihre Heimat verließen und Richtung Westen flohen.

Wolf erinnert sich, dass sie als Erwachsene einmal gemeinsam mit ihrem Mann, ihrem Bruder und ihrer halbwüchsigen Tochter die Stadt ihrer Kindheit besuchte. Bei dem Versuch, diese Reise nachzuerzählen, geistern durch die längst vergessenen und nun wiedererweckten Szenen schnappschussartige Erinnerungen an flüchtige Blicke oder abgebrochene Sätze, die Wolf ins Licht des aktuellen Erlebens hält, um sie im Rückblick genauer zu betrachten. Flackernde Eindrücke von Brutalität und Diskriminierung enthüllen unbeantwortete Kindheitsfragen. In einer Stadt aufzuwachsen, in der man die Straßen nach Hitler und seinen Leuten benannt hatte, die Mitgliedschaft in der Hitlerjugend obligatorisch war und zu Hause im Wohnzimmer ein Bild von Hitler an der Wand hing, hieß, gesättigt mit totalitärer Ideologie zu sein. Selbst in den katastrophalen ersten Monaten des Jahres 1945, so erinnert sich Wolf, vermochte ein Kind nicht zu glauben, dass der Zweite Weltkrieg jemals verloren werden könnte.

In Wolfs Befragung der Vergangenheit wird das Gedächtnis zu einer eigenständigen Figur, die den Gang der Erzählung mit ungebetenen Einwürfen aus der Bahn wirft. »Das Gedächtnis wird seinen Grund haben, auf ein gewisses Stichwort hin unerwartete Bilder anzubieten«, schreibt Wolf.[154] Für sie ist das Erinnern nicht bloß eine Reise in die Vergangenheit, sondern auch ein ethisches Unternehmen. »Ein ungeübtes Gedächtnis geht verloren, ist nicht mehr vorhanden, löst sich in nichts auf, eine alarmierende Vorstellung«, schreibt sie. »Zu entwickeln wäre also die Fähigkeit des Bewahrens. Vor deinem inneren Auge erscheinen Geisterarme, die in einem trüben Nebel herumtasten, zufällig.«[155]

Wenn Christa Wolf die Stadt ihrer Kindheit besucht und ihre Tochter bittet, sie dabei zu begleiten, versucht sie, die versiegelten Kammern ihres Gedächtnisses aufzubrechen und deren dumpfen Inhalt freizusetzen. Als sie über die relative Schuldlosigkeit ihrer eigenen Stellung als Kind nachdenkt, notiert sie in Klammern: »Du kommst nicht umhin, auf die Tatsache aufmerksam zu machen, daß in diesem Land Unschuld sich fast unfehlbar an Lebensjahren messen läßt.«[156] Die Unterdrückung der schmerzhaften Erinnerungen, der Schuld, der Schande und der Scham, die mit dem Standardspruch der Nachkriegszeit »Uns geht es doch gut« verkleistert wurden, war bei den Generationen, die den Krieg erlebt hatten, eine Arbeit des Unterbewussten. »Du aber, neunundzwanzig Jahre später, wirst dich fragen müssen«, so schreibt sie, »wieviel verkapselte Höhlen ein Gedächtnis aufnehmen kann, ehe es aufhören muß zu funktionieren. Wieviel Energie und welche Art Energie es dauernd aufwendet, die Kapseln, deren Wände mit der Zeit morsch und brüchig werden mögen, immer neu abzudichten.«[157]

· · · · ·

Schande und Scham sind unangenehme Themen. Wir können nicht anklagend mit dem Finger auf anderer Leute Schande zeigen, ohne uns zu fragen, was vielleicht in unseren eigenen sumpfigen Tiefen lauert. Schande mag keine Offenheit, sie möchte nicht enthüllt, geschweige denn untersucht und erörtert werden. Nur selten wird sie als gemeinsame Prüfung anerkannt, selbst wenn sie eine ganze Gesellschaft betrifft. Stattdessen eitert sie ungesehen dahin und verfestigt sich zu etwas, das hartnäckig individuell erscheint.

In Schriften über das Deutschland des 20. Jahrhunderts sind Schande und Scham ein häufiges Thema, ebenso wie deren Begleiterinnen Schuld und Verdrängung. Der während des Krieges in Bayern geborene deutsche Schriftsteller W. G. Sebald lebte bereits seit fast dreißig Jahren in England, als er 1999 einen Essay veröffentlichte, in dem er sich mit den Verwicklungen der deutschen Vergangenheit auseinandersetzte. »Der quasi-natürliche Reflex«, so schreibt er dort über die Deutschen nach dem Krieg, »war es, zu schweigen und sich abzuwenden«.[158]

> [D]er bis heute nicht zum Versiegen gekommene Strom psychischer Energie, dessen Quelle das von allen gehütete Geheimnis der in den Grundfesten unseres Staatswesens eingemauerten Leichen ist, ein Geheimnis, das die Deutschen in den Jahren nach dem Krieg fester aneinander band und heute noch bindet, als jede positive Zielsetzung, im Sinne etwa der Verwirklichung von Demokratie, es jemals vermochte.[159]

Mein Versuch, mich mit dieser Periode der deutschen Geschichte auseinanderzusetzen und in einer Vergangenheit herumzustochern, die nicht die meine ist, weckt auch in mir ein Gefühl der Scham, nach dem Muster: »Was bildet sie sich ein?« Wir Engländer haben unseren eigenen Stil bei der Verdrängung unangenehmer Dinge, zugeknöpft und nach dem Motto, sich nichts anmerken zu lassen. In England haben die gemeinsamen Gründe nationaler Schande und Scham mit der imperialen Vergangenheit kolonialer Verbrechen zu tun oder in jüngerer Zeit mit der Entscheidung, die Europäische Union zu verlassen. Wir haben sehr große Scham, wenn es um unseren Körper geht, weit mehr als die Deutschen. So ist es an englischen Stränden nicht allgemein akzeptiert, die Kleider vollständig abzulegen. Doch ein Großteil der englischen Scham wurzelt in der Klassenstruktur. Die relativen Positionen in der sozialen Hackordnung werden sehr fein durch Stimme und Ausdruck kalibriert und sind für jeden englischen Muttersprachler sogleich erkennbar. Unwillkürlich wird im Geiste eine Kalkulation vorgenommen, die eine relative Positionierung innerhalb der festgelegten Klassenhierarchie bestimmt. Je nach Kontext ist man im Vergleich entweder zu weit unten oder zu weit oben, und beides kann Schamgefühle auslösen.

Scham hängt von kulturellen Normen und den wahrgenommenen Reaktionen anderer Menschen ab und bedarf deshalb hinsichtlich ihrer Wirksamkeit eines Zeugen. Die eigene Scham ansprechen, heißt versuchen, eine Verbindung zu einem Zeugen herzustellen, also auf und nach vorn zu schauen statt auf den Boden. Den Blick eines anderen Menschen auf der Straße einzufangen. Einmal aus der Deckung zu kommen. Als Sebalds Essay in Deutschland erschien, wurde er kritisiert, weil er darin das Trauma behandele, das die Deutschen erlitten hätten. Konnten die Täter des Zweiten Weltkriegs auch als dessen Opfer angesehen werden? In einer Vorbemerkung schrieb Sebald, wenn es um die Zeit von 1930 bis 1950 gehe, sei es »immer ein Hinsehen und Wegschauen zugleich«.[160] Diese unausgesprochene Gruppendynamik verfestigte sich bald zu einer kulturellen Norm: »Man entschließt sich, zunächst aus reiner Panik, weiterzumachen, als wäre nichts gewesen.«[161]

· · · · ·

Moralisches Versagen, Fehlanpassung, Verlust. Für das ganze individuelle Leid während dieser Zeit der Niederlage in Deutschland, in der dem besetzten Territorium der Stadt täglich neue Machtverhältnisse aufgezwungen werden, steht ein leicht anzuführender Kontrapunkt bereit. Der Vergewaltigung Berliner Frauen durch Angehörige der Besatzungsarmeen hält man die von deutschen Soldaten in den ersten Kriegsjahren an der Ostfront begangenen Vergewaltigungen und Gräueltaten entgegen. Es besteht die Gefahr einer falschen Gleichsetzung, wenn die Traumata von vertriebenen Zivilisten, Flüchtlingen, Kriegsgefangenen oder denen, die Flächenbombardierungen erlebt haben, gegen den düsteren Monolithen des Holocaust gesetzt werden. Statt einer binären Anordnung mit einer klaren Trennung zwischen Tätern und Opfern gibt es einen weiten Bereich mit graduellen Grauabstufungen, in dem diverse Merkmale anderen Merkmalen gegenüberstehen. Die Berlinerinnen und Berliner, die diese Kriegsjahre überlebt hatten, waren in einem Opfer-Täter-Dilemma gefangen, in dem Unschuldige ins schmutzige Wasser der Komplizenschaft hinabgezogen und Fesseln per Implikation angelegt wurden.

In Berlin, wo ganze Familien in ausgebombten Häusern den Tod fanden, blieben viele Leichen ungeborgen und sickerten ins Wasser, den Boden, die Steine der verbliebenen Gebäude und die Wurzeln der 700 verbliebenen Bäume im Tiergarten ein. Die leeren Flächen allerorten wurden zu den

Narben der Stadt. Verstreute brachliegende Grundstücke, abgezäunt, verwildert und voll Unkraut jeglicher Art, waren nun ein integraler Bestandteil der städtischen Landschaft. In ihrem Zustand semipermanenter Herrenlosigkeit schienen sie auf verquere Weise den traumatischen Ereignissen der Vergangenheit Ausdruck zu verleihen. Ihre Verwahrlosung war zugleich Mahnung und Warnung.

· · · · ·

Anders als die Beichte, die den Beichtenden von seiner Schuld losspricht, ist die Therapie für Schande und Scham kein erlösender Ausdrucksakt, sondern eher eine breitere Einstellung der Offenheit gegenüber dem Leben. Scham ist mit Selbstverachtung belastet und trifft ganz unmittelbar das Selbstwertgefühl. Da sie eng mit Ängsten verflochten ist und von ihnen noch verstärkt wird, lässt sie sich ebenso schwer eingestehen wie loswerden. An die Stelle der Gefahr, entdeckt und zurückgewiesen zu werden, treten habitualisierte Muster des Ausweichens und Verdrängens: Angriff, Abwehr, Rückzug. Eine Einstellung der Offenheit ist da am schwersten von allem durchzuhalten.

Diese Offenheit gegenüber dem Leben fand ihr Gegenbild in den Einstellungen derer, die den Krieg in Deutschland überlebt hatten und in der vollkommenen Stille der Stadt verwundert und blinzelnd hervorkamen, während die Sonne über einer Ruinenlandschaft aufging. Es bedurfte einer gewaltigen Verdrängungsarbeit, wie sie längst schon in den Unterdrückungsmechanismen der preußischen Gesellschaft festgeschrieben war, um überhaupt zu überleben. Das Vergessen war ein unverzichtbares Werkzeug. Dieses Gruppenphänomen hatte weitreichende Folgen. Der Neurobiologe Gerald Hüther, ein Fachmann für die »Biologie der Angst«, beschreibt, wie ein traumatisiertes Volk »seine Offenheit, seine

Neugier und sein Vertrauen – und damit die Fähigkeit, sich auf Neues einzulassen« verliert.[162] Angesichts der äußeren Katastrophe wurde das Gleichgewicht durch Handeln und Gesten wiederhergestellt. Die nach dem Krieg Übriggebliebenen, hauptsächlich Frauen und Kinder, machten sich daran, den Schutt von den Straßen zu räumen, Ordnung ins Chaos der Ruinen zu bringen und die Stadt wieder aufzurichten. Reden wollten sie darüber nicht.

$$\bullet \ \bullet \ \bullet \ \bullet \ \bullet$$

In den Tagen unmittelbar nach meiner Entdeckung der Wasserlache auf meinem Küchenboden glaubte ich, was sich mir da enthüllte, habe etwas mit dem Zustand meiner Ehe zu tun. In gewisser Weise war ich dem Haus dankbar, dass es diese Krise beschleunigte, indem es darauf bestand, dass ich mir meine Situation genau ansah und mich ihr stellte. Ich brauchte längere Zeit, bis ich die volle Tragweite dieser Einladung erkannte, über mich selbst hinaus auf diesen Ort samt seiner Gegenwart und Vergangenheit zu blicken.

Ich schämte mich damals für meinen neuen Status als alleinstehende Frau. Ich schämte mich für das Zerbrechen meiner Familie und meine Unfähigkeit, ihre Teile zusammenzuhalten. Aber ich war auch wütend auf die Rücksichtslosigkeit, mit der mein früherer Ehemann diesen Statuswechsel akzeptierte; auf seine Bereitschaft, ein neues Kapitel zu öffnen und unser Familienleben aufzugeben. Er zog sich einfach aus allem heraus und ließ das Haus samt Inhalt ansonsten ungeschmälert zurück, als machte seine Abwesenheit gar keinen Unterschied. Eine Figur, die schweigend nach links von der Bühne abgeht. Das Schweigen war für keinen von uns beiden eine neue Reaktionsweise; das hier war lediglich dessen letzte Manifestation. Wir beide verstanden es gut, mit einem emotional reduzierten Zustand umzugehen: geschäftig bleiben, sein Leben aufbauen, eine anziehende Umgebung schaffen als strategische Abwehr gegen das Unglücklichsein.

Meine Erinnerungen aus diesen ersten verwirrenden Monaten sind vage und sporadisch, doch in einer meiner nachdrücklichsten sitze ich mit meinem jüngeren Sohn auf dem Fußboden seines Schlafzimmers und sortiere Legosteine nach ihren Farben. Ich weiß nicht mehr, was mich zu dieser nutzlosen Arbeit veranlasste, bei der mein Sohn neben mir saß und mir schweigend half, ohne den Sinn dieser Aufgabe in Frage zu stellen. Die zeitweilige Einordnung der Legosteine in gesonderte, farblich markierte Plastikbehälter war etwas, das wir zuwege bringen konnten. Ich fühlte mich dadurch besser, zumindest für den Augenblick. Es war eine Vermeidungsstrategie. Die einzige weitere lebhafte Erinnerung aus dieser ausgeblichenen Zeit betrifft uns drei, mich und meine beiden Söhne, wie wir jede Nacht aneinandergekuschelt in meinem großen Bett schliefen. Es war eine Entscheidung, die wir instinktiv trafen und über die wir niemals sprachen, an der wir jedoch festhielten, bis wir alle unser Gleichgewicht in unserer neuen Dreierkonstellation gefunden hatten.

• • • • •

Bestürzung und Verwirrung befiel jene, die nach dem Kriegsende aus dem Exil nach Berlin zurückkehrten. Gabriele Tergit beschreibt in ihren Erinnerungen, wie sie 1948 aus England wieder in ihrer Geburtsstadt eintraf. Sie wandert allein durch die ausgebombten Viertel. Der »alte Westen« ist nun eine wüste Ruinenlandschaft, die langsam wieder grün wird.

> Vom Haus am Landwehrkanal, in dem meine Eltern gewohnt hatten, wo ich von 1908–1928 ein Kind, ein Backfisch, im Krieg, in der Inflation, gewesen war, standen die

beiden Seiten mit den Erkern. In der Mitte wie ein versteinerter Wasserfall war das Treppenhaus eingestürzt.[163]

Bei der Abschätzung des Restes, der von der Architektur geblieben ist, legt Tergit ihre Erinnerungen über den desolaten Anblick, der sich ihr bietet. Ungläubig nimmt sie alles auf: die Landschaft, die Ruine, die gleichgültigen, keine Reue zeigenden Nazis. Sie trifft eine alte Freundin, die ihr von »dem furchtbaren Ersäufen von 12 000 Berlinern durch Hitler« erzählt, »der den Befehl gab, die Untergrundbahn, die voll von Flüchtlingen war, unter Wasser zu setzen, so wie sich überall die Nazis gerettet und die Bevölkerung ihrem Schicksal überlassen hatten«.[164]

Als Tergit sich verirrt, weil sie die Straßen, in denen sie aufgewachsen ist, nicht wiederzuerkennen vermag, fragt sie eine Frau nach dem Weg und erhält die gebrüllte Antwort:

> »Was fragen Sie denn mich? Ich gehöre doch nicht hierhin.« Ein Flüchtling, eine Vertriebene, die die Formen des Umgangs mit Menschen vergessen hatte. Was alles mag dazu beigetragen haben, die Erziehung durch Hitler, der Tod von Mann und Kindern, Hitlermädchen, deutsche Frauenschaft.[165]

Gerade dieses Mitgefühl, das Tergit so natürlich zum Ausdruck bringt, fehlte nach dem Krieg weiten Teilen der Berliner Bevölkerung – die nach der Vertreibung von Millionen Deutschen aus dem Osten täglich um 20 000 Menschen anwuchs. Die Lügenkultur, mit der die Nazipropaganda ihr Bild einer deutschen Überlegenheit aufgebaut hatte, führte nun dazu, dass die Bevölkerung die Fähigkeit verlor, den eigenen Sinnen zu trauen. Die verstreute verbliebene Bürgerschaft vernetzte sich aus purer Not neu.

Als Tergit den Potsdamer Platz, den »Eingang zum alten Berlin, Jahrzehnte sein Mittelpunkt«, erreicht, findet sie dort nur noch einen Schutthaufen. »Die Bahnhöfe kaputt, der schöne Potsdamer Bahnhof von Schwechten, der Anhalter Bahnhof, von dem ich Onkel und Tanten aus Süddeutschland abgeholt hatte, von wo ich zu den Großeltern gefahren war«.[166] Noch viele Jahre nach dem Krieg war das Gelände dieses Schutthaufens eine eingeebnete Ödfläche, auf der einen Seite durch die Berliner Mauer abgeschnitten und in den späten 1980er Jahren Ort des wilden, im Freien abgehaltenen »Polenmarkts«. Während der Geburtswehen der Stadterneuerung nach der Wiedervereinigung wurde die Fläche begrünt und in eine »Promenade« verwandelt, auch wenn kaum jemand dort promenieren möchte. Der grasbewachsene Hügel ähnelt einem langen grünen Teppich, unter den man die Gräuel des Zweiten Weltkriegs, die Eisenbahnschienen, den Schutt, Gebeine und alles Übrige gekehrt hat. Ein Anti-Denkmal, das des verschwundenen Bahnhofs nicht gedenkt, sondern ihn lediglich bedeckt. Man gab ihm Gabriele Tergits Namen.

· · · · ·

Hannah Arendts Beobachtungen bei ihrer Rückkehr nach Deutschland 1950 bleiben in ihrem Scharfsinn unübertroffen. Sie erkennt, dass die überlebenden Deutschen, durch ein Jahrzehnt totalitärer Herrschaft konditioniert, äußerst schlecht dafür gerüstet sind, mit der Zerstörung um sie her zurechtzukommen. »Der Totalitarismus vergiftet die Gesellschaft bis ins Mark«, schreibt sie.[167] »[D]ie Erfahrung des Totalitarismus hat sie jeden spontanen Ausdrucks und jeder Fähigkeit des Verstehens beraubt, so daß sie nun, wo die offizielle Richtschnur fehlt, gewissermaßen sprachlos und unfähig sind, irgendwelche Überlegungen zu artikulieren oder ihre Gefühle angemessen zum Ausdruck zu bringen.«[168] Es bestand eine tiefe Hilflosigkeit, nicht nur bei den Soldaten, die den Krieg ganz buchstäblich verloren hatten, sondern auch bei den Zivilisten, denen das Grundgerüst ihres Daseins abhandengekommen war.

> Beobachtet man die Deutschen, wie sie geschäftig durch die Ruinen ihrer tausendjährigen Geschichte stolpern und für die zerstörten Wahrzeichnen ein Achselzucken übrig haben, oder wie sie es einem verübeln, wenn man sie an die Schreckenstaten erinnert, welche die ganze übrige Welt nicht loslassen, dann begreift man, daß die Geschäftigkeit zu ihrer Hauptwaffe bei der Abwehr der Wirklichkeit geworden ist.[169]

Unfähig, der Zerstörung – dem sichtbaren Beweis ihres ethischen Versagens – ins Gesicht zu blicken, sahen viele weg. Plötzlich waren sie verletzlich, wie die nach Jahren sicheren Verbergens hinter dem Rücken anderer Gebäude bloßgelegten Brandmauern. Der Stillstand, diese fortdauernde Lähmung, hält solche Bloßstellung auf Distanz. Arbeiten wie die Reportagen von Arendt und Tergit oder Christa Wolfs bewusste Suche nach Erinnerungen können Klarheit schaffen, und auch unterbewusste Einwürfe des Gedächtnisses haben ihren Anteil. Sie alle fordern dasselbe: einen Durchbruch zur Sichtbarkeit.

• • • • •

Während ich kreuz und quer lese, um mir ein Bild von diesem Augenblick in der Vergangenheit zu machen und das Dilemma des Geisteszustands im Nachkriegsdeutschland zu verstehen, stoße ich immer wieder auf den Namen Mitscherlich. Der Psychoanalytiker Alexander und die Psychoanalytikerin Margarete Mitscherlich veröffentlichten 1967 ein bahnbrechendes Buch, das die Instrumente der Psychoanalyse auf

die verbreiteten emotionalen und sozialen Probleme im Westdeutschland der Nachkriegszeit anwandte. Das Buch mit dem
Titel *Die Unfähigkeit zu trauern* diagnostiziert eine Umleitung
der psychischen Energie in der westdeutschen Nachkriegs-
psyche. Viele Brücken zur unmittelbaren Vergangenheit waren
abgebrochen worden, und nur bestimmte Teile durften in Erinnerung bleiben.[170] Man entwickelte und praktizierte Ver-
meidungsstrategien, die für eine oberflächliche Freundlich-
keit sorgten. Wirtschaftlicher Fleiß wurde das gemeinsame
Ziel und überdeckte offene Wunden mit Arbeit, Wohlstand
und erstickenden Verwaltungsroutinen. Das durch die Ideologie der Nazis geschaffene Ich-Ideal wurde so grundlegend
zerstört, schreiben die Mitscherlichs, dass jeder Einzelne eine
massive Entwertung und psychische Verarmung erlebte. Es bedurfte unbewusster Selbsterhaltungsmechanismen, um die psychische Notlage zu überleben, die der Krieg mit sich brachte,
und um ein Versinken in alles durchdringender Melancholie
zu verhindern. Man lenkte die psychische Energie eher in die
Arbeit der Verleugnung als der Erinnerung, was wiederum zu
Unbeweglichkeit und psychischer Erstarrung führte – zu einer
»Ich-Entleerung«.[171] Das Buch der Mitscherlichs rührte an
zahlreichen langgehegten Tabus und versuchte, den Teufels-
kreis und jene reduzierte Realitätswahrnehmung zu durchbrechen, die ihre Spuren in der Bevölkerung hinterlassen hatten. Die kollektive Befindlichkeit, die dieses leidenschaftliche
Buch umreißt, gleicht dem Stillstand, der Michael Schmidts
Fotografien in *Berlin nach 45* durchzieht.

Trotz der Entschlossenheit, die aus dem unglaublichen
deutschen Wort »Vergangenheitsbewältigung« spricht – Um-
gang und Abrechnung mit der Vergangenheit im Anschluss
an das Buch der Mitscherlichs und die Studentenbewegung
von 1968 –, hielten unbewusste Verdrängungsmechanismen
die Vergangenheit auch weiterhin auf Distanz. Selbst mehr als
vierzig Jahre nach der Veröffentlichung dieser Erkenntnisse

sind viele der aufgezeigten Probleme immer noch ungelöst. In einem 2011 erschienen Buch mit dem Titel *Die geheimen Ängste der Deutschen* schreibt die Familientherapeutin Gabriele Baring: »Die Vorstellung, dass ein normaler Mensch Erlebnisse, wie sie zum Krieg, zu Diktaturen gehören, folgenlos verarbeiten kann, hat sich bis auf den heutigen Tag erhalten.«[172]

Auf der Grundlage eigener Erfahrungen als systemische Therapeutin verwendet Baring Fälle aus ihrer Praxis, um den langen Schatten zu verdeutlichen, den der Krieg über jene wirft, die ihn selbst erlebt haben, aber auch über deren Kinder und Kindeskinder. Sie schreibt: »In der gelebten Trauer liegt die Chance zur Versöhnung.«[173] In ihrem Buch finden sich zahlreiche Ausdrücke, die eine Unterbrechung im Fluss der Gefühle signalisieren: »Gefühlsstau«, »Blockaden«, »Abkapselung«. Da ist »Schuld«, aber vor allem »Schweigen«. Das Leben vieler Menschen wurde geprägt von der Bürde eines Familiengeheimnisses und der düsteren, niederdrückenden Last eines Traumas, das kein Ventil und keinen Ausdruck finden konnte. Wie viele unausgedrückte Erinnerungen und Jahrzehnte unvergossener Tränen sind in den Berliner Ödflächen der Nachkriegszeit eingeschlossen?

Während ich weiter hinausschaue und die Teile untersuche, die der Blick aus dem Fenster mir bietet, wird mir klar, dass es bei dessen Botschaft auch um das Haus, den Ort, das Land, die Seele der Stadt geht. Um den Akt des Erkennens als solchen. Nach 1945, als in meinem Block alle Häuser bis auf drei verschwunden waren, gab es Verluste, die sich schwerer visualisieren lassen. Die Katastrophen, die in den Steinen der Gebäude festgehalten sind. Der Schwall unterdrückter Emotionen, der sich in die Ströme unter den Straßen der Stadt ergoss. Die unausgesprochene Trauer, die in den Grundstrom des erhöhten Wasserspiegels einsickerte.

XVI.
SACKGASSE

IN DEN ERSTEN TAGEN DES MAI 1945 schickte die Rote Armee Ausrufer durch die Straßen Berlins, die alle Einwohner zwischen fünfzehn und fünfundfünfzig Jahren aufforderten, sich zum Dienst zu melden und den Schutt wegzuräumen. Da es kaum noch Männer gab, fiel diese Arbeit hauptsächlich den Frauen zu, die lange Ketten bildeten und Ziegel oder Steine einzeln von Hand zu Hand weiterreichten. Nach Augenzeugenberichten war Berlin damals eine Stadt der Frauen:

> Überall waren Frauen, allein, in Paaren oder Gruppen, die in Cafés selbst für ihre Getränke zahlten, Holz hackten, Trümmer wegräumten, Männerarbeit verrichteten. Als es Winter wurde, trug jede dritte Frau, jedes dritte Mädchen draußen Hosen ihres abwesenden Ehemanns, Bruders oder Sohns.[174]

Diese »Trümmerfrauen« brachten wieder einen Anschein von Ordnung in ihre Umgebung. Zugleich waren Nazis plötzlich nirgendwo mehr zu sehen. »Das geschah ganz schnell«, erinnerte sich eine Zeitzeugin. »Sie waren plötzlich anders gekleidet, die Uniformen waren verschwunden, keinerlei Rangabzeichen mehr, und sie alle waren angeblich ›gezwungen‹ worden […]. Der Wechsel erfolgte so schnell, es war ein Witz.«[175] Sie machten sich unsichtbar. Unterdessen begannen die sowjetischen Besatzer, Werkstätten und Fabriken zu demontieren; sie beschlagnahmten Eigentum, Geld und Kunstwerke sowie Bücher und ganze Archive in Bibliotheken. Bis Herbst 1945 hatten sie nach Alexandra Richie »achtzig Prozent der Produktionskapazität für Werkzeugmaschinen und sechzig Prozent der Produktionskapazität in der Leichtindustrie und spezialisierten Branchen abgebaut, außerdem Hunderte von Schienenfahrzeugen und Schienen«.[176]

· · · · ·

Die Spielzeugproduktion war während des Krieges offiziell eingestellt worden. Inmitten fallender Bomben und massenhafter Evakuierungen kann es auch kaum große Nachfrage nach den Papierspielen der Salas gegeben haben, und ganz sicher nicht nach dem »Führer-Quartett«. Die Brüder Sala waren zu alt, um noch eingezogen zu werden, auch wenn in den letzten Monaten des Kriegs, als ganze Generationen bereits gefallen oder in Gefangenschaft geraten waren, ältere Männer und halbwüchsige Jungen hinausgeschickt wurden, um das zum Untergang verurteilte Nazideutschland zu verteidigen.

Meine Versuche, mehr über die Aktivitäten der Salas in den Kriegsjahren zu erfahren, sind erfolglos geblieben. Nachdem ich aus den das Haus betreffenden Bauakten möglichst viel für die Erzählung herausgequetscht habe, beschließe ich, das Landesarchiv aufzusuchen. Das vom Anhalter Bahnhof aus mit der S-Bahn Richtung Norden in vierzig Minuten erreichbare Archiv ist in einem roten Ziegelbau aus dem 19. Jahrhundert untergebracht, der kürzlich einer unglücklichen Innenrenovierung mit eingefügten Glaselementen und einer ambitionierten Beschilderung unterzogen wurde. Die Leute am Empfang sind entgegenkommend und hilfsbereit und weisen mir den Weg zu einem Schreibtisch im Leseraum, wo ich meine Lieblingsstichwörter in die Suchmaske der Datenbank eingebe. Die Anfrage »Landwehrkanal« erbringt mehr als tausend Einträge und zusätzlich zwölfhundert Abbildungen. Da gibt es Polizeiakten aus den 1930er Jahren, die mutmaßliche Morde oder Selbstmorde betreffen: weitere Leichen, die aus dem Wasser gezogen wurden. Ein 1899 entstandenes Bild zeigt die Schöneberger Brücke, eine steinerne Bogenbrücke mit aus dem Stein gehauenen Krenellierungen, auf dem Wasser davor Boote. Dieselbe Brücke finde ich auf einem Bild von 1945, die Innereien hängen im Wasser, dahinter ausgebombte Häuser. Ist eines von ihnen das Haus der Salas? Das lässt sich nicht erkennen. Als ich den Namen »Sala« in die Datenbank eingebe, erscheint die amtliche Anmeldung des Familienbetriebs, die schon 1848 erfolgte. Detaillierte Akten über die Firma Sala-Spiele finden sich nicht. Ich bin in eine Sackgasse geraten. Jetzt gibt es nur noch ein Archiv, das ich konsultieren kann: das Bundesarchiv. Dort werden die Mitgliedsverzeichnisse der NSDAP aufbewahrt. Ich fülle das Online-Datenabfrage-Formular aus, überweise die fünfzehn Euro Bearbeitungsgebühr und warte, was da kommen mag.

• • • • •

Als der Krieg zu Ende war und Berlin in einen dauerhaften Schwebezustand geriet, verwandelte sich der Status der Stadt praktisch über Nacht aus einem Ziel im Fadenkreuz eines militärischen Konflikts in dessen rücksichtslos umkämpften Lohn. Schon 1943 hatten die Alliierten geografische Entscheidungen über die Aufteilung Deutschlands skizziert, doch über die endgültige Grenzziehung einigten sich die »Großen Drei«, die USA, die UdSSR und Großbritannien, erst auf einer Konferenz im Juli 1945. Sie fand statt im Schloss Cecilienhof bei Potsdam, umgeben von Lennés Gartenanlagen am Ufer des Heiligen Sees. Auf einem Stadtplan Berlins zog man eine grobe Zickzacklinie, mit der man die Stadt in vier Sektoren aufteilte, je einen für die USA, Großbritannien, Frankreich und die UdSSR, die unter einer gemeinsamen Verwaltung stehen sollten. Deutschland mochte als Territorium noch existieren, aber seine Souveränität war passé.

Ich besitze einen Stadtplan von 1952, in dem die Sektorengrenzen durch eine dicke rote Linie markiert sind. Der erratische Verlauf dieser Linie wird noch extremer, wo sie sich meinem Viertel nähert. Sie führt nah am Ostrand des Tiergartens und unmittelbar vor dem Brandenburger Tor vorbei, biegt auf der Lennéstraße scharf nach rechts, dann auf der Bellevuestraße scharf nach links ab und bildet so ein aggressives Dreieck, das als Lenné-Dreieck bekannt wurde. An der nächsten Ecke wendet die Linie sich wieder nach rechts und umschließt auf allen drei Seiten die leere Fläche, auf der sich einst der Potsdamer Bahnhof und dessen Gleisanlagen befanden, bevor sie dann entlang der Stresemannstraße verläuft und schließlich ostwärts Richtung Kreuzberg führt. Die Umwege dieses gezackten Verlaufs ergeben keinen Sinn, wenn man sie auf der Karte betrachtet. Ihre Logik basiert auf territorialen Streitereien und politischen Rangeleien um die Frage, wem am Ende des Krieges was zufallen sollte. Das Gebiet, ein paar Jahre zuvor noch das pulsierende Zentrum der Stadt, war nun nicht mehr als der ausgefranste Rand zwischen den Territorien verschiedener Besatzungsmächte.

Das Haus der Salas am Ufer landete schließlich im amerikanischen Sektor Westberlins, nur zwei Blocks weiter begann der britische Sektor, während jenseits des Kanals hinter dem Anhalter Bahnhof der sowjetische Sektor anfing. Das Haus befand sich fast genau an der Spitze des Dreiecks, an dem diese drei Sektoren zusammenkamen. Ein kurzer Spaziergang in alle Richtungen, und man unterstand den Gesetzen einer anderen Besatzungsmacht. Das Gebäude der Reichsbahndirektion, das den Krieg unversehrt überstanden hatte, landete haarscharf gleichfalls im amerikanischen Sektor. Die Eisenbahnen selbst blieben jedoch unter sowjetischer Kontrolle. In den ersten Jahren nach dem Krieg benutzte die sowjetische Militärverwaltung das Gebäude weiterhin, doch als die Konfrontation zwischen den Besatzungsmächten sich verschärfte, wurde es zu einem Faustpfand in einem Gebietsstreit. Wie bei jedem Ereignis in diesen turbulenten Jahren hängt dessen Darstellung von der jeweiligen Perspektive ab. Zu jeder Erzählung aus dieser Zeit gibt es eine östliche und eine westliche Version.

Diese Streitigkeiten dürften die Salas ebenso betroffen haben wie alle Berliner. Vielleicht sogar stärker, wenn man ihre besondere Nähe zu den Orten dieser Konflikte bedenkt. Aber die einzigen Dokumente, die ich aus dieser Zeit finden konnte, sind Pläne aus der Bauaktenkammer wie die von 1947, in denen es darum ging, die Wohnungen im Vorderhaus von denen im Seitenflügel zu trennen und eine unhandliche Wohnung pro Stockwerk in handlichere Teile zu zerlegen.

· · · · ·

Als mein Ex-Mann für immer auszog, da ließ er auch alles zurück, was sich in der Wohnung befand. Das Geschirr und Besteck, das seine Mutter gekauft hatte, die Möbel und die Stereoanlage, die Bettwäsche und die Handtücher, die Leiter und den Werkzeugkasten, die Bücher. Einmal kam er zurück, um seine Kleidung und einige seiner Lieblingskunstwerke abzuholen, doch das war alles. Damals fühlte sich das wie eine brutale Extraktion an, als würde sich das herausgetrennte Loch, das er in der Gestalt des Vaters und Ehemanns zurückgelassen hatte, einfach wieder schließen und zusammenwachsen. Die Stunde null unserer Beziehung. Heute sehe ich es anders, eher als eine Art Mitgift, mit der ich einen vollkommen neuen Lebensabschnitt beginnen konnte. In unserem Scheidungsvertrag wurde die Wohnung am Tempelhofer Ufer mir überschrieben. Wie die Salas vor mir trenne ich den Seitenflügel ab, teile ihn in zwei Wohnungen auf, um ihn bewohnbarer zu machen, und hoffe, den abgetrennten Seitenflügel vermieten zu können. Was das Einkommen betrifft, ist es besser, sich auf Mauern als auf Worte zu verlassen. Ich bin jetzt eine besitzende bürgerliche Frau mit Haus, die am Wasser wohnt.

● ● ● ● ●

1947 war klar, dass die Kriegsallianz beendet war. Die Sowjets begannen mit Störaktionen und einer Einschüchterungskampagne – sie unterbrachen ohne Vorwarnung die Wasser- und Stromversorgung, entführten Offizielle unter dem Vorwand der Entnazifizierung, töteten und inhaftierten Zehntausende von Menschen, um die Alliierten zum Abzug zu zwingen. Als die Gewalt im folgenden Jahr eskalierte, warf das amerikanische Militär die Sowjets aus dem Gebäude der Reichsbahndirektion, doch als im Gegenzug der S-Bahn-Verkehr in Westberlin eingestellt wurde, machten sie rasch einen Rückzieher. Wenig später stürmten zweihundert Bahnangehörige die Reichsbahndirektion und verlangten, in D-Mark statt in Ostmark bezahlt zu werden. Die Währungsreform, mit der die D-Mark auch nach Westberlin kam, sollte die galoppierende Inflation eindämmen, dem Geld seine übliche Funktion zurückgeben und den Schwarzmarkt unter Kontrolle bringen. Die Sowjets verlegten ihre Eisenbahnverwaltung schließlich nach Ostberlin, doch die Feindseligkeit, die in diesem Konflikt aufgeflammt war, führte zu einer Strategie der Entführung US-amerikanischer Züge. Die Sowjets kreisten die Stadt ein, und die zahlenmäßig deutlich unterlegenen Westalliierten vermochten dagegen kaum etwas auszurichten. Die Blockade Berlins begann.

Über den Dächern des Deutschen Technikmuseums, zwei Blocks von unserem Haus entfernt, schwebt ein silbernes Flugzeug – einer der »Rosinenbomber«, die im Rahmen der im April 1948 eingerichteten »Luftbrücke« die Stadt mit lebenswichtigen Gütern versorgten. Von meinem Balkon aus kann ich das Flugzeug sehen, sobald ich nach rechts am Kanal entlang blicke. Wenn es seiner imaginären Flugbahn folgte, würde es direkt in den Turm des Hobrechtschen Pumpwerks stürzen. Als die Blockade im Mai 1949 aufgehoben wurde, galten die alliierten Truppen als wohlwollende Schutzmacht, während die Sowjets wegen ihrer Unterdrückung und Tyrannei gefürchtet wurden. Westberlin war jedoch auch weiterhin auf Hilfe von außen angewiesen. Die eigene Wirtschaft war nicht überlebensfähig. An dem Tag, als Stalin die Blockade aufhob, wurde das Grundgesetz des neuen Weststaats, der Bundesrepublik Deutschland, veröffentlicht. Wenige Monate später folgte die Gründung der Deutschen Demokratischen Republik. Berlin war nun nicht nur eine zerstörte Stadt, die sich von den Auswirkungen des Krieges erholte, sondern auch ein starkes Symbol für die Spaltung des Kalten Kriegs.

• • • • •

Eines Abends im Januar – ich habe den ganzen Tag am Schreibtisch mit dem Versuch verbracht, diese hartnäckig verwickelte Nachkriegszeit zu verstehen, und will gerade das Abendessen für die Jungs machen – sehe ich ein letztes Mal nach den E-Mails und bemerke, dass eine Nachricht des Bundesarchivs eingetroffen ist. Ich hatte meine Bitte um Informationen über die Salas ganz vergessen und gar nicht mehr erwartet, eine Antwort zu erhalten. Einigermaßen beklommen öffne ich die Mail. Ein Herr Schelter informiert mich über seine Nachforschungen zum Sala-Spiele-Verlag und den Brüdern Bruno und Curt Sala. Zwei Akten hat er gefunden. Ich klicke auf das erste PDF. Es ist ein Scan beider Seiten einer grau-grünen Karteikarte: NSDAP-Mitgliedsnummer 1106760, Curt Sala, Tempelhofer Ufer, geboren am 1.6.1890. Curt Sala trat am 1. Mai 1932 in die Partei ein. 1932! Schon bevor Hitler Reichskanzler wurde! Curt Sala war ein überzeugter Nazi. Mein Herz wird schwer, und mir wird kalt, während ich hier in der Küche stehe und auf dieses Dokument auf meinem Computerbildschirm starre. Mit noch größerer Beklommenheit öffne ich das zweite PDF. Ich sehe eine kleinere, orangefarbene Karte, gleichfalls für Curt, diesmal mit »K« geschrieben, aber mit derselben Mitgliedsnummer. Ein kleines schwarzweißes Passfoto ist auf die Rückseite getackert – mit Datum vom 16.6.1934. Das war nicht die Nachricht, auf die ich gehofft hatte. Ich fühle mich niedergeschlagen, enttäuscht und abgestoßen. Das ernste Gesicht auf dem Passfoto blickt mich von meinem Bildschirm her an: ein gewöhnlich aussehender, bereits kahl werdender Mann mit hervorstehender Nase, in Anzug und Krawatte.

Meine Empfindungen, der Wunsch, eine makellose Vergangenheit zu entdecken – so müssen Menschen sich fühlen, die Einsicht in Akten über Mitglieder ihrer Familie nehmen. Ich kenne dieses Gefühl von meinem Besuch im Archiv des Deutschen Historischen Museums und meinen nachdrücklichen Fragen zum »Führer-Quartett«, als ich nach Bestätigung für die Mutmaßung suchte, dass die Salas zu dessen Herstellung gezwungen worden waren und es nicht aus freien Stücken gedruckt hatten. Die äußerste Transparenz, mit der das Bundesarchiv mir schlicht und effektiv diese Akten als Antwort auf meine Anfrage schickte, ist eindrucksvoll. Es ist ein erfrischendes Gegengift wider den Wunsch, unbequeme Teile der Vergangenheit zu begraben. Eine Mitgliedskarte Bruno Salas wurde mir dagegen nicht geschickt – heißt das, er war kein Mitglied der NSDAP? Am folgenden Tag rufe ich Herrn Schelter im Bundesarchiv an und frage ihn danach. Hilfsbereit und freundlich bestätigt er mir, dass er alle Parteiakten in den beiden verschiedenen Archivsystemen durchsucht und nichts zu Bruno gefunden hat. Man könne es nicht vollkommen ausschließen, aber es sei sehr unwahrscheinlich, dass er Parteimitglied war. Das fühlt sich immerhin wie eine Erleichterung an. Doch taucht damit eine weitere Bruchlinie auf, diesmal zwischen den beiden Brüdern und Geschäftspartnern, die gemeinsam am Ufer wohnten, auf entgegengesetzten Seiten dieser ideologischen Spaltung.

Am 3. Juli 1952, eine Viertelstunde nach Mitternacht, stirbt Curt Sala. Sein Tod wird vom Internet-Ahnenarchiv beglaubigt, danach starb er »in der Wohnung«, auch wenn nicht gesagt wird, ob im Vorderhaus oder im Seitenflügel. Als Todesursache – nicht von seiner Ehefrau Charlotte, sondern einem gewissen »Ernst Otto«, einem Handelsvertreter, wohnhaft in der Yorckstraße 1, bestätigt – wird »Aderverkalkung, Herzschwäche« angegeben.

• • • • •

Die vom Alliierten Kontrollrat 1946 in die Wege geleitete Entnazifizierung der deutschen Bevölkerung war ein hochgradig belasteter Prozess mit nur begrenztem Erfolg. Die Entnazifizierung stieß auf praktische Schwierigkeiten, denn die Nazis und ihre Doktrin hatten systematisch alle Lebensbereiche und Gesellschaftsschichten durchdrungen, und es gab keine klaren Kriterien, mit deren Hilfe sich unterscheiden ließ, wer ein Nazi war und wer nicht. Hannah Arendt schreibt dazu:

Die Ungerechtigkeiten des Entnazifizierungssystems waren so simpel wie monoton: Der städtische Müllfahrer, der unter Hitler entweder Parteimitglied werden oder sich nach einem anderen Beruf umsehen mußte, verfing sich im Netz der Entnazifizierung, wohingegen seine Vorgesetzten entweder ungeschoren davonkamen, weil sie wußten, wie man diese Sache regelt, oder dieselbe Strafe erhielten wie er; für sie war das natürlich eine viel harmlosere Angelegenheit.[177]

In *Die Unfähigkeit zu trauern* gelangen Alexander und Margarete Mitscherlich zu dem Schluss, dass viele alte Nazis während des Wiederaufbaus in Westdeutschland wieder in hohe und verantwortungsvolle Stellungen gelangt waren, während man für die Aufarbeitung der Verbrechen der Nazizeit nicht genug getan hatte. Allzu oft wurde die Vergangenheit einfach abgeschrieben. In der sowjetischen Besatzungszone hatten die Behörden Mitglieder der NSDAP dagegen rasch ausfindig gemacht und in Lagern interniert. Damit sicherte sich Ostdeutschland das Vorrecht, sich selbst zu einem »antifaschistischen Staat« zu erklären, obwohl gleichzeitig auch viele politische Gegner inhaftiert wurden und unter dem bequemen Vorwand der Entnazifizierung in Schach gehalten werden konnten.

• • • • •

In beiden Teilen der Stadt machte man sich geradezu manisch an den Abriss der im Krieg zerstörten Gebäude, ebnete sie ein und brachte die Trümmer in die Außenbezirke, wo man sie aufhäufte und mit einer Grasdecke überzog, sodass dort künstliche Hügel in einer ansonsten vollkommen flachen Landschaft entstanden. Das Nachkriegsberlin galt vielen als eine Tabula rasa, die es möglich machte, die Stadt radikal neu zu denken und in der Theorie einen deutlichen Bruch mit der Vergangenheit zu vollziehen. Schon 1946 legte eine Gruppe von Architekten, darunter Hans Scharoun und Wils Ebert, einen »Kollektivplan« vor. Scharoun behandelte die Stadt als »Stadtlandschaft«, deren Gestalt dem Vorbild des Urstromtals folgte. Der Plan sah vor, die engen Straßen und mächtigen Mietshäuser aus Hobrechts Zeiten hinwegzufegen, die dichte Bebauung mit zahlreichen Grünflächen aufzubrechen und diese nun saubere Platte mit einem rechteckigen Netz aus Schnellverkehrsadern zu überziehen. Man wollte nicht nur Straßen und Gebäude, sondern die gesamte Infrastruktur abräumen, einschließlich der aus dem 19. Jahrhundert stammenden Kanalisation sowie des Straßenbahn- und U-Bahnnetzes, ohne dabei auf die grundlegenden Bedürfnisse einer bereits schwer getroffenen Bevölkerung zu achten. Aus diesen Gründen wurde der »Kollektivplan« als »utopisch« eingestuft und schließlich verworfen.

Ungeachtet der kolossalen Schäden, die der Zweite Weltkrieg hinterlassen hatte, war die Stadt aus städtebaulicher und stadtplanerischer Perspektive doch um Haaresbreite einem weiteren fürchterlichen Schicksal entgangen: Germania, der neu zu erbauenden, von Hitler gemeinsam mit seinem obersten Architekten Albert Speer erdachten Hauptstadt des »Tausendjährigen Reiches«. Während Hobrecht im Blick auf den Charakter des Berliner Terrains eine Laissezfaire-Einstellung an den Tag legte, als er 1862 seine Pläne erstellte, zielte Speer auf dessen vollkommene Beherrschung. Bei der Konzeption der Hauptstadt plante er, die Achse von Ost-West auf Nord-Süd zu verdrehen und so in Zeiten zurückzukehren, bevor sich das Warschau-Berliner Urstromtal seinen geologischen Weg durch die gesamte Region gebahnt hatte. Seine überspannte Mischung aus gigantomanischen Typologien, erdrückenden Symmetrien und unerbittlich rechten Winkeln zielte darauf ab, alles abzuräumen, was im Wege stand. Hitler besuchte in der Kriegszeit nahezu täglich die streng geheimen, maßstabgetreuen Modelle, die in Speers Amtsräumen in der Akademie der Künste aufbewahrt wurden, während sowohl seine Schlachtpläne als auch seine Visionen für die Stadt von einer zunehmenden geistigen Verwirrung zeugten.

Neben der Potsdamer Brücke sollte ein neuer Platz entstehen, von dem aus eine schnurgerade Linie Richtung Süden gezogen wurde. Alle Gebäude, die im Wege standen, darunter auch das Haus der Salas und dessen Nachbarhäuser, die Reichsbahndirektion und Hobrechts Pumpwerk, sollten wegradiert werden. Die neue Nord-Süd-Achse – breiter als die Champs-Élysées, wie Hitler gern prahlte – hätte den gesamten Eisenbahnkomplex des Potsdamer und des Anhalter Bahnhofs samt Gleisen und Bahnbetriebswerken ausgelöscht. Das Grundstück, auf dem mein Haus steht, hätte dann zwischen dem Propagandaministerium und dem Gebäude der IG Farben, des auf die faschistische Linie gebrachten Chemie- und Pharmariesen, gelegen. Germania sollte eine künstliche Stadt für acht Millionen Menschen werden: bereitwillige Massen für Propagandaspektakel der Nazis vor einem Hintergrund von maximaler Größe und Strenge. Bis 1937 hatte man bereits zahlreiche Grundstücke enteignet, und im Juni 1938 legte Hitler den ersten Grundstein für die Nord-Süd-Achse. Der Bau, für den Speer Tausende von Zwangsarbeitern in die Stadt holte, wurde bis März 1943 fortgesetzt und geriet erst durch die Niederlagen auf den Kriegsschauplätzen und die ständigen Flächenbombardements der Alliierten ins Stocken.

• • • • •

Die westdeutsche Regierung kämpfte 1958 immer noch mit der Entscheidung, wie die Westhälfte der Stadt wiederaufgebaut werden sollte, und richtete deshalb einen Wettbewerb mit dem Titel »Hauptstadt Berlin« aus. Die Ausschreibung selbst hatte utopischen Charakter, denn sie verlangte Pläne zur Umgestaltung Berlins, die so taten, als handelte es sich um eine vereinigte Hauptstadt. Der Vorschlag von Scharoun und Ebert, der allgemein als das beste Konzept galt, ließ erneut den Wunsch nach Abriss erkennen: Diesmal sollten nahezu sämtliche Gebäude aus der Vorkriegszeit niedergelegt werden. An ihrer Stelle sah der Vorschlag eine ausgedehnte Innenstadt mit weit verteilten Gebäuden und riesigen Fußgängerzonen vor, zu der man über sechs- oder achtspurige Stadtautobahnen gelangte. Große unterirdische Parkhäuser sollten die Straßen von parkenden Autos freihalten. Das größte von ihnen, fast 500 Meter breit und zwei Kilometer lang, sollte unter der Südlichen Friedrichstadt gebaut werden. Auch aus diesen Plänen wurde nichts, doch ein Aspekt erregte die Aufmerksamkeit des neuen Regierenden Bürgermeisters Willy Brandt: die Vision einer autogerechten Stadt.

• • • • •

Nach dem Tod seines Bruders Curt 1952 ist Bruno Sala der alleinige Besitzer der Sala-Spiele. Aber erst 1956 reicht er Planungsanträge für die Reparatur des Vorderhausdaches ein. Da sind bereits mehr als zehn Jahre seit dem Kriegsende vergangen. Wie konnten sie hier ein Jahrzehnt lang unter einem schadhaften Dach leben? Die Wohnungen im ersten und zweiten Stock werden an Schneider vermietet, mit getrennten Räumen fürs Bügeln, das Lager, die Nähmaschinen und die Lehrlinge. Das Berliner Zimmer wird für Handarbeiten benutzt. Im Februar 1958 berichtet Bruno Sala, dass im dritten Stock des im Hinterhof stehenden Fabrikgebäudes die Abflussrohre ständig verstopft seien. Wenn ich das lese, muss ich an Klaus Theweleits Passagen über den Sumpf denken, den Morast, den »Schleier über den feuchten Niederungen«. In seinen Augen werden die Frauen mit allen vermischten Substanzen assoziiert, die durch »Fließfähigkeit« gekennzeichnet sind. Sie seien es, die mit und in all den schlammigen und breiigen

Dingen arbeiteten. »Der durchschnittliche bürgerliche Mann des Wilhelminismus hätte sich eher erschießen lassen, als diese Substanzen in einem Kontext zu berühren, der irgendwie an Frauenarbeit erinnert hätte«, schrieb er. Die Frau dagegen »reinigt den verstopften Ausguß vom schwarzen Schlamm und die Toilette […]; sie wischt die Fußböden und hat die Hände in der Jauche«. Sie sei es, die Grenzen überschreite und sich mit jenen »Vorgängen« befasse, »die vermischtes Fließen der Körper, am, im, auf, aus dem Körper sind«.[178]

Seltsamerweise sind gerade in dem Augenblick, da ich das schreibe, mehrere Ausgüsse und Abflüsse in unserer Wohnung verstopft. Nicht nur die Dusche, aus der immer noch dieser unangenehm modrige Geruch dringt, sondern auch das Handwaschbecken im Bad. Die Schuld daran gebe ich unserem Jüngsten, der gerade seine Haare wachsen lässt: lange blonde Strähnen bilden im Siphon zusammen mit Wachs eine verknäuelte Masse. Als dann auch noch das Handwaschbecken des Bads im Seitenflügel verstopft, beginnt es sich tatsächlich unheimlich anzufühlen. Das Vorkommnis lässt an das genaue Gegenteil des abwärts fließenden, auslaufenden Wassers denken, das uns bisher Sorgen bereitete. Wie soll ich das verstehen? Wie lässt sich ein verstopfter Abfluss, ein möbliertes Zimmer, ein bewohntes Haus, eine zerbrochene Familie, ein historisches Dilemma deuten? Abgesehen von solchen Interpretationsfragen ist das ein Problem, das ganz praktisch gelöst werden muss. Ich hole Werkzeug und Lappen und versuche, die Abflüsse freizubekommen.

· · · · ·

Während der gesamten 1950er Jahre ätzt die Verschanzung der östlichen und westlichen Supermächte, wie man sie in der neuen Weltordnung nennt, die Abgrenzungen des Kalten Kriegs in die Oberfläche der Stadt ein. Die Abwanderung von Menschen aus Ostdeutschland nach Westberlin nimmt ständig zu, als die sozialen Restriktionen in der DDR immer deutlicher zutage treten. 1958, inzwischen verlassen täglich hundert Menschen die DDR, erklärt Walter Ulbricht, Erster Sekretär des Zentralkomitees der Sozialistischen Einheitspartei Deutschlands (SED), die »Republikflucht« zu einem Verbrechen und verbreitet beängstigende Geschichten über die Verderbtheit Westdeutschlands. Das vermag den Weggang der Leute jedoch nicht zu stoppen. Die Flucht ist so einfach wie eine Fahrt über zwei U-Bahn-Stationen nach Westberlin. Die Flüchtlinge sind größtenteils junge, qualifizierte Arbeiter, Freiberufler und Hochschulabgänger – »die Elite der ostdeutschen Jugend«, die in Westdeutschland leicht eine Anstellung findet, wie Richie schreibt:

> Bis 1961 hatten mehr als 5000 Ärzte und Zahnärzte die DDR verlassen, desgleichen Hunderte von Professoren – einschließlich der gesamten juristischen Fakultät der Universität Leipzig; mehr als 2000 Naturwissenschaftler gingen weg, drei Viertel all derer, die unter fünfundvierzig waren. Dreißigtausend Studenten flohen, viele nur wenige Tage, nachdem sie ihr Diplom erhalten hatten. Manche Fälle solcher Abtrünnigkeit waren besonders peinlich. So ging 1961 die ostdeutsche Miss Universe in den Westen, und 4000 SED-Mitglieder taten es ihr nach.[179]

Am Abend des 12. August 1961 gab Ulbricht den Befehl, die Grenze zwischen Ost- und Westberlin zu schließen. Am nächsten Morgen verlieh man der auf dem Stadtplan gezogenen Linie physische Realität, erst mit Stacheldraht, dann mit einer hastig hochgezogenen Mauer aus Ziegelsteinen und Mörtel, die schließlich durch eine Mauer aus vorgefertigten Betonplatten ersetzt wurde.[180] Die Mauer, vier Meter hoch und dreiundvierzig Kilometer lang, umschließt ganz Westberlin.

Auf der Ostseite zieht sich ein Todesstreifen daran entlang, eine nur für Wachsoldaten zugängliche und mit Wachtürmen ausgestattete Sicherheitszone. Der Abfluss nach draußen ist eingedämmt.

»Es ist verboten, die Anerkennung der gegenwärtigen Grenzen beider deutscher Staaten als ein Faktum zu diskutieren, von dem man zunächst einmal auszugehen hat«, schrieben die Mitscherlichs über das Tabu, zu dem die Grenze geworden war.[181] In Westdeutschland wurde sie als physischer Ausdruck der Niederlage und des Souveränitätsverlustes Deutschlands verstanden. Da sie permanent an das Versagen erinnert, bezeichnen manche sie dort als »Mauer der Schande«. Im Osten lautet ihre offizielle Bezeichnung dagegen »antifaschistischer Schutzwall«. Die DDR war ein schwarzer Fleck auf der Seele der Bundesrepublik, aber wie es dem kontrapunktischen Narrativ der Zeit entspricht, war Westberlin ein schwarzer Fleck auf der Karte des kommunistischen Deutschlands. Auf DDR-Stadtplänen Berlins erscheint Westberlin als ein ausgelöschtes Gebiet.[182] Fährt man immer geradeaus, landet man überall in Westberlin am Ende unweigerlich in einer Sackgasse.

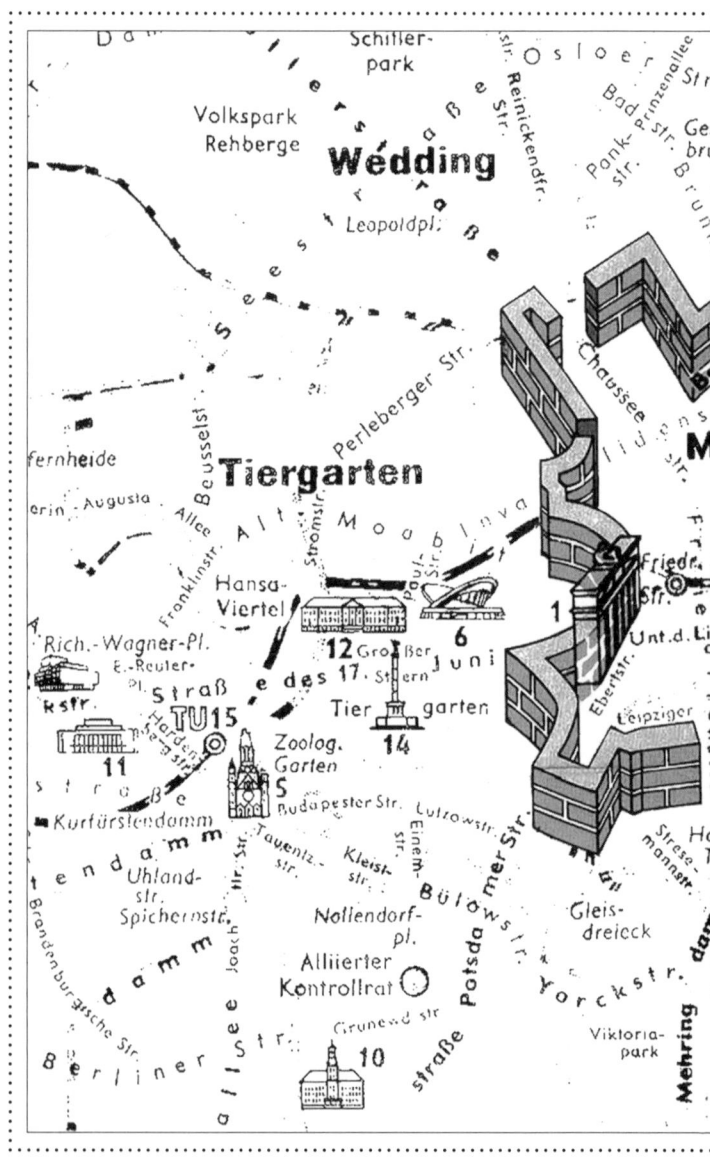

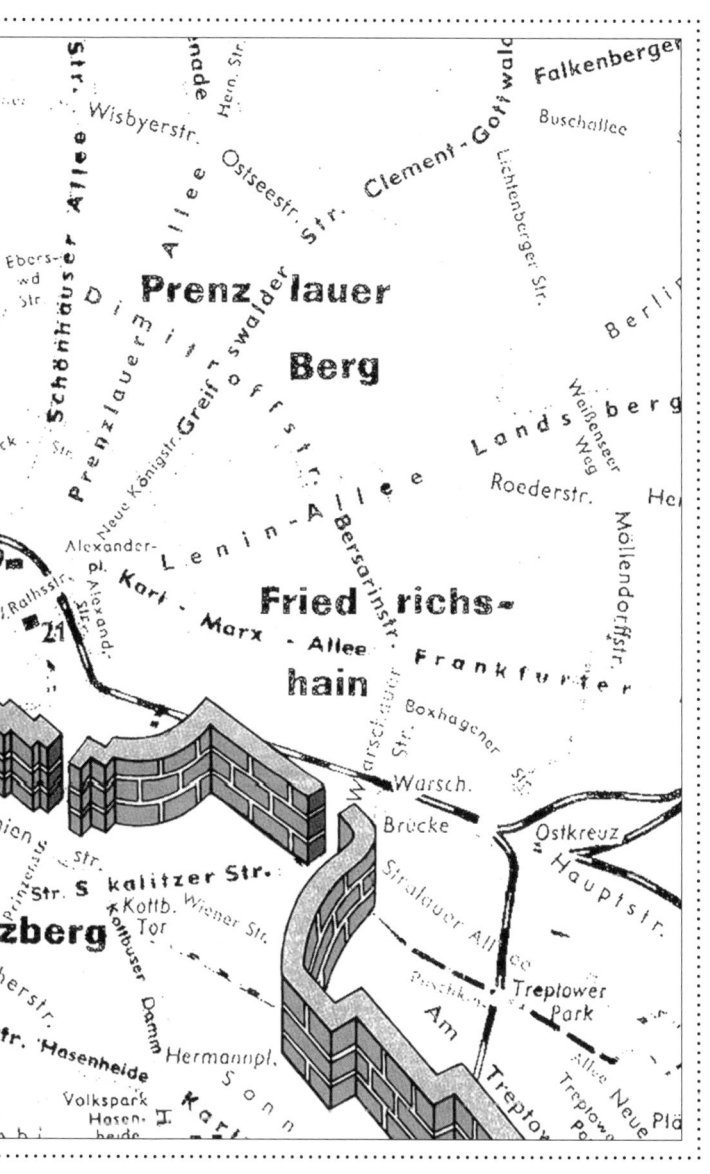

Abbildung auf der Vorseite:
Plan von der Berliner Mauer, 1960er Jahre

XVII.
AUSNAHME

1964 ERSETZT BRUNO SALA DIE KOHLEÖFEN in seinen Gebäuden durch eine Gaszentralheizung. Das ist eine Art Fortschritt. Doch zwei Jahre später, am 16. September 1966, stirbt er im Alter von sechsundsiebzig Jahren. Seine Witwe Charlotte ist dreiundsechzig, als sie das Haus und die Firma erbt. Ihre Tochter Melitta ist zweiunddreißig. Inzwischen hat man die Produktion der Sala-Spiele in eine größere Druckerei ausgelagert. Die Jahre der hohen handwerklichen Kunst, der Kreativität und der exklusiven, von Hand hergestellten Produkte sind vorbei. Als die 1960er Jahre sich ihrem Ende nähern, ist das Haus am Ufer einhundert Jahre alt. Die städtische Entwicklung, Beschleunigung und Zerstörung, die es gesehen hat, sind fast zum Stillstand gekommen. Nebenan, gleich an der Ecke Schöneberger Straße, hat ein Daihatsu-Händler aufgemacht. Im Gebäude der Reichsbahndirektion ganz in der Nähe ist es still geworden. In den davor gepflanzten jungen Bäumen nisten Nebelkrähen.

Wenn Melitta und ihre Mutter früh am Morgen das Haus verließen, sich nach links wendeten und an dem Daihatsu-Händler vorbei in Richtung der U-Bahnstation Gleisdreieck

gingen, stießen sie auf ein Hindernis. Der ehemalige Güterbahnhof ist nun eine große, von einem hohen Zaun umgebene
städtische Brache. Der Grund gehört immer noch der von
Ostberlin betriebenen Eisenbahn. Der Zutritt ist verboten.
Neugierige Einheimische und Naturliebhaber fühlen sich dennoch zu dieser romantischen aufgegebenen Fläche hingezogen
und finden am südlichen Rand einen Weg hinein, indem sie
auf die stillgelegten Eisenbahnbrücken an der Yorckstraße klet-
tern.[183] »Gleisdreieck-Spaziergänger«, wie sie genannt werden,
erkunden das Terrain, auf dem wildwachsende Pflanzen über
die rostenden Gleisanlagen kriechen und um die verfallenen
Maschinenhäuser aus roten Ziegeln wuchern, als bildeten
diese einen botanischen Garten. Die Räder der Güterzüge
schleppten schon vor Jahrzehnten exotische Samen aus dem
Süden ein. Inzwischen hat sich eine große Vielfalt an Typen
und Strukturen von Biotopen entwickelt, mitten zwischen den
parallelen Linien der von Nord nach Süd verlaufenden Eisenbahnschienen. »Das Gleisdreieck galt bei Künstlern, Stadt-
flaneuren, Freaks und Pennern jahrzehntelang als Synonym
für eine spezifische West-Berliner Seelenlage aus Melancholie,
Depression und dem Willen zum Anderssein«, schreibt Janos
Frecot, der das abgezäunte Gelände selbst häufig besuchte.[184]

Diese vor sich hin dösende idyllische Wildnis ist allerdings
bedroht, und zwar von der Vision einer »autogerechten Stadt«,
wie der Regierende Bürgermeister Willy Brandt sie sich vorstellt. Konkrete Pläne zum Bau von Stadtautobahnen für die
prognostizierten sechs Millionen zukünftigen Einwohner gab
es bereits in Scharouns »Kollektivplan« von 1946 und dessen
überarbeiteter Fassung von 1958. Sie werden Mitte der 1960er
Jahre aufgegriffen. Doch beide Entwürfe waren im Blick auf
die ganze Stadt konzipiert worden. Gegenwärtig, in einer Stadt
voller Sackgassen, sind die städtischen Hochstraßen Zukunfts-
fantasien, die mit den tatsächlichen Realitäten kollidieren. Tausende von Wohnungen in vergleichsweise unzerstörten Teilen

Kreuzbergs müssten für die Stadtautobahnen geopfert werden, die manche inzwischen ironisch als »die schnellsten Wege zur Mauer« bezeichnen. Die Westtangente wird die Wildnis des Gleisdreiecks durchschneiden und am Kanal, zwei Blocks vom Haus der Salas entfernt, auf die Südtangente treffen. 1974 beginnen Bewohner der betroffenen Viertel, die ein Interesse an diesem Gebiet haben, sich zu organisieren und gegen diese »sinnlosen und bedrohlichen« Pläne zu kämpfen.

Die Bürgerinitiative Westtangente, kurz BIW, bemühte sich viele Jahre, den Bau dieser Verbindung zu verhindern, und entwickelte detaillierte Pläne für eine ökologische Alternative, der sie den Namen »Grüne Tangente« gab. Es dauerte bis 1988, doch am Ende verabschiedete die Stadtregierung sich vom Gedanken einer autogerechten Stadt und legte die Entwürfe für die Westtangente zu den Akten. Die Bürgerinitiative drängte weiter auf die Verwirklichung ihrer Grünen Tangente, verhinderte das Fällen von Bäumen auf dem Gleisdreieck, und ein Jahrzehnt später, 1998, wurde das erste Teilstück für die Öffentlichkeit freigegeben. Dieselbe Bürgerinitiative hinderte die Planer Anfang der 2000er Jahre, das Gleisdreieck an Immobilieninvestoren zu verkaufen. Ihre lästige Zähigkeit und entschlossene Beharrlichkeit, die Respekt für die vorhandene Natur und die lokale Nutzung der Flächen einforderten, bremsten die Entwicklungspläne ab und trugen dazu bei, den sorgfältig gestalteten und nützlichen Park zu schaffen, der diese Fläche heute einnimmt.

· · · · ·

Wenn Melitta und ihre Mutter in den frühen 1970er Jahren aus ihrem Haus traten und in die entgegengesetzte Richtung am Ufer entlang bis zur nächsten Ecke gingen, kamen sie zu dem letzten der drei Häuser, die in diesem Block den Krieg überlebt hatten. Es ist gleichfalls ein vierstöckiger Bau aus der

Gründerzeit, ganz ähnlich ihrem eigenen Haus, abgesehen von dem abgerundeten Raum an der Ecke, der den scharfen Winkel kaschiert, in dem die Straße Richtung U-Bahnhof Gleisdreieck dort abbiegt. Heute hängt an der vorderen Wand dieses Hauses eine weiße Emailtafel mit blauer Aufschrift. Eine offizielle »Berliner Gedenktafel« wie die an Hobrechts Pumpwerk. Auf dieser hier steht: »Hier lebte und arbeitete von 1971 bis 1975 der Sänger, Textdichter und Komponist Rio Reiser, 9.1.1950 – 20.8.1996, mit der Band ›Ton Steine Scherben‹.«

Rio Reiser, ein magerer Tunichtgut in Schlaghosen, mit dunklen Augen und langem strähnigem Haar, Leadsänger der Band »Ton Steine Scherben«, ist für Deutsche einer bestimmten Generation bis heute ein Held. Die Songs der Band – einfache Kompositionen mit einem eingängigen Refrain – schufen den Soundtrack für die gegen das Establishment protestierende und anarchistische Bewegung in Deutschland. Songs wie *Keine Macht für niemand* waren zum Mitsingen gedacht, und *Macht kaputt, was euch kaputt macht* war ihr Wahlspruch. Die ganze Band lebte gemeinsam in einer Sechszimmerwohnung in diesem Eckhaus, das sie das T-Ufer nannte. Die Adresse stand sogar auf ihren Plattenhüllen und wurde zu einem Ort, an dem Musiker, Straßenkinder, Fans und Freundinnen aufschlagen konnten, die denn dort auch ein- und ausgingen.

Hunderte aus Wilhelminischer Zeit stammende Häuser dieser Art standen damals in Kreuzberg und Schöneberg. Oft besaßen sie nur Ofenheizung und Außentoiletten im Hof und waren äußerst reparaturbedürftig. Viele waren zum Abriss vorgesehen und sollten neuen Stadtautobahnen oder Betonwohnblocks Platz machen. In der Zwischenzeit vermietete man sie an schlechtbezahlte »Gastarbeiter« aus Griechenland, Italien und vor allem aus der Türkei, die dort zusammengepfercht in minderwertigen Wohnungen lebten und deren Miete pro Kopf berechnet wurde. Auch Hausbesetzer begannen dort einzuziehen: Vorboten des Zeitalters der Hausbesetzungen in Westberlin.

• • • • •

1972, inmitten eines heftigen gesellschaftlichen Wandels, stirbt Charlotte Sala im Alter von neunundsechzig Jahren, und ihre Adoptivtochter Melitta erbt das Haus samt Betrieb. Und sie ist inzwischen verheiratet, mit einem gewissen Wolfgang Kozlowski. Die achtunddreißig Jahre alte, kinderlose Frau lässt ihre Unabhängigkeit indessen nicht ganz fahren. In den Dokumenten erscheint ihr Name als Melitta Kozlowski-Sala.

Ich bin im Jahr zuvor geboren: 1971. Meine Eltern waren aus Edinburgh, wo sie einander im Studium begegnet waren, in den Londoner Vorort Croydon gezogen. Mein Vater, der in der naturwissenschaftlichen Forschung arbeitete, hatte seine erste echte Anstellung in einem Pharmaunternehmen erhalten. Meine Mutter saß zu Hause fest, mit einem Säugling und meinem nicht einmal zweijährigen Bruder, weit entfernt von Freundinnen und Familie in einer vorstädtischen Doppelhaushälfte. Als sie mit mir schwanger war, begann sie Germaine Greers gerade erst erschienenes Buch *Der weibliche Eunuch* zu lesen. »Frauen müssen lernen, die fundamentalsten Vorstellungen über weibliche Normalität infrage zu stellen, damit sie die Möglichkeiten zur Entwicklung freilegen, die mittels Konditionierung nach und nach verschüttet worden sind«, las sie dort.[185] Sie beschloss, ihre Tochter anders zu erziehen – ohne Puppen, Puppenwagen oder anderes gender-orientiertes Spielzeug. Ich sollte dieselben Chancen haben wie mein Bruder. Ich würde eine andere Zukunft vor mir haben als jene, die ihre eigenen Umstände vorschrieben, eine Zukunft, in der Alternativen erdacht, niedergeschrieben und unter Frauen geteilt würden. Doch im Augenblick hatten noch weibliche Klischees die Oberhand, und patriarchalische Strukturen hielten die Frauen zusammen mit den Kindern isoliert in ihrem Zuhause.

· · · · ·

Etwa zur selben Zeit, um die Wende der 1960er zu den 1970er Jahren, zog ein kleines Mädchen aus einem Dorf in Westdeutschland in ein ähnliches Haus wie das der Salas, das am Paul-Linke-Ufer weiter unten am Landwehrkanal in Kreuzberg lag.

> Meine Eltern hatten herrliche Geschichten erzählt von der riesigen Wohnung mit den sechs großen Zimmern, in der wir nun wohnen würden. Und viel Geld wollten sie verdienen. Meine Mutter sagte, dann hätten wir ein großes Zimmer für uns ganz allein. Sie wollten tolle Möbel kaufen.[186]

Die sechsjährige Christiane spinnt aus diesen Worten phantastische Visionen eines wunderschönen Zimmers ganz für sie allein, doch was sie bei ihrer Ankunft erwartet, sieht vollkommen anders aus.

> Wie die Wohnung aussah, in die wir dann kamen, kann ich auch nie vergessen. Wahrscheinlich, weil ich zunächst einen urischen Horror vor dieser Wohnung hatte. Sie war so groß und leer, daß ich Angst hatte, mich zu verlaufen. Wenn man laut sprach, hallte es unheimlich.[187]

Ihre Familie lebt in drei spärlich möblierten Zimmern; die übrigen drei Zimmer werden für das Geschäft ihrer Eltern benutzt: eine Heiratsvermittlung. Aber aus den geschäftlichen Plänen wird nichts, und wenig später lädt man die wenigen Möbelstücke, die sie besitzen, in einen Lastwagen und bringt sie in eine Zweizimmerwohnung im elften Stock eines Hochhauses in der Gropiusstadt, einer nagelneuen Großwohnsiedlung am Südrand der Stadt, die für 50 000 Einwohner ausgelegt ist. »Von weitem sah alles sehr neu und gepflegt aus«, erinnert sich Christiane. »Doch wenn man zwischen den Hochhäusern war, stank es überall nach Pisse und Kacke. Das kam von den vielen Hunden und den vielen Kindern, die in Gropiusstadt lebten.«[188] Unter dem Namen Christiane F. sollte das Mädchen später das bekannteste Straßenkind und die berüchtigste Jugendliche Westberlins in den 1970er Jahren werden.

$$\bullet \ \bullet \ \bullet \ \bullet \ \bullet$$

Gruppen unzufriedener Jugendlicher, nicht viel älter als Christiane F., begannen in die leeren Häuser in Kreuzberg und Schöneberg einzuziehen und mit neuen Formen des Zusammenlebens zu experimentieren. Zu den Hymnen der Hausbesetzer gehörte der *Rauch-Haus-Song* der Band »Ton Steine Scherben« über eine Razzia im Georg-von-Rauch-Haus im April 1972. Georg von Rauch, ein selbsternannter »Stadtguerilla«, war bei einem Schusswechsel mit der Polizei getötet worden. Das Haus in der Kreuzberger Mariannenstraße, das seinen Namen trug, war seit Anfang Dezember 1971 besetzt. In dem Song heißt es: »Doch die Leute im besetzten Haus / Riefen: ›Ihr kriegt uns hier nicht raus / Das ist unser Haus, schmeißt doch endlich / Schmidt und Press und Mosch aus Kreuzberg raus!‹« Schmidt, Press und Mosch waren berüchtigte Immobilienspekulanten, die von den Hausbesetzern beschimpft wurden.

Die experimentellen neuen Lebensformen, die in den 1970er Jahren in ganz Westberlin Fuß fassten, hatten jedoch auch eine dunklere Seite. Die Stadt war nicht nur Hauptstadt der Gegenkultur, sondern auch die Heroinhauptstadt der west lichen Welt. Ein Artikel im *Spiegel* berichtet: »In keiner europäischen Großstadt ist die Todesrate, gemessen an der Zahl der gefährdeten Süchtigen, so konstant und so hoch. Selbst die Drogenhochburg New York, 49 000 Süchtige, fällt da ab.«[189] In New York starben jährlich im Durchschnitt sechs bis sieben von jeweils tausend Süchtigen, in Berlin waren es mehr als zwanzig. Das Buch *Wir Kinder vom Bahnhof Zoo* schildert, wie Christiane F., inzwischen dreizehn Jahre alt, in der Club- und Musikszene und im Konsum immer härterer Drogen versinkt. Innerhalb schockierend kurzer Zeit geht sie von Marihuana und Speed zu Heroin über und finanziert diese Sucht mit Prostitution. Ich habe den 1981 entstandenen Spielfilm noch nicht gesehen, so schaue ich ihn mir denn an und bin sogleich gefangen von den Nachtaufnahmen der dort als Hochbahn geführten U-Bahn zwischen Kreuzberg und Charlottenburg und der SOUND-Diskothek in der Genthiner Straße im einst repräsentativen Bezirk Tiergarten. Die Geschichte der Christiane F. wurde in lüsterner Detailliertheit von den Journalisten Kai Hermann und Horst Rieck aufgezeichnet, die Christiane interviewten, als sie sechzehn Jahre alt war. Die Geschichte, 1978 im *Stern* erstmals publiziert, erlangte traurige Berühmtheit und wurde von westdeutschen Jugendlichen verschlungen, die von den dort geschilderten Szenen eher gebannt als abgestoßen waren. Bei der neuerlichen Lektüre frage ich mich nach dem schmalen Grat zwischen Empathie und Ausbeutung in der Arbeit der beiden männlichen Journalisten, die damals die Lebensgeschichte eines noch so jungen und verletzlichen Menschen aufzeichneten und veröffentlichten.

Den Soundtrack für *Die Kinder vom Bahnhof Zoo* lieferte David Bowies Musik der späten 1970er Jahre. An dem Abend, als Christiane 1976 Bowies Konzert in der Deutschlandhalle besuchte, nahm sie zum ersten Mal Heroin. Bowie lebte in diesen Jahren selbst in Westberlin, und die Alben, die er dort aufnahmen, *Low* und vor allem *Heroes*, mit ihren Synthesizer-

Klängen und tiefen Gitarren-Riffs, bestimmten den Sound dieser Zeit in Berlin. »Ich hätte damals nicht solche Musik machen können, wenn ich nicht vollkommen im Bann von Berlin gewesen wäre, mit seinen ganz besonderen Strukturen und seinen Spannungen«, erinnerte sich Bowie einige Jahre später.[190] Im Sommer 1977 buchte Bowie das größte Aufnahmestudio der Hansa-Studios, den »Meistersaal«, groß genug, um ein hundertköpfiges Orchester aufzunehmen, und bekannt für seinen natürlichen kavernösen Hall, und begann mit der Arbeit an *Heroes*. Ich gerate erneut in freudige Erregung angesichts der Nähe, als mir klar wird, dass die Hansa-Studios sich gleich jenseits des Kanals befinden, nur zwei Blocks nördlich des Hafenplatzes. Ich kann es gar nicht erwarten, das meinen zwei Söhnen zu erzählen, die beide Poster von David Bowie an der Wand ihres Zimmers aufgehängt haben. Das kurz vor dem Ersten Weltkrieg erbaute Gebäude, das in der Weimarer Zeit den Verlag des Dada-Künstlers John Heartfield und die Galerie von George Grosz beherbergte und später von den Nazis für Veranstaltungen genutzt wurde, war eines der massiven Solitäre, die in der Nachkriegsbrache der Südlichen Friedrichstadt strandeten. Die Fassade war von Einschusslöchern überzogen, und der Bau stand so nah an der Mauer, dass die Musiker bei der Arbeit über sie hinweg schauen konnten.

Die Geschichte des unaufhaltsamen Niedergangs der Christiane F. entfaltet sich vor dem Hintergrund dieses Soundtracks und wird in dem Film, den ich mir ansehe, drastisch geschildert: der Abstieg eines Mädchens mit jugendlich frischem Gesicht, glänzenden Lippen und einer lila Bomberjacke zu einem Straßenkind mit blasser Haut, zahllosen Narben an den Armen und Ringen unter den Augen. Ich fühle mich eher elend als angezogen und frage mich immer wieder: Wo ist ihre Mutter? Meine Söhne sind beide Teenager und wachsen in einer Stadt auf, in der man weiterhin leicht an Drogen gelangen kann. Dieses Thema trifft einen Nerv. In dem Film scheinen Christiane und ihre Freundinnen einfach so in den Konsum harter Drogen abzudriften, als wäre das ein selbstverständlicher Bestandteil der Musikszene. Da ist wenig zu spüren von einem sozialen Kontext, der sie vielleicht auf diesen verzweifelt-eskapistischen Weg geführt hat. Die in der ersten Person gehaltenen Transkripte im Buch bieten Details, die der Film ausspart. Christiane beschreibt ihre Kindheit in der Gropiusstadt, wo sie ohne jede Natur aufwächst. Die Kinder können nirgendwo spielen, überall Verbotsschilder für Aktivitäten jeglicher Art, Kinderbanden ergehen sich in Machtspielen, die allein aufs Zerstören aus sind. Kurz nach ihrer Ankunft meldet sich ihr Überlebensinstinkt.

Christianes Vater stammt aus einer ehemals wohlhabenden Familie in Ostdeutschland, deren Besitz und Druckereibetrieb vom kommunistischen Staat enteignet wurde. Er fährt einen Porsche, hat aber keinen Job und schlägt seine Frau und seine Kinder. Nach Christiane haben alle Familien in der Gropiusstadt gewalttätige, dem Alkoholismus verfallene Väter. Sie gehören zu einer Generation, die während des Krieges noch im Kindesalter war und immer noch die Narben dieser Erfahrungen trägt, auch wenn diese Tatsache hier nicht erwähnt wird. Ihr Vater schämt sich so sehr für seine Situation – Frau und Kinder und keinerlei Aussichten –, dass er gegenüber seinen Freunden behauptet, seine Töchter seien gar nicht von ihm. Christianes Eltern trennen sich, und ihre Mutter, die vollauf damit beschäftigt ist, den Lebensunterhalt für die Familie zu verdienen, und einen neuen Freund hat, bemerkt nicht, dass ihre Tochter aus der Bahn gerät. Die Suche nach Alternativen zu den vorgeschriebenen Wegen hat nicht immer ein Happyend.

• • • • •

Hannah Arendt hatte schon 1950 das Besondere im Verhalten von Berlinern im Vergleich zu Menschen in anderen Teilen Deutschlands bemerkt: »Ich weiß nicht, warum das sich so verhält, aber Sitten und Gebräuche, Redeweise und Umgangsformen sind bis ins kleinste Detail so anders als alles, was man im übrigen Deutschland zu Gesicht bekommt, daß Berlin schon fast wie ein anderes Land wirkt.«[191] Berlin stellt eine Ausnahme dar, schreibt Arendt, denn »die Stadt ist hermetisch abgeriegelt und hat wenig Verbindung zum übrigen Land«. Sie bemerkt, dass die Menschen auch in anderen Teilen Deutschlands »anders« sind, »aber sie verbrauchen ihre ganze Energie, indem sie die bedrückende Atmosphäre um sie herum zu durchbrechen suchen, und dabei bleiben sie isoliert«.[192]

Während der gesamten 1970er Jahre fühlen sich Menschen in anderen Teilen der Bundesrepublik, die sich als »anders« empfinden, zur Ausnahmestellung Westberlins hingezogen. Alternativen zur herkömmlichen Kernfamilie werden erprobt. Nonkonformistisches Verhalten und der sichtbare Ausdruck von Empörung werden ermutigt. Illegale Naturfreunde, Graswurzelaktivisten, radikale Musiker, Künstler, Filmemacher, queere Gemeinschaften, Studenten, Außenseiter und Abtrünnige fühlen sich hier zuhause. Die Westberliner sind vom Wehrdienst ausgenommen, den junge Männer in der übrigen Bundesrepublik leisten müssen, und allein schon diese Tatsache zieht viele nach Westberlin. Da es kaum Industrie gibt, wird diese Hälfte der Stadt durch Finanzhilfen aus der neuen westdeutschen Hauptstadt Bonn am Leben gehalten, die mehr als die Hälfte des Westberliner Haushalts beisteuert. Die Kulturszene Westberlins wird durch kulturelle Importe im Rahmen des Artists-in-Residence-Programms gefördert, das gleich nach dem Mauerbau initiiert wurde. Die österreichische Dichterin Ingeborg Bachmann war 1963 der erste Gast des von der Ford Foundation begründeten und später vom Deutschen Akademischen Austauschdienst (DAAD) übernommenen Programms. Während dieses Besuchs begann Bachmann mit der Arbeit an ihrem einzigen Roman, *Malina*, einer außergewöhnlich fiebrigen Reflexion über Unterordnung und die Beziehungen zwischen Mann und Frau. Zwanzig Jahre später, im Frühjahr 1984, begann Margaret Atwood, ein weiterer Gast des DAAD, während ihres Aufenthalts in Berlin mit der Arbeit an ihrem Roman *Der Report der Magd*. »Den Hintergrund bildeten die RAF, der Mutterschaftskult der Nazis und Ostdeutschland mit seinen Spionagezirkeln und der Zerrüttung privater Freundschaften, ganz wie bei den Partnern der Mägde«, sagte Atwood über das Buch, das sie als »Zeugnisliteratur« bezeichnet.[193]

• • • • •

Ende der 1970er Jahre stehen 10 000 Wohnungen leer, während 80 000 Menschen nach einer Wohnung suchen. Die Hausbesetzer beginnen sich zu organisieren, renovieren die Häuser, in die sie einziehen, fordern Mietverträge und verlangen ein Ende der Politik, Häuser bis zu ihrem Abriss leer stehen zu lassen. Man gründet einen »Besetzerrat«, der jeden Sonntag in einem Haus in der Anhalter Straße hinter dem früheren Bahnhof zusammenkommt. Es ist das einzige alte Haus, das es in der Straße noch gibt, es erstreckt sich über zwei Hinterhöfe. Die bloßgelegten Brandmauern sind mit riesigen, in strahlenden Farben gehaltenen Wandbildern bemalt, die in einem deutlichen Kontrast zum Grau der Umgebung stehen. Eines der Bilder zeigt drei Hexen mit schwarzen Hüten und Umhängen, die um ein loderndes Feuer sitzen. Dieses besetzte Haus wurde zu einem Zentrum für Kunst, alternatives Theater und Kino, das »Kunst- und Kultur-Centrum Kreuzberg«, kurz KuKuck.

• • • • •

Während ich mich durch das Berlin der 1970er Jahre lese, frage ich mich erneut nach der weiblichen Perspektive. Was geschah mit diesen fähigen Heldinnen der Nachkriegsjahre, die den Schutt von den Straßen der Stadt räumten und ihre Familien am Leben hielten? Was taten ihre Töchter? Auf die Emanzipation, die diese Frauen in der unmittelbaren Nachkriegszeit erlebt hatten, folgte ein reaktionärer Konservatismus. In einem Bericht der Bundesregierung hieß es 1966 über die wichtigsten Aufgaben der Frau: »Pflegerin und Trösterin soll die Frau sein; Sinnbild bescheidener Harmonie, Ordnungsfaktor in der einzig verlässlichen Welt des Privaten; Erwerbstätigkeit und gesellschaftliches Engagement sollte die Frau nur eingehen, wenn es die familiären Anforderungen zulassen.«[194] Bis zur Eherechtsreform 1977 durften Frauen nicht ohne Erlaubnis ihres Ehemanns eine Arbeitsstelle annehmen, sie konnten kein eigenes Bankkonto eröffnen und waren gesetzlich zur Erledigung der Hausarbeit verpflichtet. Dieser gesellschaftliche Konservatismus wurde noch von dem 1950 eingeführten »Kuppelparagraphen« unterstützt, der unterband, dass unverheiratete Paare zusammenleben konnten. Anfangs sollte er verhindern, dass Kriegswitwen mit großen Wohnungen Räume an unverheiratete Paare vermieteten oder nächtliche Besuche bei alleinlebenden Frauen zuließen; er blieb allerdings bis 1969 in Kraft und bedrohte Hausbesitzerinnen bei Zuwiderhandeln mit Geldstrafen. Der einzige Weg, diese Gesetze zu umgehen, waren Wohngemeinschaften, die in den 1960er Jahren zunehmend akzeptiert wurden und einen Schritt in Richtung einer langsamen Emanzipation der Frauen darstellten.

In Westberlin wurde 1962 ein »Familiengründungsdarlehen« eingeführt, mit dem man junge Familien in die Stadt holen wollte. Junge, alleinstehende Studentinnen kamen indessen schon aus eigenem Antrieb dorthin, angezogen vom außergewöhnlichen Status und der isolierten Lage Westberlins, das nur über die sogenannte Transitautobahn, spezielle Transitzüge oder mit Flügen durch den Westberliner »Luftkorridor« zum Flughafen Tegel erreichbar war. Ein Studium war damals noch keine Selbstverständlichkeit für junge Frauen, die um dieses Privileg kämpfen mussten und nach Alternativen und der Chance suchten, ihre Flügel auszubreiten.

Die Frauenbewegung begann sich im Umfeld der Universitäten zu entwickeln, 1968 entstand das »Aktionskomitee für die Befreiung der Frauen« und um dieselbe Zeit an der Freien Universität eine autonome Gruppe. Einige Jahre später, im Januar 1973, wurde in einem Haus in der Hornstraße das erste Frauenzentrum Berlins eröffnet. (Diese kurze, nur einen Block lange Straße ist ein Überbleibsel der von Lenné konzipierten Hauptschlagader, die dem Siegeszug der Eisenbahn zum Opfer fiel und nun abrupt an dem Zaun endete, der das Gleisdreieck umgab.) Mit dem Zentrum in der Hornstraße erhielten Frauen einen Ort, an dem sie sich treffen, über die Bewegung und deren Probleme diskutieren, aber auch einfach nur gemeinsam kochen und zusammensein konnten – eine Form von Gemeinschaftsleben, die vom einsamen Los der isolierten Hausfrau Welten entfernt war. Die Frauengruppe gründete einen Kinderladen, der ein antiautoritäres Modell der Kindererziehung übernahm, und weitere folgten. Ende der 1960er Jahre gab es bereits fünf solcher Kinderläden, und sieben andere waren in Planung.

Der feministische Zweig der gegen den Vietnamkrieg protestierenden Studentenbewegung von 1968 wurde von den männlichen Studenten zwar toleriert, aber nicht ernstgenommen; sie hielten ihn für kleinbürgerlich und an Nebensächlichkeiten orientiert – zeigten also genau das Verhalten, das die Feministinnen kritisierten. Die Psychoanalytikerin Margarete Mitscherlich begann sich mit Genderfragen zu beschäftigen, suchte in ihrer Forschung nach den Wurzeln für die Unterdrückung der Frauen und setzte sich für Frauenrechte ein. Ihr 1985 publiziertes Buch *Die friedfertige Frau* festigte ihre Stellung als eine der wichtigsten Persönlichkeiten im westdeutschen Feminismus. Sie stand der 1968er Studentenbewegung kritisch gegenüber, erblickte in der hinter der Anti-Vietnamkriegsbewegung stehenden »Entidealisierung der Amerikaner« ein Alibi für die »Entidealisierung der Eltern, vor allem des Vaters«, die für eine ideologische Spaltung zwischen den beiden Generationen sorgte, wie sie in *Die friedfertige Frau* schrieb.[195] Mitscherlich sah das Ziel des Feminismus in der Vermeidung solcher binären Konflikte durch die Kultivierung von Empathie, setzte sich für kritisches Denken ein und stellte die Ideologie des Gehorsams in Frage, die der Emanzipation der Frauen im Wege stand. Erinnerungsarbeit und die schwierige Bemühung um Selbstakzeptanz in beiden Geschlechtern könne, so glaubte sie, eine Einstellung der Toleranz fördern und die sadomasochistischen Strukturen aufbrechen, die den patriarchalischen Beziehungen zugrunde lagen.

• • • • •

Die Lage der Frauen im Westen gab in dieser geteilten Stadt nur das halbe Bild ab. Auf beiden Seiten der Mauer regte sich ein Wunsch nach Veränderung. Im sozialistischen Ostberlin wurde die Erwerbstätigkeit der Frauen akzeptiert, und der Staat stellte Möglichkeiten für die Betreuung der Kinder zur Verfügung, doch blieben die im Patriarchat gründenden repressiven Beziehungsmuster unangetastet. In der vom Staatssicherheitsdienst engmaschig überwachten Gesellschaft erodierte das Vertrauen aufgrund des Einsatzes sogenannter »inoffizieller Mitarbeiter« (»IM«), deren Zahl Mitte der 1970er Jahre mit etwa 200 000 ihr Maximum erreichte. Die Journalistin und Autorin Maxie Wander machte eine Reihe von Interviews mit Frauen im Alter zwischen siebzehn und zweiundneunzig Jahren, die im Sozialismus lebten. »Wir befinden uns alle auf unerforschtem Gebiet und sind noch weitgehend uns selbst überlassen«, schrieb sie. »Wir suchen nach neuen Lebensweisen, im Privaten und in der Gesellschaft.«[196]

Christa Wolf verfasste ein Vorwort zu dem Buch, das nach Wanders frühem Tod im Alter von vierundvierzig Jahren 1977 posthum erschien. Darin schrieb sie über Wander: »Sie kam nicht, um zu urteilen, sondern um zu sehen und zu hören.« Allein schon ihr Interesse biete etwas anderes als das übliche »›Wolle mich nicht berühren‹, die Formel der Einsamkeit und des Selbstentzuges, der Offenbarungsscheu und der Zurücknahme«. Das ermutigende Motto des Buches sei vielmehr »Berührung, Vertrautheit, Offenheit, manchmal bestürzende Schonungslosigkeit, ein erregender Mut, sich selbst gegenüberzutreten«.[197] Es bot eine ähnliche Chance wie der Frauentreff in der Hornstraße, eine Chance zu Gemeinschaft und geteilter Erfahrung statt Isolation. Die von Wander interviewten Frauen erhielten die seltene Chance, über sich selbst nachzudenken und Augenzeuginnen ihres eigenen Lebens zu werden.

· · · · ·

Der gesellschaftliche Wandel, zu dem es in dieser Zeit kam, als eine Generation sich an der anderen stieß, spiegelt sich auch in der Skyline der Stadt. Im Blickfeld unseres Hauses am Ufer tauchen in diesen Jahren in rascher Folge die ersten Hochhäuser auf. In mittlerer Entfernung erscheint 1964 ein hoher, goldgebänderter Bau. 1968 folgt unmittelbar hinter dem Anhalter Bahnhof ein massiver rechteckiger Wohnblock mit langen Fensterreihen, das Excelsiorhaus, das auf den Fundamenten des gleichnamigen Hotels errichtet wird. Im folgenden Jahrzehnt entsteht in mittlerer Entfernung, nach links gesehen, nacheinander eine Gruppe grauer Betonhochhäuser. Von meinem Fenster aus wirken diese hohen Gebäude wie Schachfiguren auf dem politischen Schachbrett, das Berlin inzwischen geworden ist.

Das Excelsiorhaus war eine zweckdienliche Lösung für die Wohnungskrise in Westberlin, bot es doch auf einen Schlag gleich 500 Wohnungen, aber das goldgebänderte Hochhaus diente einem eher strategischen Ziel. Den Auftrag für den Bau hatte Axel Springer gegeben, der Chef eines bei den Studenten und der feministischen Bewegung verhassten Zeitungsimperiums. Vor diesem Hochhaus protestierten im April 1968 2000 Demonstranten gegen das Attentat auf Rudi Dutschke, der in der Springerpresse als »Staatsfeind Nr. 1« bezeichnet worden war. Als man 1959 mit dem Bau begann, lag der Bauplatz sehr nah an der Grenze zwischen dem amerikanischen und dem sowjetischen Sektor – eine kalkulierte Provokation. Als der zwanzigstöckige Rohbau stand, erhob er sich in unmittelbarer Nähe der gerade errichteten Berliner Mauer. Ulbrichts SED-Regierung konterte Springers Provokation mit einer ganzen Gruppe eigener Hochhäuser auf der anderen Seite der Mauer. Nacheinander zog man in der Leipziger Straße vier kastenartige Betonwohnblocks hoch, jeder mit dreiundzwanzig bis fünfundzwanzig Stockwerken. In einer fast militärisch anmutenden Machtdemonstration inszenierte man mit den Mitteln der Architektur eine breitschultrige Konfrontation, die Auswirkungen auf die von Melitta Salas Haus aus sichtbare Skyline hatte.

XVIII.
WEITES FELD

DER BINÄRE GEGENSATZ, an den die Teilung Berlins denken lässt, ist irreführend. Die Entstehung gesonderter Entitäten in West und Ost hat eher Ähnlichkeit mit der Zellteilung. Der Unterschied entfaltet sich in vielfältigen Variationen. Während dieser diffusen Nachkriegsjahrzehnte gleicht jedes Faktum, Ereignis oder Problem einem vielflächigen Kristall. Man muss ihn drehen und wenden und von allen Seiten betrachten, um Komplizenschaft, politische Loyalitätsbindungen, Ausflüchte, Instrumentalisierungen, den Gender-Bias, Konformismus oder establishmentfeindliche Tendenzen ausreichend zu erfassen. Die scheinbar einfachste Beschreibung muss immer wieder überprüft werden, damit deren Sicht und möglicherweise verdunkelte Aspekte deutlich werden. Die zu dieser Zeit gehörenden Narrative sind eher kaleidoskopisch als kontrapunktisch.

Um mich ganz in eine Version dieser Zeit zu vertiefen, wende ich mich dem provozierenden und manisch produktiven Filmemacher Rainer Werner Fassbinder zu. Mit drei Box-Sets DVDs und wieder etwas Zeit, weil die Jungs bei ihrem Vater sind, lasse ich mich im Berliner Zimmer auf der Couch nieder, um in Fassbinders Welt einzutauchen. Wer sich seine Filme in rascher Folge anschaut, erkennt sogleich den Ensemble-Charakter seines Werks: dieselbe kleine Gruppe von Schauspielern, die in den Filmen in verschiedenen Rollen auftreten und deren Gesichter und Gebärden von einem Film zum nächsten immer vertrauter werden. Sein manisches Durcharbeiten der verwirrten Psyche der deutschen Nachkriegsgesellschaft bietet ein reichhaltiges Spektrum visueller Texturen und psychologischer Nuancen, während altmodische soziale Konventionen mit Kaffee, Kuchen und zahllosen in stark gemusterten Wohnzimmern gerauchten Zigaretten abgespult werden. Am greifbarsten sind jedoch die unterdrückten Emotionen, die gefährlich unter der Oberfläche schwelen und plötzlich in Augenblicken gewalttätiger Katharsis auf der Leinwand explodieren.

In seinen von 1968 bis 1982 entstandenen Filmen wirft Fassbinder einen unerschrockenen, sardonischen Blick auf seine Umgebung und die dort herrschenden sozialen Strukturen. Die Frauen in seinen Filmen sind derart in Klassen-, Familien- und Gesellschaftsstrukturen gefangen, dass sie nur selten als Herrinnen des eigenen Schicksals erscheinen. Sie sind allerdings keine bloßen Anhängsel von Männern, sondern treiben den Plot voran. Seine unglücklichen Protagonistinnen werden von unglaublichen Frauen gespielt, zu denen Fassbinder berüchtigt enge und grausame Beziehungen unterhielt. Er forderte von ihnen Liebe und Unterwerfung und trieb sie zu darstellerischen Höchstleistungen. Fassbinder hatte ein trübes Bild von Beziehungen und insbesondere von der Ehe, das er auf die katastrophale Ehe seiner Eltern zurückführte. »Authentische Beziehungen sind nicht möglich«, sagte er. »Die Antwort: Erst gilt es die Ehe abzuschaffen, dann jede auf Eigentum und dem Wunsch nach Besitz basierende Gesellschaft, die Wurzel all unserer Übel. Bis das nicht geschehen ist, werden Individuen und Klassen einander auf ewig korrumpieren.«[198] Trotzdem und ungeachtet der Tatsache, dass er offen homosexuell war, heiratete er 1970 die Schauspielerin Ingrid Caven und ließ sich zwei Jahre später wieder scheiden.

Fassbinder war 1967 von der Deutschen Film- und Fernsehakademie in Berlin abgewiesen worden und begann seine Laufbahn stattdessen in Münchener Theatergruppen. Die meisten seiner Filme spielen dort, eine Handvoll allerdings auch in Berlin, und wie gewohnt mache ich sie ausfindig und durchsuche sie nach mir vertrauen Locations. Dazu gehört etwa *Die dritte Generation* von 1979, eine Satire über den deutschen Terrorismus, die kurz nach dem Höhepunkt der Entführungen und Mordanschläge der Roten Armee Fraktion 1977 produziert wurde. Die Locations sind typische Berliner Orte: Charlottenburger Wahrzeichen wie die Kaiser-Wilhelm-Gedächtniskirche und das Europa-Center; weitläufige Wohnungen aus dem 19. Jahrhundert, in denen Radikale, Junkies, Anarchisten und Linksintellektuelle zusammenkommen. Eine Szene spielt an der Ruine des Anhalter Bahnhofs, und die Kamera zoomt auf Straßenschilder in meiner Umgebung: Anhalter Straße, Stresemannstraße. Dem Plot dieses Films mit seinen Bespitzelungen, seinen Täuschungsmanövern und seinem Doppelspiel vermag ich jedoch kaum zu folgen. Die Fassung, die ich mir ansehe, hat keine englischen Untertitel, und in fast allen Szenen plärrt im Hintergrund ein Fernseher und manische Nachrichtensendungen fallen den Schauspielern ins Wort.

Fassbinders wichtigste Berliner Arbeit ist die dreizehnstündige TV-Adaption des 1929 erschienenen Romans *Berlin Alexanderplatz* von Alfred Döblin, eine außergewöhnliche Tour de force, die 1979–1980 entstand. Während er tagsüber an diesem Film arbeitete, schrieb er nachts mit Hilfe großer Mengen Kokain das Drehbuch für *Die Ehe der Maria Braun*, die Geschichte einer Kriegsbraut namens Maria, die von

Hannah Schygulla gespielt wird. Es war der erste von Fassbinders Filmen, der – 1981 – in der DDR gezeigt wurde.

Berlin Alexanderplatz spielt in den späten 1920er Jahren, *Die Ehe der Maria Braun* in der unmittelbaren Nachkriegszeit, doch benutzt Fassbinder die Vergangenheit, um die Wurzeln gegenwärtiger Übel aufzuzeigen. Danach sind Politik, Entscheidungen und Ethik früherer Generationen Teil eines ererbten Kontinuums. Seine Einstellung zu aktuellen sozialen Problemen fasst Fassbinder in dem langen Untertitel seiner Adaptation des Romans *Effi Briest* von Theodor Fontane zusammen: »*Viele, die eine Ahnung haben von ihren Möglichkeiten und ihren Bedürfnissen und trotzdem das herrschende System in ihrem Kopf akzeptieren durch ihre Taten und es somit festigen und durchaus bestätigen.*« Die Heucheleien des 19. Jahrhunderts kommen denen gleich, die unsere Gegenwart in einem schmerzhaften Zustand der Hemmung festhalten. *Effi Briest* war eigentlich der erste Film, den Fassbinder machen wollte, doch als er ihn 1973 endlich drehte, hatte er bereits sechsundzwanzig andere produziert. Der Titel: *Fontane Effi Briest*, ist eine deutliche Hommage an den Romancier, und er entnahm sämtliche Dialoge direkt dem Roman.

Die Titelrolle dieses in Schwarzweiß gedrehten Films spielt erneut Hannah Schygulla: eine Effi mit sanften Gesichtszügen und Locken, atemberaubend in weißen Spitzenkleidern, wilhelminisch mit einem Hauch 70er Jahre. Mit der Freiheit und Fröhlichkeit, die wir anfangs bei der siebzehnjährigen Effi sehen, wenn sie im Garten ihrer Eltern auf dem Lande schaukelt, ist es rasch vorbei, als sie den strengen preußischen Beamten Baron von Innstetten heiratet. Der zwanzig Jahre ältere Mann ist steif, förmlich, nach Effis eigener Charakterisierung »frostig wie ein Schneemann« und unfähig, auf Effis natürliche Zuneigung zu antworten. Die Szenen spielen in luxuriös möblierten Interieurs, mit nur wenig körperlichen Berührungen oder selbst Blickkontakt zwischen den Figuren, die in ähnlichen Winkeln zueinander angeordnet sind wie die Stühle in Menzels Gemälde. Sie werden von der Seite gezeigt, als Spiegelbilder in Spiegeln mit reich verziertem Rahmen oder durch Fenster, in eine erstickende Gegenwart eingeschlossen. Selbst die emotionalen Höhepunkte der Erzählung werden kühl abgehandelt: Effis Affäre mit Major Crampas findet *off-screen* statt, und Innstettens Duell mit ihm, zu dem er ihn lange nach der Beendigung der Affäre herausfordert, ist eine rasche und emotionslose (wenngleich tödliche) Transaktion.

Eine Wendung, die in Fontanes Roman wiederholt auftaucht und als vielseitig verwendbare Entschuldigung für Untätigkeit oder als Begründung für die Weigerung herhalten kann, sich mit einer schwierigen Frage zu befassen, lautet: ein weites Feld. Sie findet sich auch mehrfach in Fassbinders Film: »Nein, gewiß nicht; jedenfalls wollen wir darüber nicht streiten; es ist ein weites Feld. Und dann sind auch die Menschen so verschieden«, meint ausweichend Effis Vater.[199] Nach der Enthüllung ihrer Affäre mit Crampas verfällt Effi der gesellschaftlichen Ächtung; sie wird aus der Gesellschaft ausgestoßen und ihr wird die Tochter weggenommen. Schließlich verlässt sie Berlin und kehrt zu ihren Eltern aufs Land zurück. Dort stirbt sie in tragisch jungem Alter, unfähig, auch nur die Möglichkeit ins Auge zu fassen, Innstettens rigides und grausames Verhalten oder der zwanglose Erziehungsstil ihrer Eltern könnten etwas zu ihrem unglücklichen Schicksal beigetragen haben. Ganz am Schluss des Romans wie auch des Films fragt Effis trauernde Mutter zaghaft, ob es ihr Fehler gewesen sein könnte: ob sie ihre Tochter nicht strenger hätte erziehen müssen, ob sie vielleicht zu jung zum Heiraten gewesen sei. Ihr Mann weist solche Gedanken entschieden von sich: »Ach, Luise, laß … das ist ein zu weites Feld.«[200] Eine Schuld oder eine Verantwortung, die über die geltenden gesellschaftlichen Normen hinausreichte, ist ein viel zu weites Feld – selbst wenn es darum geht, dem einzigen Kind das

Leben zu retten. »Dies ist kein Frauenfilm, sondern ein Film über Fontane, über die Haltung des Dichters zu seiner Gesellschaft«, sagte Fassbinder über *Fontane Effi Briest*. »Es ist kein Film, der eine Geschichte erzählt, sondern es ist ein Film, der eine Haltung nachvollzieht. Es ist die Haltung von einem, der die Fehler und Schwächen seiner Gesellschaft durchschaut und sie auch kritisiert, aber dennoch diese Gesellschaft als die für ihn gültige anerkennt.«[201] Später erfuhr ich, dass die reale Frau, auf der die Figur der Effi Briest basierte, Elisabeth von Ardenne, keines tragisch jungen Todes starb. Nach ihrer Scheidung ließ sie sich zur Krankenschwester ausbilden, versöhnte sich mit ihren erwachsenen Kindern und lebte ein langes, erfülltes Leben gemeinsam mit ihrer Gefährtin Margarethe »Daisy« Weyersberg, einer an »Melancholie« leidenden Patientin, der sie während ihrer Arbeit in einem Sanatorium begegnet war. Sie starb erst 1952 im Alter von achtundneunzig Jahren. Obwohl Fontane durchaus liebevoll mit seinen Heldinnen umging, inszenierte er in seinen Romanen und Erzählungen nicht jene gesellschaftliche Befreiung, für die deren reale Entsprechungen letztlich erfolgreich kämpften. Er entlarvte zwar die schädliche Heuchelei in den sozialen Strukturen, akzeptierte aber dennoch das bestehende System, wie es auch in Fassbinders Untertitel zu *Fontane Effi Briest* heißt: »... *und es somit festigen und durchaus bestätigen*«.

Seit Fontane die Wendung »ein weites Feld« benutzte, dient es als beliebte Vermeidungsstrategie. *Das ist ein allzu weites Feld*, denke ich, wenn ich versuche, mir Klarheit über das Berlin der 1970er Jahre zu verschaffen, das meiner eigenen Erziehung und Kultur, meiner Zeit und meinem Ort so fern liegt. Verständnis beruht jedoch auf aufmerksamer Beobachtung, und die Schatten dieser Zeit sind immer noch da, ebenso in die Stadt eingesaugt wie frühere Zeiten. Bis zu seinem frühen Tod 1982 im Alter von nur siebenunddreißig Jahren tauchte Rainer Werner Fassbinder mit seinem facettenreichen Werk tief hinein in dieses weite Feld und weigerte sich, vor dessen Dissonanzen, Ambivalenzen und Schwierigkeiten zurückzuschrecken. Sein Lebenswerk war symptomatisch für diese Phase im postfaschistischen geteilten Deutschland und für die außergewöhnlichen Möglichkeiten der Kunst, die komplizierten psychologischen und gesellschaftlichen Probleme frontal anzugehen. Als Chronist der deutschen Vergangenheit und Gegenwart erforschte Fassbinder die Strukturen, die es Menschen ermöglichen, andere zu unterdrücken, wie auch den Einfluss von Macht und Geld auf Ethik und Verhalten. In seinem verkürzten Leben schuf er unglaubliche vierundvierzig Kino- und Fernsehfilme, drehte am Tag und schrieb des Nachts, bevor er schließlich an einer tödlichen Mischung aus Kokain und Schlaftabletten starb. Neben seiner Leiche fand man das unvollendete Drehbuch, an dem er gerade gearbeitet hatte – ein biografischer Film über Rosa Luxemburg, in dem Jane Fonda die Hauptrolle spielen sollte.

Fassbinder lebte nicht in Berlin, sondern in München, und tatsächlich fand der größte Teil der westdeutschen Kulturproduktion anderswo statt. Das in Westberlin entstehende Material war roh und kantig, getrieben von den explodierenden sozialen Strukturen, wie die Studentenbewegung von 1968 sie hervorbrachte, aber auch massiv subventioniert von staatlichen Einrichtungen, die Berlins Stellung als eine der führenden Kulturstädte der Welt zurückgewinnen wollten. Das reichhaltigste Werk kam aus subkulturellen Randbereichen – kaum überraschend angesichts der extremen Lebensbedingungen in dieser Inselstadt. Sie befand sich weiterhin in einem Ausnahmezustand. Die provokantesten und nachhaltigsten Werke stammten von Außenseitern, einer unkonventionellen Szene aus Musikern, Filmemachern, Künstlern und Modedesignern, die in Gemeinschaften wie »fabrikneu« in der Zossener Straße in Kreuzberg lebten und arbeiteten. Die Filmemacherin Ulrike

Ottinger oder der Filmemacher Rosa von Praunheim, die Modedesignerin Claudia Skoda, Originale wie die Schauspielerin, Sängerin und Kostümbildnerin Tabea Blumenschein, die mehrere Jahre lang Ottingers Muse war. Do-it-yourself-Punkbands wie Einstürzende Neubauten, Die tödliche Doris und Malaria. Die Einstellung war nicht hochglanzpoliert, sondern selbstgemacht. Zusammengeflickt, aber im Inhalt radikal.

• • • • •

Auf der Suche nach einem festen Grund in diesem weiten Feld verenge ich meinen Fokus und kehre zurück zu dem Haus. Bei meinem ersten Besuch des Grundbuchamts in der nahegelegenen Möckernstraße, bei dem ich von Frau Lier einen Stapel vergilbter Ordner mit Akten zu dem Haus erhielt, hatte ich ein Dokument von 1999 gefunden, in dem die damaligen Bewohner des Hauses aufgelistet waren. Für den ersten Stock war ein Urologe eingetragen, der dort seit Anfang der 1980er Jahre wohnte, im zweiten Stock das »Martinswerk«, ein Verein, der die Wohnung seit 1974 als Gemeinschaftsunterkunft für Studenten angemietet hatte. (Als wir uns das Haus erstmals ansahen, verriet uns auf unserem Weg die Treppe hinauf ein kurzer Blick in die vier kleinen Fenster der Mädchenkammer dieser Wohnung, dass sie immer noch als zwei halbhohe Schlafräume genutzt wurde.) Und schließlich war da der Name der Person, die 1981 in unsere Wohnung im dritten Stock gezogen war.

Ein Dokument in einer verblassten grünen Mappe in einem Verwaltungsgebäude hat mich zu diesem Namen geführt, das Internet führt mich zu der Person. Ich habe bisher schon zahllose wertvolle historische Hinweise aus dem Internet gefischt, denen ich dann in Bibliotheken und Archiven nachgegangen bin, um sie in meine Erzählung einzubauen.

Doch bietet mir das Netz zum ersten Mal eine tatsächlich lebende Frau. Sie ist Architektin, Partnerin in einem Architekturbüro in Berlin. Ich schreibe ihr eine E-Mail, in der ich mich kurz vorstelle, und schicke ihr eine vorsichtige Anfrage. Innerhalb von zwei Stunden antwortet sie. »Das ist ja lustig«, schreibt sie. »Ich habe von 1981–2008 in dem Gebäude zunächst nur gewohnt und dann gewohnt und gearbeitet, im Vordergebäude in der obersten Etage.« Sie ist bereit, sich in der kommenden Woche mit mir zum Tee zu treffen. Eine wirkliche Bewohnerin ist aufgetaucht und kreuzt meinen Weg wie eine Erscheinung.

Wir verabreden uns für Samstag um 15 Uhr im Café Einstein in der Kurfürstenstraße, eine kurze Fahrt mit dem Rad vom Ufer westwärts durch den Park am Gleisdreieck. Ich finde einen Tisch an der Wand in diesem im prachtvollen Wiener Stil eingerichteten Café, und wenige Minuten später kommt sie herein, eine schlanke Frau in rotem Mantel, mit blassen wässrigen Augen und rotem Lippenstift. Sie kommt gleich zu mir herüber, denn sie erkennt mich, da sie mich zuvor gegoogelt hat. Sie setzt sich auf die Bank gegenüber und legt sofort los, großzügig, offen und deutlich erfreut, ihre Erinnerungen aus der am Ufer verbrachten Zeit mit mir zu teilen. Sie war 1972 als Achtzehnjährige aus dem Rheinland nach Berlin gekommen, um an der Technischen Universität Architektur zu studieren. Anfangs lebte sie in einer Wohngemeinschaft in der Kurfürstenstraße, gleich jenseits der Potsdamer Straße, kurz bevor sie an dem damaligen Zaun um das Gleisdreieck endete. Zu dieser Zeit war die Potsdamer Straße voller Bordelle, erzählt sie mir, und draußen auf der Straße saßen Prostituierte. Hier im Café Einstein verbrachte sie viele Abende und trank bis tief in die Nacht Wein.

Ich brauche kaum Fragen zu stellen, denn die Architektin redet und redet, erzählt freimütig von dieser Zeit in ihrem

Leben – mir, einer vollkommen Fremden, die allein durch das Haus in einer Verbindung zu ihr steht. 1981 hatte sie sich in einen Kollegen verliebt, und sie hatten gemeinsam die Wohnung im dritten Stock des Hauses am Tempelhofer Ufer gefunden. Die Vermieterin, Frau Melitta Kozlowski-Sala, bat darum, die zukünftigen Mieter bei ihnen zu Hause zu besuchen, um sich ihren Lebensstandard anzusehen. In ihrem Wohnzimmer sitzend, rauchte Melitta eine Mentholzigarette nach der anderen, zündete eine neue an, nahm einen Zug und drückte sie aus, bevor sie die nächste anzündete. Sie erklärte sich bereit, den beiden die Wohnung zu vermieten, allerdings unter der Bedingung, dass sie Vorhänge aufhängten. Sie versprachen es, taten es jedoch nie.

Melitta lebte in einer Wohnung im Seitenflügel, als die beiden in das Haus am Ufer einzogen. Als sie dort eintrafen, war die Wohnung mit einem schwarzen, klebrigen Öl verschmiert, denn zuvor war sie an einen Betrieb vermietet, der Kleinteile für Elektromotoren produzierte. In den Jahrzehnten nach dem Krieg hatte man viele große Wohnungen dieser Art geteilt und zimmerweise an Kleinbetriebe oder Heimgewerbetreibende vermietet. Wie aus der Bemerkung über die Vorhänge hervorgeht, sorgte die Hausbesitzerin sich offenbar mehr wegen des äußeren Erscheinungsbilds als wegen des fürchterlichen Zustands der Innenräume. Die Architektin und ihr Partner rissen Wände ein und stellten den ursprünglichen Grundriss mit der aus vier Räumen bestehenden Zimmerflucht an der Straßenseite wieder her. 1985 wurde ihr Sohn geboren. Mit dem Kinderwagen ging sie damals in der Nachbarschaft und auf dem an der Mauer entlangführenden Weg spazieren.

Ich frage sie, wie es dort Mitte der 1980er Jahre war. »Unbelebt« – sagt sie. Zwei Häuser weiter gab es wie auch heute noch eine Tankstelle, an der sie sich jeden Morgen eine Zeitung holte. Der Mann, der sie betrieb, frage sie, warum sie die Zeitung nicht einfach abonnierte, doch habe sie ihn gemocht, erzählt sie mir, und das tägliche Ritual genossen. Außer ihm sei ihr noch kein Mann begegnet, der in Shorts gut aussehe, meint sie. Auf dem Mäuerchen vor der Tankstelle hätten oft ein paar Leute gesessen und getrunken, und jeden Morgen, wenn sie ihre Zeitung holte, war da auch eine Frau, die sie mit »Prinzessin« begrüßte. Abends ging die Architektin über den Kanal zum Excelsiorhaus und trank in der Saskatchewan-Bar Lambrusco, in der es sonst nur Perlwein und Kaffee mit Kondensmilch gegeben habe.

· · · · ·

Damals wohnten auch andere Architekten und Schriftsteller in dem Haus, und sie beschlossen, gemeinsam einen Verlag für Broschüren über Architektur zu gründen. Später fand ich einige dieser Broschüren in der Staatsbibliothek. Eine ist Kafka und der Literatur gewidmet, eine andere Hermann Henselmann, einem 1905 geborenen Architekten, der ein überzeugter Sozialist und Freund von Bertolt Brecht war. Henselmann war in den 1920er Jahren zum Studium nach Berlin gekommen und baute in den frühen 1930er Jahren in und um Berlin radikal moderne Villen und kleine Häuser, bis die Nazis ihn zur Aufgabe seines Architekturbüros zwangen. Sein Einsatz für kommunistische Widerstandskämpfer nahm die sowjetischen Besatzer für ihn ein, und in den Nachkriegsjahren stieg er rasch zum prominentesten Architekten der DDR auf.

Henselmann, ein Visionär und Idealist, ist vor allem wegen seiner Beteiligung am ersten Großbauprojekt der DDR ab 1951 in Erinnerung geblieben: der Stalinallee, einer im neoklassizistischen Sowjetstil erbauten Prachtstraße, die am Alexanderplatz begann und in gerader Linie Richtung Osten führte. Zwar waren mehrere Architekten an der Planung der Straße beteiligt, doch war Henselmann verantwortlich für deren markanteste Elemente, die symmetrisch angeordneten, abgestuften Hochhäuser mit ornamentalen Fassaden, von denen die Allee am Strausberger Platz eingerahmt wird. Trotz der Referenzen an die Sowjetzeit fand der strenge, ausladende Charakter der Stalinallee auch in Kreisen westlicher Architekten Anerkennung und wurde von manchen als die »letzte große Straße« Europas gelobt.[202] Die geräumigen, attraktiven Wohnungen dort waren die beliebtesten in ganz Ostberlin und wurden von Spitzenfunktionären der DDR belegt.

Von 1953 bis 1959 war Henselmann Chefarchitekt beim Magistrat von Groß-Berlin und entwarf das Haus des Lehrers und die Kongresshalle am Alexanderplatz. Seine 1958 entwickelten Pläne für einen Sendeturm, eine hohe, schlanke Nadel mit einer glitzernden Kugel kurz unterhalb der Spitze, lieferten die Grundidee für den Berliner Fernsehturm. Dieses silberne, in ganz Berlin sichtbare Symbol der Zukunft wurde gleich nach der Fertigstellung 1969 zur Ikone. Auch von meinem Fenster aus teilt er den Horizont.

»Hermann Henselmann führt die Frage nach der Stadt, die Frage nach ihrer Form, in die des Wohnens über«, schreibt die Architektin in der Einleitung zu ihrer Broschüre über Henselmanns *Ausgewählte Aufsätze*.[203] Der Umschlag zeigt eine Zeichnung eines der Hochhäuser am Strausberger Platz. Das Bändchen erschien 1982, als sie noch in dem Haus am Ufer lebte. Ob sie wohl hier neben dem Fenster saß, als sie diesen Text schrieb, und hinaus auf den Fernsehturm jenseits der Mauer schaute? Ihr Aufsatz betont Henselmanns bewusste Auseinandersetzung mit sozialen Fragen. Die Stadt könne der Ort sein, an dem man ein kollektives Bewusstsein offen zum Ausdruck bringen und eine neue Form des Zusammenlebens entwickeln könne. In einem Aufsatz mit dem Titel »Generation ohne Nachfolge«, der in der Broschüre abgedruckt ist, fordert Henselmann eine Absage an die von der Nazizeit heraufbeschworene Lebensangst und an deren Stelle eine radikal neue Kritik. »Radikal sein – hat irgend jemand einmal gesagt – heißt die Dinge an der Wurzel fassen. Und die Wurzel für den Menschen ist der Mensch selbst.«[204]

Die Augen der Architektin leuchten, als sie mir im Café Einstein von ihren Besuchen bei Henselmann jenseits der Grenze in Ostberlin erzählt. Henselmann hatte in der Wohnung in einem der Hochhäuser am Strausberger Platz, in der er mit seiner Frau und acht Kindern lebte, einen »Ost-West-Salon« gegründet. Er lud Architekten und Stadtplaner aus dem Westteil der Stadt zu sich ein, um über Ideen zu diskutieren. Damals durften Westberliner mit einem Tagesvisum die Grenze am Checkpoint Charlie überqueren, während es Ostberlinern verboten war, nach Westberlin zu fahren. Die Architektin lebte mehr als zwei Jahrzehnte lang in der Wohnung am Ufer. Irgendwann trennten sie und ihr Partner sich. Sie blieb mit ihrem Sohn in der Wohnung und vermietete überschüssige Räume an junge Architekten, die dort arbeiten konnten. Ihr Leben erschien mir wie ein unheimlicher Vorläufer meines heutigen Lebens, da ich hier allein mit meinen zwei Söhnen wohne. 2008 zog sie schließlich quer über die Achse der Stadt von Westen nach Osten in eine Zweizimmerwohnung an der Karl-Marx-Allee, wie die Stalinallee seit 1961 heißt.

· · · · ·

Berlin war ein Ort ideologischer Debatten über Stadtplanung und Architektur, doch beide Teile der Stadt litten unter Wohnungsmangel. Das sozialistische Ziel im Osten lautete, jedem Bürger Zugang zu einer Wohnung mit Küche und Bad zu gewährleisten, und das zu einer erschwinglichen Miete. In ganz Ostberlin und der DDR errichtete man riesige Wohnblocks aus vorgefertigten Betonteilen, die sogenannten Plattenbauten (Henselmann hatte als einer der Ersten Möglichkeiten zur Industrialisierung des Hausbaus erforscht). Unterdessen entwickelte man in Westberlin zahlreiche Pläne, doch wurden nur wenige realisiert. 1957 hatte man dort eine Internationale Bauausstellung, die Interbau, veranstaltet, bei der es vor allem um den Wiederaufbau des Hansaviertels im westlichen Tiergarten ging. Die bekanntesten Architekten aus aller Welt errichteten eine aus Wohnblocks unterschiedlicher Höhe bestehende Modellstadt für die Zukunft. In meiner Umgebung hatte man jedoch nur wenig gebaut, abgesehen vom Excelsiorhaus, das sich nach zehn Jahren bereits in einem derart desolaten Zustand befand, dass es einer Investition von zehn Millionen D-Mark bedurfte, um die schrecklichen Lebensbedingungen der Bewohner zu verbessern.

1979 rief man in Westberlin ein weiteres architektonisches Vorzeigeprojekt ins Leben: die Internationale Bauausstellung (IBA 1984/1987). »Die Stadt ist kein bloß zweckgerichtetes Phänomen«, schrieb der Architekt Josef Paul Kleihues in seiner Projektbeschreibung, »sie ist auch ein Symbol des Daseins, der Selbstbehauptung, des Zeitgeistes«.[205] Das Projekt sollte den bis dahin verfolgten Tabula-rasa-Ansatz überdenken und begann mit der Entwicklung einer neuen, als »kritischer Wiederaufbau« bezeichneten Strategie, die nach dem Fall der Mauer zu einem Fluch für die Berliner Entwicklungsbemühungen wurde.

Vier der sechs für eine Neugestaltung ausgewiesenen Areale lagen am Landwehrkanal zwischen Tiergarten und Kreuzberg, in der Nähe des westlichen Verlaufs der Mauer. Wie damals in ganz Europa war der Wohnungsbau besonders dringlich, und die Architekten suchten nach neuen Lösungen für die Unterbringung wachsender städtischer Bevölkerungen. In Berlin, wo so viel Wohnraum zerstört und noch nicht ersetzt worden war, stellte die Lage sich als besonders akut dar.

All die bürgerlichen Wohnhäuser in der Umgebung des Hafenplatzes, wo Fontanes Heldin Cécile ein Jahrhundert zuvor gelebt hatte, waren im Krieg zerstört worden; 1961 hatte man den Hafen aufgefüllt und in den Mendelssohn-Bartholdy-Park umgewandelt. Rund um den früheren Hafen sollten staatlich subventionierte, energieeffiziente Wohnhäuser gebaut werden. Kleine Apartments und größere Wohnungen für Familien, mit Wintergärten und Solaranlagen. Auf der anderen Seite der Schöneberger Straße entstanden integrierte Kindergärten und eine Grundschule, die den exponierten Koloss des Anhalter Hochbunkers abschirmten. Man ermunterte zu vielgestaltigen Lösungen und vergab Aufträge an Dutzende von Architekten mit unterschiedlichen Vorstellungen. Die damals entstandenen Wohnblocks und Wohnhäuser, meist vier Stockwerke hoch, sind unterschiedlich gelungen, aber sie sind Ausdruck einer wohlüberlegten Analyse der Bedürfnisse der dort Wohnenden. 1987 präsentierte die Ausstellung »IBA 84/87« in der Neuen Nationalgalerie die Ergebnisse des Projekts, während zur selben Zeit in Ostberlin eine Ausstellung mit dem Titel »Bauen zum Wohle des Volkes« eröffnet wurde.

Die IBA baute nicht nur neue Formen von Architektur, sondern knüpfte auch an das Ethos der Hausbesetzerbewegung an. Architekten entwickelten Pläne zur Erhaltung und Modernisierung heruntergekommener Gebäude und unterstützten die selbstbestimmten Lebensweisen, die im vergangenen Jahrzehnt entstanden waren, während die Verwaltung günstige Mietverträge für zuvor illegale Bewohner auszuhandeln versuchte. Das KuKuck in der Anhalter Straße erhielt Unterstützung von der IBA, ebenso das Tommy-Weisbecker-Haus in der Wilhelmstraße, ein Zufluchtsort für junge Leute, die von zu Hause ausgerissen waren. Die dortigen Bewohner beteiligten sich am Umbau des Gebäudes in Gemeinschaftswohnungen, Werkstätten, Büros und ein Jugendcafé. Sie schmückten die Giebelwand mit strahlend bunten Wandmalereien, die lokale Behörenden jedoch schon bald wieder übermalen ließen. Ein Problem aufgeklärter Stadtplanungsstrategien bestand darin, dass andere Behörden nicht immer mit ihnen am gleichen Strang zogen. Beim KuKuck kam es trotz der Bemühungen zur Aushandlung eines Mietvertrags mit dem privaten Eigentümer 1984 zu einem Besitzerwechsel, und die Polizei räumte das Gebäude.

• • • • •

Das Tommy-Weisbecker-Haus in der Wilhelmstraße gibt es dagegen heute noch. Es beherbergt ein selbstorganisiertes Jugendkollektiv und eine Notunterkunft für obdachlose Ausreißer. Das einzige Überbleibsel der Vorkriegsarchitektur in diesem Block trägt heute wieder ein farbenfrohes Wandgemälde. Aber was ist aus dem KuKuck geworden? Ich gehe von meiner Wohnung aus dorthin und finde das Haus in der Anhalter Straße 7 – gleichfalls das einzige alte Gebäude in seinem Block. Es ist billig renoviert worden, die Fassade in Gelb und Ocker gestrichen, die Fensterrahmen aus Kunststoff, flankiert von neuen, bündig in Reihe stehenden Gebäuden. Sie alle gehören zu verschiedenen Budgethotelketten. Die Nr. 7 ist heute ein Relexa Hotel, gefolgt von Ibis Budget, Ibis Hotel und Novotel. Gleich gegenüber auf der anderen Straßenseite befindet sich ein eingezäuntes Areal ohne jede Bebauung. Dort stand einst das Prinz-Albrecht-Palais, das in der Nazizeit von der ss und der Gestapo genutzt wurde. Heute gehören die freigelegten Reste als Gedenkstätte zur 1987 gegründeten »Topographie des Terrors«.

Wenn ich mich an der Ecke Anhalter Straße und Wilhelmstraße nach rechts wendete, käme ich ein paar Straßenzüge weiter zum Tommy-Weisbecker-Haus. Ich gehe jedoch nach links und sehe dort vor mir die Mauer oder zumindest einen Teil davon. Hier führte sie einst quer über die Straße, und ein Stück der Mauer steht immer noch vor der »Topographie des Terrors«. Wenn man sich ihr aus einer gewissen Distanz nähert, wirkt die Barriere aus vorgefertigten Betonsegmenten eher bedrohlich als hoch – ja, kurz und schwächlich, als handelte es sich nur um eine Geste, und das ist dieses kurze Stück ja auch tatsächlich. Das wirklich Bedrohliche an der Mauer bestand in ihrer endlosen Horizontalität, ihrer Undurchdringlichkeit, ihren Wachsoldaten und Wachtürmen, ihrer vollständigen Einschließung Westberlins.

· · · · ·

Trotz der beharrlichen Unüberwindlichkeit der Mauer ist der Wandel zu spüren, der in diesen späten 1980er Jahren in der Luft liegt. Die Architektin lebt mit ihrem kleinen Sohn im dritten Stock des Hauses am Ufer, die Studenten im Stockwerk darunter kommen und gehen, und links der Schöneberger Straße schießen neue soziale Wohnungsbauprojekte aus dem Boden. Frau Kozlowski-Sala lebt im Seitenflügel und kann so ein wachsames Auge auf ihre Mieter werfen. (Durchdrungen von Fassbinder, wie ich es gerade bin, stelle ich sie mir als Hauptfigur in einem seiner Filme vor: Melitta, mit ihren Mentholzigaretten und einer Vorliebe für Vorhänge.) Ihr Betrieb, Sala-Spiele, produziert weiterhin neue Spiele, die auf die veränderte soziale Umwelt reagieren. *Berlin-Bummel* kommt 1987 auf den Markt, ein nostalgische Gefühle weckendes Brettspiel mit Bildern der Stadt, wie sie um 1900 war. Im selben Jahr erscheint ein weiteres Spiel: *MONEY – Geld regiert die Welt* – das perfekte Spiel, wenn es darum geht, das westdeutsche Wirtschaftswunder zu feiern, von dem hier in den immer noch kämpfenden Vierteln Westberlins allerdings nur wenig zu spüren ist. In der kurzen Beschreibung auf der Schachtel heißt es: »Money ist ein Spiel um Aktien und Kredite, bei dem natürlich am Ende derjenige Sieger ist, der das höchste Kapital besitzt.«

Ein Jahr später kommt es zu einer realen Veränderung im Haus am Tempelhofer Ufer. Am 26. September 1988, so geht aus den Akten in der Bauaktenkammer hervor, verkauft Frau Melitta Kozlowski-Sala das Wohnhaus und das Fabrikgebäude für nahezu zweieinhalb Millionen D-Mark. Im Kaufvertrag ist festgehalten, dass sie in ihrer Wohnung im zweiten Stock des Seitenflügels bleiben darf, und zwar für eine fixe Miete von 536,55 D-Mark monatlich. Die Wohnung darf renoviert werden, wobei allerdings »alle Einbauten in Küche und Bad« erhalten bleiben müssen, »insbesondere die Einbauküche und das Luxusbad mit vergoldeten Armaturen, Klimaanlage, Gasetagenheizung«.

Das nächste Dokument in den Akten der Bauaktenkammer ist ein weiterer Kaufvertrag, nur wenige Monate später datiert. Am 14. Februar 1989 wird das Gebäude erneut verkauft, diesmal für mehr als drei Millionen D-Mark – ein ordentlicher Gewinn von einer halben Million. Hatte man Melitta vielleicht schlecht beraten, was ihre Verluste und Gewinne an Kapital betraf? Auch in diesem Vertrag findet sich die Klausel, dass sie zu der festgesetzten Miete in ihrer Wohnung im zweiten Stock des Seitenflügels bleiben darf, samt Einbauküche und vergoldeten Armaturen. Im Rückblick hätte sie angesichts der Veränderungen, die sich in diesem Jahr am Horizont abzeichneten, wohl keinen ungünstigeren Augenblick für den Verkauf ihres geerbten Besitzes wählen können. Schon bald sollten die Immobilienspekulanten in die Stadt strömen, weil sie das Geld rochen, das sich dort verdienen ließ.

XIX.
NEUORDNUNG

DIE STRASSEN IN DER UMGEBUNG meines Hauses sind immer noch weitgehend »unbelebt«, wie zu den Zeiten, als die Stadt geteilt war. Bei gekipptem Küchenfenster kann ich den ständigen Verkehrsstrom unten hören, doch Menschen sind selten zu sehen. Das Wasser im Kanal wirft lediglich geriffelte Spiegelungen des Himmels, der Bäume, vorbeifliegender Vögel und der am Ufer aufgereihten Häuser zurück. Nur für etwas mehr als ein Jahr Ende der 1980er, als die tektonischen Platten des Kalten Kriegs in Bewegung gerieten, begannen Wellen von Menschen herangespült zu werden. Sie kamen zu der ungenutzten Brache, auf der sich einst die Gleisanlagen des Potsdamer Bahnhofs befunden hatten – zum Polenmarkt.

Die polnische Regierung hatte 1988 ihre Gesetze geändert und den Bürgern Reisefreiheit gewährt, sodass polnische Staatsbürger mit Beginn des folgenden Jahres leichter einen Reisepass erhalten konnten, das einzige Dokument, das sie zur Einreise nach Westberlin benötigten. Jeden Tag drängten sich Tausende von Polen unter dem Druck wirtschaftlicher Not mit allerlei im Westen absetzbaren Waren in Züge nach Berlin. Wenn sie am Bahnhof Friedrichstraße ankamen, liefen sie zu Fuß zu diesem schlammigen Stück Brachland jenseits der Mauer. Sie hockten sich zwischen riesigen, mit Müll übersäten Pfützen auf den Boden und verkauften polnische Würste, Fleisch, Eier, Butter, Pilze, Kleidung, Zigaretten und sogar lebende Tiere. Der Polenmarkt wuchs rasch, wurde wild und chaotisch und ließ sich schon bald kaum noch kontrollieren. Kriminalität, Vandalismus und Prostitution blühten, wie die Presse der Zeit behauptete, und dasselbe galt für den Fremdenhass, der zu aggressiven Zusammenstößen zwischen Deutschen und Polen führte. Die Polizei versuchte, den Markt zu schließen, indem sie das Gelände einzäunte, doch wichen die Händler einfach Richtung Norden aus und ließen sich neben Scharouns Philharmonie nieder, bis die Zäune entfernt wurden und sie zurückkehren konnten. In dem Damm, der Ost und West voneinander trennte, begannen sich die ersten Risse zu zeigen.

Eines nach dem anderen fingen die zwischen den beiden deutschen Staaten und der UdSSR liegenden osteuropäischen Länder, Polen, Ungarn und die Tschechoslowakei an, Widerstand gegen die sowjetische Herrschaft zu leisten. Polen war hier der Vorreiter, gefolgt von Ungarn, das Anfang Mai mit dem Abbau seiner Grenzanlagen an der Grenze zu Österreich begann. Als Ungarn im September erklärte, man werde DDR-Bürger diese Grenze passieren lassen, machten diese sich in Scharen auf den Weg zu den westdeutschen Botschaften in Prag und Warschau, um Visen zu beantragen und ihre Fahrt in den Westen anzutreten. Eine Künstlerin, die ich kenne, verließ im Sommer 1989, damals gerade einundzwanzig Jahre alt, den Prenzlauer Berg und fuhr nur mit einem Koffer und ihrem Portfolio nach Ungarn. Nach Westberlin zu kommen war für sie, als wäre sie in einem anderen Jahrhundert gelandet, so erzählte sie mir, in einer Gesellschaft mit vollkommen veralteten Konventionen vor allem im Blick auf Frauen und Kinder: Regeln aus dem 19. in einer Welt des 20. Jahrhunderts. Seit diesem Sommer entstand in der DDR eine in weiten Kreisen des Volkes verankerte Protestbewegung – die friedliche Revolution. Im Oktober kam es in Leipzig, Dresden und schließlich auch Ostberlin zu riesigen Demonstrationen.

• • • • •

Am 4. November 1989, drei Tage vor dem Fall der Mauer, versammeln sich 500 000 Menschen auf dem Alexanderplatz. Christa Wolf hält eine Rede: »Mit dem Wort *Wende* habe ich meine Schwierigkeiten«, sagt sie. Es ist die erste genehmigte, nicht vom Staat organisierte Demonstration in der Geschichte der DDR. Wolf kritisiert die »Wendehälse«, die sich bereits abwendeten und den Sozialismus aufgäben. Jene Leute, die sich »rasch und leicht einer gegebenen Situation anpassen, sich in ihr geschickt bewegen, sie zu nutzen verstehen«. Wolf und viele andere im Osten haben kein Interesse an solch einer glatten Anpassung an die Ideologien des kapitalistischen Westens. Sie und die halbe Million Menschen, zu denen sie spricht, suchen vielmehr nach einer neuen Form von Demokratie, die den Sozialismus nicht aufgibt, sondern vom Kopf auf die Füße stellt und dessen Fußsoldaten an die Spitze setzt. Diese Ideen haben in den vergangenen Monaten Verbreitung gefunden, in denen eine neue politische Gruppe, das Neue Forum, entstand und einen Dialog über politische Reformen forderte. »Revolutionen gehen von unten aus«, erklärt Wolf mit Nachdruck, »Träumen wir mit hellwacher Vernunft! Stell dir vor, es ist Sozialismus, und keiner geht weg!«

Wolfs Rede ist vielen West- und Ostdeutschen über einem gewissen Alter gut bekannt, doch für Außenstehende wie mich fasst ein einziges Ereignis die ganze Bedeutung dieser Zeit in sich zusammen: der »Mauerfall«. Was davor und danach geschah, ist weniger deutlich in Erinnerung geblieben. Als die Mauer am 9. November 1989 fiel, war ich achtzehn Jahre alt und lebte als Au-pair-Mädchen bei einer Familie in Italien. Wir saßen im Wohnzimmer vor dem Fernseher, als die Nachricht kam. Es war ganz offensichtlich ein bedeutsames Ereignis, die Euphorie war deutlich spürbar. Aber ich erinnere mich nicht, was als Nächstes geschah. Im folgenden Sommer machte ich Interrail, reiste mit dem Zug nach Sizilien und mit der Fähre nach Griechenland. Richtung Norden fuhr ich nicht, um mir selbst anzusehen, was da in Berlin vor sich ging.

Ich möchte wissen, wie hier über diesen entscheidenden Augenblick berichtet wurde, und suche deshalb nach den Nachrichtensendungen westdeutscher Fernsehsender aus dieser Zeit. Ich frage mich, ob Melitta Koslowski-Sala wohl am 9. November 1989 in ihrem Wohnzimmer im zweiten Stock des Seitenflügels des Hauses am Ufer saß, rauchte und sich die Tagesschau um 20 Uhr anschaute. Der Nachrichtensprecher berichtet über die am selben Abend abgehaltene Pressekonferenz, in der Günter Schabowski in seiner Funktion als Sekretär des ZK der SED für Informationswesen die Öffnung der Grenzen der DDR zur Bundesrepublik Deutschland ankündigt. Jeder, der reisen will, soll unverzüglich ein Visum erhalten. Auf der Pressekonferenz fragt ein Journalist, ob das auch für »Berlin West« gilt. Die Frage trifft Schabowski offensichtlich unvorbereitet. Er zuckt die Achseln und blättert in seinen Papieren. »Doch, doch«, sagte er, auch diese Grenze werde unverzüglich geöffnet. Der Nachrichtensprecher der ARD wendet sich dann weiteren Nachrichten des Tages zu: Bundeskanzler Kohls Besuch in Polen, fünfzig Jahre nach dem deutschen Überfall auf dieses Land; die 11 000 Ostdeutschen, die über die tschechische Grenze nach Westdeutschland gekommen sind; die Rentenreform und die Anhebung der Fahrpreise bei der Bundesbahn; die Bleiverseuchung von Milch und Menschenrechtsprobleme in der Türkei. Es ist nervenaufreibend, diese Aufzeichnungen im Rückblick anzuschauen. Während der Nachrichtensprecher ruhig aus seinem westdeutschen Fernsehstudio berichtet, haben Ostberliner begonnen, ans Brandenburger Tor zu strömen und die Mauer zu erklimmen.

Am folgenden Tag gehen die 20-Uhr-Nachrichten der ARD nicht mehr ihren üblichen Gang. Der Nachrichtensprecher vermag kaum sein Lächeln zu verbergen, als er über die folgenschweren Ereignisse der letzten Nacht berichtet. Filmaufnahmen im Hintergrund zeigen Menschenmengen, die jubelnd oben auf der Mauer stehen. Bundeskanzler Kohl ist eilends aus Warschau zurückgekehrt und hält vor dem Schöneberger Rathaus eine Ansprache: »Die Grenze zwischen den beiden deutschen Staaten hat ihren Schrecken verloren«, sagt er. Und der Regierende Bürgermeister von Berlin, Walter Momper, erklärt: »Wir Deutschen sind jetzt das glücklichste Volk auf der Welt.« Inzwischen haben bereits Tausende von DDR-Bürgern Westberlin und die Bundesrepublik besucht, eilen unkontrolliert über die nun offenen Grenzen und holen sich ihr offizielles »Begrüßungsgeld« in Höhe von 100 D-Mark pro Person ab. Die Einkaufsmeile Kurfürstendamm ist »eine einzige riesengroße Partyzone«. Weitere Tausende haben sich am Brandenburger Tor versammelt. Blaskapellen spielen, und ein Hupkonzert erklingt, während all diese Menschen in Jeans und Anoraks oder kurzen Lederjacken, mit großen Nickelbrillen, Dauerwellen und Schnurrbärten ausgelassen rund um die Berliner Mauer feiern.

Ob wohl eingesessene Westberliner oder Westberlinerinnen mittleren Alters wie Melitta diesen Wandel nach Jahrzehnten der Teilung begrüßten? Ob sie diese abrupte Beendigung des Status quo willkommen hießen und feierten, während Ostberliner durch den inzwischen geöffneten Checkpoint Charlie strömten? Die in den Mainstreammedien verbreiteten Bilder entsprachen nicht ganz den differenzierten Erfahrungen der Einheimischen. Viele empfanden den völkischen Charakter der Feiern als problematisch, wie das Buch *Der Klang der*

Familie, eine brillante mündliche Geschichte des Aufstiegs der Technomusik im Berlin der 1980er und 1990er Jahre, darlegt. Die dort zusammengestellten Augenzeugenberichte aus der Technoszene lassen ein ganzes Spektrum von Meinungen aus beiden Teilen der Stadt erkennen. »Die haben so getan, als ob wir im Osten Backsteine gefressen hätten«, meint einer und beklagt sich über die herablassende Art der Westberliner, die diese Neuankömmlinge mit Bananen und Kaffee »beschmissen« hätten. Ein anderer ist enttäuscht von dem, was er auf der anderen Seite der Mauer gesehen hatte: »Aber dadurch, dass Westberlin eine so unglaublich spießige und piefige Stadt mit unglaublich spießigen und piefigen Westberlinern war, war das nicht so der Aufreger. [...] Katastrophal schlecht angezogene Menschen. Der Kudamm war alles andere als glamourös.« Umgekehrt findet ein Westberliner aus Kreuzberg alle Ostberliner, die da hereinströmten, »doof«. »Die sahen scheiße aus, benahmen sich blöd, und ich bekam abends kein Obst mehr.«[206]

Am 11. November, um Punkt acht Uhr, berichtet die *Tagesschau*, dass seit dem Mittag dieses Tages insgesamt 2,7 Millionen Visen erteilt worden seien. Die unüberwindliche Barriere ist nun Geschichte.

Der Schwung, der zum Fall der Mauer führte, setzte sich in einer Serie eiliger Entscheidungen fort, die Deutschland auf einen Weg zur Vereinigung brachten, der im Rückblick unausweichlich erscheint, in Wirklichkeit aber alternative Möglichkeiten im Eiltempo ausschloss – und damit genau den Wunsch nach Freiheit ausmerzte, für den die friedliche Revolution gekämpft hatte. Fast 1,2 Millionen Bürger unterzeichnen einen Aufruf mit dem Titel »Für unser Land«, den eine Gruppe ostdeutscher Initiatoren, darunter Christa Wolf, verfasst hat. Darin fordern sie eine eigenständige DDR und die Entwicklung einer solidarischen Gesellschaft statt eines »Ausverkaufs unserer moralischen und materiellen Werte« im Rahmen einer Übernahme durch die Bundesrepublik Deutschland. Dennoch stimmt am 18. März 1990 bei den ersten freien Wahlen in Ostdeutschland seit 1949 eine deutliche Mehrheit der ostdeutschen Bevölkerung für eine Vereinigung. Im Juli folgt die Währungsreform – mit einem Verhältnis von 1:1 für den Umtausch von Ostmark in D-Mark. Und am 3. Oktober findet eine förmliche Zeremonie zur Feier der Wiedervereinigung Deutschlands statt. Das ist nicht der Neubeginn, von dem viele vor dem Mauerfall geträumt haben, doch nach weniger als einem Jahr ist er Wirklichkeit geworden.

Christa Wolf benötigte zwanzig Jahre, um über diese Zeit in Deutschland und in ihrem eigenen Leben zu schreiben. Ihr letzter Roman, *Stadt der Engel*, gewissermaßen eine Fortsetzung von *Kindheitsmuster*, erschien 2010. Aus der geografischen, kulturellen und sprachlichen Distanz einiger in Los Angeles verbrachter Monate vermag Wolf über die »Ereignisse«, wie sie es nennt, nachzudenken. Der ganze Prozess, von den Demonstrationen bis zum Fall der Mauer und der Vereinigung, wurde als »Wende« bezeichnet. Wolf fragt: »Was ›wendete‹ sich denn? Und wohin?«[207] Für sich allein oder mit deutschen Kolleginnen und Kollegen kann sie über die verwickelten Probleme der »sogenannten Wiedervereinigung« grübeln, doch hält sie gegenüber US-Amerikanern ihre Vorbehalte zurück. »Ich wollte die Menschen hier nicht enttäuschen, die erwarteten, daß im vereinten Deutschland jedermann glücklich sein müsse. Nein, von Enttäuschungen stand nichts in den Zeitungen. Nichts von Verlusten. Es wäre mir kleinlich vorgekommen, hier davon zu sprechen.«[208] In ihrem Buch entfaltet Wolf die Widersprüche zwischen ihren eigenen Eindrücken und dem Bild des Übergangsprozesses, das von den Medien gezeichnet, der Öffentlichkeit präsentiert und zu dem Ausdruck »die Wende« komprimiert wurde. Sie schreibt, es habe sie »schon länger beschäftigt, mit welcher Intensität und Eile die politische Klasse und ihre Medien eine ihnen genehme

Namensgebung für Ereignisse betrieben, von denen sie überrascht, vielleicht überrollt worden seien«.[209]

Im vergangenen Jahr feierte man den dreißigsten Jahrestag des Mauerfalls, und die Berliner Tageszeitungen waren voll von Analysen und Interviews. Eine meiner Freundinnen, Kostümbildnerin, mehr oder weniger in meinem Alter und in der DDR aufgewachsen, wird in der *Süddeutschen Zeitung* interviewt. Sie spricht über die Zeit, als sie 1996 nach Berlin kam, über die Freiheit, die Begeisterung, die damit gebotenen Möglichkeiten zur Selbstentfaltung und zu persönlichem Wachstum. Aber auch darüber, dass sie immer noch fast täglich an ihren »migrantischen Hintergrund« erinnert wird. »Mir wurde oft gesagt, dann hast du es ja wirklich weit gebracht als Ostdeutsche«, berichtet sie. »Die Ansage ist immer: Was beschwert ihr euch, seid froh, dass ihr hier mitmachen dürft!«[210]

Christa Wolf las die zweiundvierzig Bände Akten, in denen die Stasi von 1969 bis 1989 ihr Tun und Lassen in allen Einzelheiten aufgezeichnet hatte, und klagte über »die brutale Banalisierung eures Lebens auf diesen hunderten von Seiten«.[211] Aber sie ertrug auch die 1993 bekanntgewordene Enthüllung, dass sie von 1959 bis 1962 als Informantin geführt worden war – etwas, an das sie sich, wie sie behauptete, nicht zu erinnern vermochte. Wie die Vorfahren, denen Wolf in *Kindheitsmuster* verdrängte Erinnerungen zuschrieb, so verdrängte auch sie selbst schwierige Erinnerungen. »Ein ungeübtes Gedächtnis geht verloren, ist nicht mehr vorhanden, löst sich in nichts auf, eine alarmierende Vorstellung. Zu entwickeln wäre also die Fähigkeit des Bewahrens.«[212]

• • • • •

Als die Mauer fällt, können die in der Stadt seit achtundzwanzig Jahren eingeschlossenen Energien wieder fließen, und daraus entsteht eine gewaltige Welle der Potentiale. Berlin wird wieder das Zentrum Europas sein! Trotz dieses folgenreichen Wandels verändert sich der Blick aus dem Fenster im Haus am Ufer nicht sonderlich. Das Blätterdach der Bäume über dem Landwehrkanal. Ein krenellierter Schornstein aus roten Ziegelsteinen. Ein massiver rechteckiger Wohnblock und die silberne Nadel des Fernsehturms. Die Berliner Mauer ist eingerissen worden, zerschlagen von Leuten, die Stücke davon als Souvenir behalten. Die Bühne ist bereitet für ein weiteres Kapitel der Entwicklung. Doch Entwicklung geschieht niemals in einem Vakuum. Bauwerke wie die Berliner Mauer oder die 1945 ausgebombten Gebäude bergen eine besondere Art von Energie, die Architekten als »graue Energie« bezeichnen. Graue Energie steckt in den Materialien, aus denen unsere gebaute Umwelt besteht, ja überhaupt in jeglichem Material, und sie akkumuliert sich mit der Zeit. So etwas wie leeren Raum gibt es nicht. Etwas in der Art von Energie bleibt stets zurück.

Weniger als ein Jahr nach dem Mauerfall beginnen die Planungen für ein neues Gebäude, das ich nun sehen kann, weil die obere rechte Ecke über dem Excelsiorhaus hervorragt. Es ist eines meiner Lieblingsgebäude in Berlin: ein Hochhaus, das trotz seiner Höhe und Breite kein massiver Kasten und auch keine streng rechteckige Machtdemonstration wie das des Axel-Springer-Verlags ist. Der fünfunddreißig Fensterflächen breite, aber nur acht schmale Fensterflächen tiefe Baukörper ist schlank und leicht ellipsenförmig geschwungen. Die Fassade ist kein unveränderliches Raster aus Wand- und Fensterflächen, sondern ein Patchwork farbiger Läden in Leber-, Lachs-, Beige- und Rottönen, das sich über den Tag in einer Komposition belebter Farbfelder ständig verändert. Statt fest im Boden verankert zu sein, balanciert diese farbenfrohe, geschwungene Fläche auf einem langen, horizontalen, auf Straßenniveau befindlichen Sockel mit Geschäften und Büroräumen. Dank seiner Farben, seiner geschwungenen Form, seiner Eleganz und seines Esprits sticht das Hochhaus aus dem üblichen Einerlei der Umgebung heraus. Es war das erste Gebäude, dessen Bau in der ungeteilten Stadt in Auftrag gegeben wurde.

Im Herbst 1990 wurde ein Wettbewerb für den Entwurf eines neuen Hauptgebäudes des Berliner Wohnimmobilienunternehmens GSW ausgeschrieben. Das neue Gebäude sollte in der Kochstraße in der südlichen Friedrichsstadt errichtet werden (die Straße wurde später in Rudi-Dutschke-Straße umbenannt, nach dem politischen Aktivisten, der 1968 Opfer eines Attentats wurde, das die Studentenbewegung in Aufruhr versetzte). Der Bauplatz befand sich in solcher Nähe zum Verlauf der gerade erst niedergerissenen Mauer, dass das Projekt unvermeidlich als Auseinandersetzung mit der Vereinigung der beiden Hälften Berlins empfunden werden musste. Sechs Architekten wurden eingeladen, Entwürfe einzureichen, darunter auch Matthias Sauerbruch. Er lebte damals in London, wo er gerade gemeinsam mit seiner Partnerin Louisa Hutton ein Architekturbüro gegründet hatte, doch davor hatte er in Westberlin gelebt und in den 1970er Jahren Architektur studiert.

Ich hatte Matthias Sauerbruch und Louisa Hutton in Künstlerkreisen kennengelernt und trat mit ihnen in Kontakt, um mich zu erkundigen, ob ich mit ihnen über das GSW-Gebäude sprechen könne. In ihren Büros unweit des neuen Hauptbahnhofs versehen sie mich freigebig mit Einblicken in die komplexe Stadtgeschichte Berlins. Sie sind ein fesselndes Duo. Hutton eine eindrucksvolle Frau mit dichtem, aus dem Gesicht gekämmtem grauem Haar und einer sonoren Stimme, die in der männlich dominierten Baubranche zweifellos Aufmerksamkeit erregt. Sauerbruch schlank, nachdenklich und mit einem beweglichen Verstand. Ihr Ansatz für den Entwurf des GSW-Komplexes, so sagen sie mir, habe in der »Tradition des englischen Landschaftsgartens« gegründet. »Wir wollten in positiver Weise mit dem Vorgefundenen arbeiten«, erklärt Hutton. »Statt aus einer idealistischen Strategie, die Gesetze und Regeln aufstellt, kommt dieses Denken aus der Situation.« Ihr siegreicher Entwurf arbeitete mit der »grauen Energie« des Ortes und übernahm die gesamte »bestehende Materie«, die sich dort befand – einschließlich eines hässlichen und nichtintegrierten siebzehnstöckigen Hochhauses aus den 1950er Jahren, das die Büros der GSW bis dahin beherbergt hatte. Daraus schuf der Entwurf ein neues Ensemble, das die einzelnen Teile miteinander verbindet. Der gesamte Entwurf berücksichtigt den Aspekt der Energieeinsparung, und so ist der schlanke hohe Bau nach Westen ausgerichtet. Die vielfarbigen Läden sind Sonnenblenden, die der Abschattung dienen. Die emblematische Hochhausscheibe ist nur ein Element eines Ensembles, das aus fünf Teilen verschiedener Form und Größe besteht und das aus den 1950er Jahren stammende Hochhaus einrahmt, um es wieder an die Straßenebene anzubinden. Die spielerische architektonische Mischung antwortet mit bemerkenswerter Leichtigkeit auf die heterogene städtische Umgebung und schiebt sich auf suggestive Weise zwischen eine überkommene Vergangenheit und eine unbekannte Zukunft.

• • • • •

Mein eigenes Verständnis von Architektur gründet weniger in harten Fakten als in gewissen Empfindungen, die damit zu tun haben, wie ein Gebäude als Treffpunkt zwischen Ort und Mensch agiert. Das Gefühl, dass etwas richtig oder falsch für einen bestimmten Ort ist, lässt sich nur schwer genauer erklären. Es betrifft Proportionen und Flächen, aber auch den Respekt vor der »grauen Energie« des vorhandenen Materials und den Resonanzen, die sich mit der Zeit dort akkumuliert haben. Eine offene Einstellung und die Bereitschaft, mit den historischen und physischen Gegebenheiten des betreffenden Ortes zu arbeiten.

Obwohl Sauerbruchs und Huttons Entwurf für das GSW-Gebäude von der Jury einmütig ausgewählt wurde, dauerte es noch vier weitere Jahre, bis die Baugenehmigung vorlag. Zwei Monate nach der Entscheidung für den Entwurf wurde ein neuer Senatsbaudirektor, Hans Stimmann, in sein Amt eingeführt. Er war ein entschiedener Gegner des Entwurfs und setzte im ersten Jahr seiner Amtszeit alles daran, dessen Realisierung zu verhindern. »Vier Jahre lang torpedierte er das Projekt«, erzählt mir Hutton, doch letztlich konnte er es nicht zu Fall bringen. Der erste Grundstein wurde im Juni 1995 gelegt, abgeschlossen wurde der Bau allerdings erst 1999.

Hans Stimmann war kein Architekt, sondern ein Stadtplaner. Ihm ging es bei der Umgestaltung der wiedervereinigten Stadt weniger um die Schaffung einer einladenden städtischen Umwelt als um die Regulierung ihrer Entwicklung. Er sorgte für die Verabschiedung strenger Bauordnungen, die eine einheitliche Gebäudehöhe von zweiundzwanzig Metern bevorzugten, Vorgaben für die Gestaltung der Fassaden machten (möglichst Stein oder Keramik statt Glas oder Stahl) und an der Straßenführung aus der Vorkriegszeit festhielten. Er erteilte großen architektonischen Visionen eine Absage und setzte sich stattdessen für eine pragmatische Stadtplanung ein, die sich an historischen Vorbildern orientierte, insbesondere an James Hobrechts Straßenplan von 1862. Er ignorierte die Jahre des Konflikts und der Barbarei, der Teilung und der Unterdrückung, des Experimentierens und der wilden Unterschiede, die diesem Augenblick im Narrativ Berlins vorausgegangen waren, und dachte dabei an eine Hauptstadt mit einer homogenisierten und normalisierten Architektur.

In einem Videointerview von 2018, Teil einer Serie von Interviews, die der architektonischen Identität Berlins nachgeht, wirkt Stimmann wie jemand, der sich unbehaglich fühlt.

Sein hageres Gesicht wird von einem großen weißen Schnurrbart verdeckt, und er trommelt mit den Fingerspitzen auf der Schreibtischplatte, als die drei jungen Architekten, die diese Serie produzieren, ihn befragen. Er blockt ihre Fragen ab und schaut wiederholt auf die Uhr, während er die Rolle der Stadtplanung auf Kosten der Architektur hervorhebt. »Man muss Instrumente so machen, dass sie kontrollierbar Stadt produzieren. Einfache Regeln«, sagt er und erklärt an anderer Stelle, dass dies nichts mit Architektur zu tun habe. Auch das ist ein weites Feld.

Stimmann blieb bis 2006 im Amt und steuerte Berlins Wiederaufbau in diesen entscheidenden Jahren in eine von Konservatismus geprägte Sackgasse. Das Ergebnis ist, nach dem Architekturkritiker Niklas Maak, eine Straße wie die Friedrichstraße, deren Häuser »mit ihren Fassaden so aktenordnerhaft trostlos dastehen«.[213] Eine Stadt voller »Fassaden von erschlagender Feigheit«, schreibt der Journalist Georg Diez.[214] Oder wie Matthias Sauerbruch es ausdrückte: »dumpf, lieblos, befremdlich und alles andere als einladend«. Der Wiederaufbau des wiedervereinigten Berlins gilt vielen als die größte vertane Chance in der neueren Geschichte der Architektur.

• • • • •

»Wiedervereinigung« ist ein umstrittener Ausdruck. Wie konnten die gesonderten Gebilde Ost- und Westdeutschland wiedervereinigt werden, wenn sie zuvor doch nie existiert hatten? Während die DDR-Vergangenheit zunehmend diskreditiert und geleugnet wurde, machte man Westdeutschland den Vorwurf, den Prozess mit einer Siegermentalität angegangen zu haben. Die Teilung Deutschlands sei lediglich ein weiteres, von Scham erfülltes Kapitel, dessen unschöne Bruchstücke unter den Teppich gekehrt würden. Die

Möglichkeit einer langsamen, organischen Entwicklung, die Ambiguität zugelassen hätte, und daraus erwachsende Chancen seien durch Abkürzungen, Kompromisse und möglichst rasches Wirtschaftswachstum ersetzt worden. Der Fehler in der »Wiedervereinigung« habe in dem Glauben bestanden, man könnte die Uhr zurückdrehen und aus diesem Haufen von Überresten das Ganze wiederherstellen, das vor einem Jahrhundert existiert hatte.

Der Bundestag in Bonn beschließt am 20. Juni 1991 nach einer elfstündigen Debatte, dass Berlin die neue Hauptstadt des Landes werden solle. Im Westen sind viele skeptisch und gegen diese Entscheidung: Berlin liegt besorgniserregend nahe bei Osteuropa. Als die Entscheidung getroffen ist, entstehen Pläne, den Potsdamer Platz zum triumphalen Gesicht der geeinten Nation zu machen. Der Todesstreifen wird an Großinvestoren ausverkauft. Daimler-Benz erwirbt 60 000 Quadratmeter zu einem Zehntel des regulären Preises. Sony kauft ein weiteres Grundstück. Eine Handvoll international bekannter Architekten liefert rasch einen Plan, dann rücken die Baumaschinen und Baukräne an. Die Atmosphäre des fertigen Platzes ist heute allerdings weder lebendig oder einladend noch aufregend oder anziehend. Der Wind bläst scharf die Leipziger Straße entlang, eingezwängt zwischen den strengen Fassaden von Gebäuden, die in einer erbitterten Konfrontation zueinander stehen. Die meisten Besucher sind Touristen, die den Platz auf einer Liste der Sehenswürdigkeiten abhaken. Es liegt eine derart spürbare Ablehnung in der Luft, dass ich mich frage, ob hier überhaupt jemand wohnen kann. Die Straßen hinter dem Potsdamer Platz, zwischen den Hochhäusern auf beiden Seiten der Leipziger Straße und den Grenzen des früheren Potsdamer Bahnhofs, wirken unbewohnt. Dort finde ich auch die Gedenktafel mit dem Hinweis auf das Haus, in dem Theodor Fontane einst lebte und seine im wilhelminischen Berlin spielenden Romane schrieb.

Vor einigen Jahren befand sich dort ein Starbucks, doch der ist inzwischen gleichfalls verschwunden.

»Da ist eine Leere in Berlin, in dem Erleben, wenn man durch die Straßen und zwischen den Gebäuden spaziert«, lese ich in den Notizen, die ich irgendwann in den letzten zwei Jahren in mein Smartphone geschrieben habe. »Etwas Flaches, etwas Tristes, das nicht nur mit Farbe zu tun hat. Auch der Himmel ist eher eintönig leer als grau. Eine Leerstelle.« Niemand möchte hierherkommen. Parvati, die Feng-Shui-Meisterin, erzählt mir, wenn sie hier durchkomme, führe sie stets kleine private Heilzeremonien durch.

· · · · ·

Fünfundzwanzig Jahre sind seit dem Mauerfall vergangen, als ich mit meiner Familie in das Haus am Ufer einziehe, doch die Situation hier erscheint immer noch ungeklärt. Auch unsere Wohnung wirkt anfangs eher unwillig, uns dort wohnen zu lassen. Einige ihrer Teile halten an der Vergangenheit fest, einer zweifelhaften Vergangenheit, die immer noch in den Ecken steckt und die Wände verdunkelt. Nach ihrer ersten Begutachtung kommt Parvati in die Wohnung zurück und führt Raum für Raum kleine Rituale durch; sie zündet Streichhölzer an, vollführt Gesten und malt unsichtbare Zeichen an die Wände. Als sie fertig ist, ruft sie mich in die Wohnung zurück, und ich muss zugeben, dass die Räume irgendwie verändert wirken, vor allem das Berliner Zimmer. Während die Luft zuvor dick und auf subtile Weise grau erschien, ist sie nun hell und klar. Als ich aus dem Fenster schaue, sehe ich zum ersten Mal die Spitzen der Gebäude an der Straße dahinter. Trotz der Ambivalenz draußen ist das Innere unserer Wohnung zum Leben überredet. Das modrige Gefühl ist verschwunden. Ich kann mich nun frei bewegen und die Bühne für die Bewohnung durch unsere frisch gefestigte Familie bereiten. Als Parvati auf dem Balkon des Berliner Zimmers ihr Ritual zur Abdichtung der Außenwände ausführte, so erzählt sie mir später, fing ihre Streichholzschachtel in einem Energieausbruch Feuer. Sie zeigt mir die versengten Spitzen ihres feinen, gewellten Haars.

· · · · ·

Die Fehler des Wilhelminischen Zeitalters, die den Anlass zu Werner Hegemanns *Das steinerne Berlin* bildeten und zu dem von Benjamin beklagten Häusermeer führten, wurden ein Jahrhundert später wiederholt. Nun kommt es erneut zu den Mängeln, die Karl Scheffler 1913 beanstandete: »Man fühlt, daß kein Rhythmus in der Stadt ist.«[215] Nur in einer kurzen Zeitspanne zwischen 1960 und 1966 gab es eine gewisse Entlastung von den kurzsichtig-bürokratischen Neigungen der Berliner Stadtplaner, als Werner Düttmann das Amt des Westberliner Senatsbaudirektors innehatte. Der 1921 in Berlin geborene und auch als freier Architekt arbeitende Düttmann zollte der Heterogenität der Stadt Anerkennung. »Berlin ist viele Städte«, schrieb er, und die verschiedenen Versionen koexistierten nacheinander wie auch nebeneinander. Er brandmarkte die Gleichgültigkeit in der Architektur und betonte die Notwendigkeit, sich dem Wandel zu stellen: »Wirkliche Vitalität aber ist das zunächst Unplanbare, für das wir planen müssen.«[216]

Einen Saum aus Kultureinrichtungen hatte schon Scharoun in seinem Entwurf von 1958 vorgeschlagen, und Düttmann (ein ehemaliger Schüler von Scharoun) griff den Gedanken 1962 auf. Er überredete Mies van der Rohe, der Deutschland 1937 verlassen hatte, dort sein einziges Gebäude im Nachkriegsdeutschland zu bauen. Die Neue Nationalgalerie, ein Pavillon aus Glas und Stahl, gleich an der Potsdamer Brücke und auf demselben Gelände, auf dem man den ersten Grundstein für Speers Germania gelegt hatte. Scharoun konnte dort seine großartige goldene Philharmonie errichten, und 1964 gewann er auch den Wettbewerb für den Bau der Staatsbibliothek, eines seiner letzten Gebäude, das 1979 posthum fertiggestellt wurde. Düttmann hinterließ sein Signet auf diesem zerzausten Gelände, indem er diese drei visionären, der Kultur dienenden Bauten in Auftrag gab – ein Statement am Rande des Niemandslands Potsdamer Platz.

In Stimmanns Version des frühen 20. Jahrhunderts wird dagegen jeglicher Instinkt für Lebendigkeit ersetzt durch Gesetze, Regeln, Polizisten und Beamte. Nur ausgewählte Teile der Vergangenheit werden eingelassen, und graue Energie wird schamlos verschwendet. Kummer und Bedauern treten in den Energiekammern Berlins an die Stelle des nach dem Mauerfall aufgekommenen Optimismus.

• • • • •

Ein Buch mit dem Titel *Feng Shui and Architecture,* das ich in Scharouns Staatsbibliothek finde, dokumentiert eine akademische Konferenz, die 2010 in Berlin stattfand, und extrapoliert einige der am Potsdamer Platz begangenen Fehler. Florian Reuter, Sinologe an der Abteilung für Asien- und Afrikawissenschaften der Humboldt-Universität, räumt gleich zu Beginn seines Papers die wahrgenommenen »Ungereimtheiten und Konflikte, willkürlichen oder subjektiven Interpretationen, fehlenden empirischen Modelle für präzise Voraussagen« ein, die einer Anerkennung des Feng-Shui im Wege stehen. Dennoch verteidigt er es als eine praktische Kunst. Es beruhe auf »der chinesischen Gewohnheit, Vergleiche zu ziehen« und sensibel auf die Bedingungen der Atmosphäre zu reagieren: Wind und Wasser, Licht und Schatten, Schutz und Offenheit – tatsächlich ganz ähnliche Überlegungen, wie Sauerbruch und Hutton sie beim Entwurf des GSW-Gebäudes anstellten. Was

Berlin betrifft, so schreibt Reuter, »mögen wir uns fragen, ob die Allgegenwart und Gefahr von Grundwasser und die verschiedenen offenen Wasserwege Berlin überhaupt für vielversprechende Bauten qualifizieren«. Schließlich sei kein Ort leer, und Berlin habe stets Probleme mit dem Wasserspiegel gehabt.

Reuter kritisiert die Bebauung des Potsdamer Platzes im Hinblick auf Prinzipien des Feng-Shui nicht zuletzt deshalb, weil die Möglichkeit einer Verbindung zu dem nahegelegenen Wasserweg nicht genutzt wurde. »Das architektonische Ensemble am Potsdamer Platz ignoriert die Existenz des Landwehrkanals mit seinem Qi oder atmosphärischen Potential und Einfluss.«[217] Stattdessen richte man die ganze Aufmerksamkeit auf Straßen und Autos, die an die Stelle des offenen Energieflusses des Wassers träten und für einen verheerenden Abfluss jeglicher Energie sorgten, die durch Architektur möglicherweise geschaffen werde. Die Schwierigkeiten, denen Berlin aufgrund des unheilvoll sumpfigen Geländes und der Bedrohung durch das Grundwasser ausgesetzt sei (von der neueren Geschichte gar nicht zu reden), ließen sich durch intelligente Beobachtung umgehen – indem man hinschaute und die Landschaft, die Gebäude, die Atmosphäre und das Geschehen in der Vergangenheit läse, die zusammen die Gegenwart bilden –, etwa indem man den Wert der Bauten von Scharoun und van der Rohe wie auch des nahegelegenen Tiergarten und des Landwehrkanals anerkennt.

In diesem Sinne ist der Potsdamer Platz der größte Fehlschlag von allen. »Der fürchterliche architektonische ›Triumph‹ der Firmenhochhäuser, die so heimtückisch angeschrägt sind, dass sie deinen Körper in Scheiben schneiden, wenn du daran vorbeikommst«, schrieb mein Freund, der verstorbene Künstler und Kurator Ian White in seinem unnachahmlich bissigen Skript. »So viel zur Wiedervereinigung.«[218]

• • • • •

In dem Bemühen, nach der »Wende« die leeren Räume in der Kartografie Berlins möglichst rasch zu füllen, wurde beschlossen, die Löcher mit den im späten 20. und frühen 21. Jahrhundert üblichen Einkaufs-, Gastronomie- und Unterhaltungsdienstleistungen zu stopfen. Später kamen nichtssagend glatte und schlecht proportionierte Apartmenthäuser mit Namen wie »High Park« hinzu. Auch heute, fünf Jahre nach der Fertigstellung, steht die Hälfte der Apartments dieses an der Ecke der Gabriele-Tergit-Promenade errichteten Gebäudes immer noch leer. »Wohnen auf höherem Niveau« – so hatte man während der Bauzeit vollmundig auf Plakaten geworben. Außergewöhnliche Gebäude wie das GSW-Ensemble von Sauerbruch und Hutton erlauben es, dass Fragen bleiben und in die Gegenwart einfließen, indem sie historische Verbindungen sichtbar machen und als solche stehen lassen. Den Potsdamer Bahnhof mit einer Rasendecke zu überziehen und mit seelenlosen Kästen einzurahmen, hat genau den gegenteiligen Effekt. Dem Areal scheint jede Gründung oder Verankerung zu fehlen, als hätte es nicht an unsere Raum-Zeit-Koordinaten angedockt und bliebe in der Schwebe – zögernd, unvertäut, unsicher hinsichtlich seines Übergangs von den Vorstellungen der Architekten in die Realität. Landschaft und Diskurs sind gleichermaßen eingemummt in eine Art von Nicht-Ort. Irgendwie macht das Sichtbare sich kaum bemerkbar, obwohl es nun schon seit mehr als zwei Jahrzehnten da ist.

Berlins zufällige Gedenkstätten in Gestalt von Brachen und unbebauten Grundstücken verschwinden für immer. Unterdessen sind die trägen Geometrien in der Umgebung des ehemaligen Potsdamer Bahnhofs kaum bewohnt. Die Läden in den Potsdamer Platz Arkaden schließen einer nach dem anderen, bis die Arkaden schließlich vollständig geschlossen werden und in einem Schwebezustand verharren, während man darüber nachdenkt, wie man sie neu erfindet und mit einem anderen Consumer Content füllen könnte. Daimler verkauft die neunzehn Gebäude, die das Unternehmen am Potsdamer Platz besitzt, 2007 an eine schwedische Investmentbank, wie die Presse berichtet, mit einem beträchtlichen Verlust. Auch Sony verkauft 2008 – an ein internationales Konsortium, das diese erstklassige und im historischen Zentrum Berlins befindliche Liegenschaft zwei Jahre später an eine kanadische Investmentgesellschaft weiterverkauft. Das internationale Kino im Sony Center schließt. Die Zahl der Auszüge übersteigt die der Einzüge. Als zögen Leben und Kapital sich zurück, um an andere Orte zu fließen.

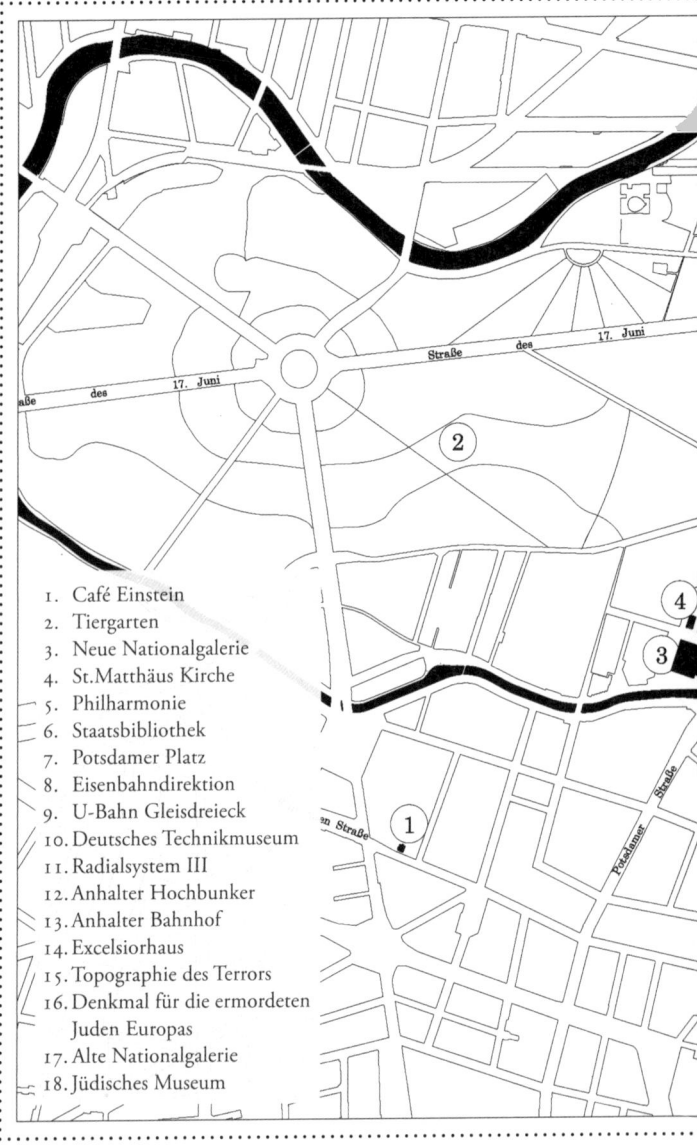

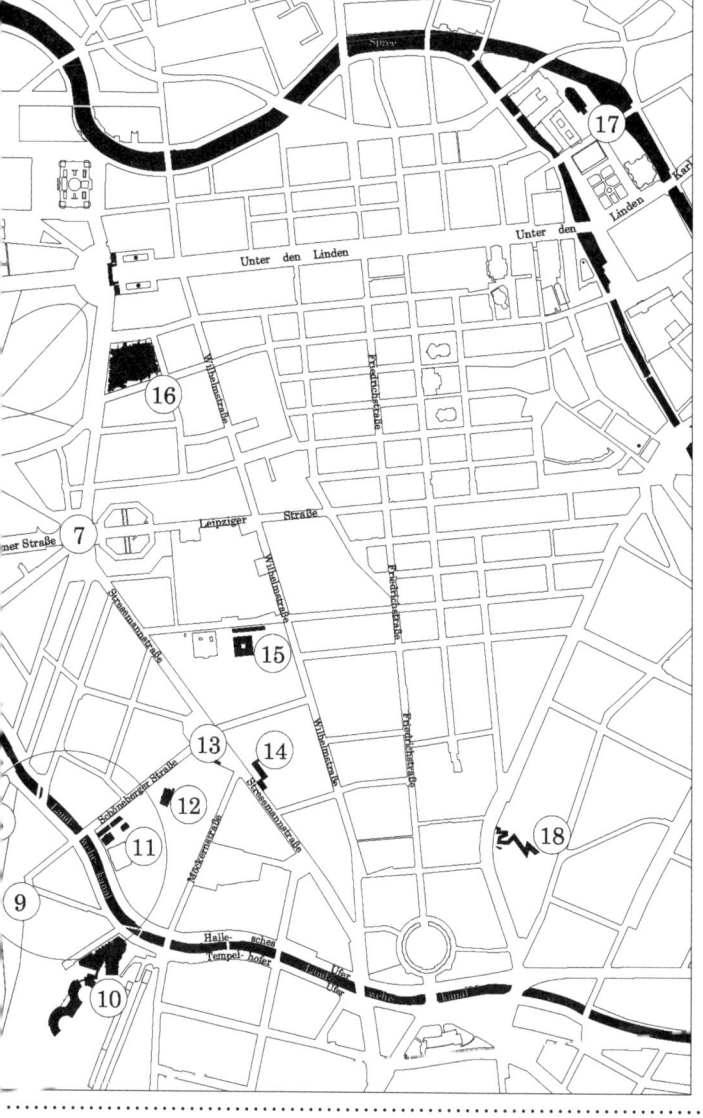

XX.
VERDRÄNGUNG

EIN SONNTAGNACHMITTAG IM MAI – überall an den vielen tausend Bäumen in ganz Berlin entfalten sich frische grüne Blätter aus den Knospen. Ich versuche immer noch, die Ent-Teilung der Stadt in den Griff zu bekommen und sie in einem stofflichen Sinne zu erfassen. Ich denke mir, die beste Möglichkeit dazu böte ein Spaziergang entlang der Mauer. Mein älterer Sohn begleitet mich. Er ist siebzehn und hat die Pubertät gerade so weit hinter sich gelassen, dass er wieder bereit ist, sich mit seiner Mutter in der Öffentlichkeit zu zeigen. Wir beginnen unseren Spaziergang an der Oberbaumbrücke, die in Kreuzberg über die Spree führt, und gehen von dort in Richtung der East Side Gallery, einem kilometerlangen, wegen seiner bunten Malereien berühmten Reststück der Berliner Mauer, an dem es meist von Touristen wimmelt. Die Mauer verlief hier am nördlichen Ufer des Flusses, aber die Spree selbst gehörte zu Ostberlin. Erst als die Spree das Reichstagsgebäude und den Tiergarten erreichte, wechselte sie die Gefolgschaft und wurde Teil des Westens. Wie ich später herausfand, ertranken zwischen 1966 und 1975, als die Stadt noch geteilt war, bei verschiedenen

Unfällen in der Nähe der Oberbaumbrücke insgesamt fünf Kinder in der Spree. Die DDR-Wachsoldaten auf der Brücke leisteten den ins Wasser gefallenen Westberliner Kindern keine Hilfe. Erwachsene am Kreuzberger Ufer hatten Angst, ins Wasser zu springen und die Kinder zu retten, weil sie befürchteten, beschossen zu werden. Nach dem Tod des fünfjährigen Çetin Mert 1975 versammelten sich mehr als tausend Menschen meist türkischer Herkunft am Ufer der Spree und protestierten gegen die mörderische Politik, die so etwas zuließ. Erst danach einigten sich Ost und West auf ein Notverfahren für solche Fälle.

Als mein Sohn und ich die East Side Gallery hinter uns lassen, verschwinden die Touristen, und es wird schwieriger, den einstigen Verlauf der Mauer zu finden. Der Zweck unserer Expedition scheint vollkommen losgelöst von den Straßen, die wir entlanggehen, als hätte ich diese unsichtbare Mauer, diese Geschichte und all ihre tragischen Folgen nur geträumt. Manchmal kann ich den Verlauf nur bestimmen, indem ich mit dem Finger der roten Linie auf dem Stadtplan folge, den ich mitgenommen habe. Manchmal zeigt eine im Asphalt verlegte Doppelreihe aus Pflastersteinen an, wo die Mauer einmal stand, wie eine Narbe in der Straßendecke. Manchmal verweist eine in den Boden eingelassene Bronzeplatte mit der Aufschrift »BERLINER MAUER 1961–1989« auf deren Abwesenheit. Doch diese Markierungen sind nur erratisch und finden sich immer seltener, als scheute sich diese einst historische Grenze, gesehen zu werden. Als wir unseren Weg südwestwärts durch Kreuzberg Richtung Moritzplatz fortsetzen, fühlt sich die Gegend immer ambivalenter und provisorischer an. Es ist, als wollten die Aktivitäten auf der Straße und in den Gebäuden irgendwie nicht eindringen, als wären sie nicht wirklich verbunden und zu einer Verbindung auch nicht fähig. Was sollte sich in einer Stadt verbinden? Leben mit Straßen? Menschen mit Gebäuden? Ein Mensch mit dem anderen?

Mitte der 1950er Jahre war dieser Teil von Kreuzberg voller heruntergekommener wilhelminischer Mietshäuser, deren Wohnraum nun an gerade eingewanderte Arbeiter vermietet wurde – von denen man statt des üblichen Quadratmeterpreises eine Pro-Kopf-Miete verlangte. Zunächst kamen italienische und griechische, später dann türkische Immigranten. Sie wurden wenig hilfreich als »Gastarbeiter« bezeichnet – was den Gedanken nahelegte, dass ihr Aufenthalt nur von begrenzter Dauer, aber auch, dass Westdeutschland ein großzügiger Gastgeber war, dem die Gäste dankbar sein sollten. Die Bezeichnung »Gastarbeiter« ging zurück auf diverse ab 1955 abgeschlossene Anwerbabkommen, und ein solches wurde 1961 auch erstmals mit der Türkei vereinbart. Innerhalb der rhetorischen Struktur des »Gastarbeiters« wurde Migration als eine rein vertragliche Einbahnstraße dargestellt. Von der Möglichkeit, dass Migration ein Motor sozialen Wandels sein könnte, sprach niemand. Stattdessen etablierte sich schon bald eine reaktionäre Entgegensetzung zwischen »Deutschen« und »Anderen«, und es entstand eine gegen Einwanderung gerichtete Bewegung. Ein Artikel mit dem Titel »Die Türken kommen – Rette sich, wer kann«, der 1973 im *Spiegel* erschien, steckt voller rassistischer Klischees und diskriminierender Einstellungen. Damals lebten 20 000 Türken in Kreuzberg – eine »Invasion«, wie der *Spiegel* es ausdrückte. »Es entstehen Gettos, und schon prophezeien Soziologen Städteverfall, Kriminalität und soziale Verelendung wie in Harlem«, heißt es dort unter Verwendung typisch rassistischer Sprachbilder.[219] Fassbinder war einer der wenigen, auf den man zählen konnte, wenn es darum ging, diese Ängste und diese Heuchelei frontal anzugehen, vor allem in seinem 1974 entstandenen Film *Angst essen Seele auf.* Darin verliebt sich die sechzig Jahre alte Witwe Emmi in den jüngeren marokkanischen »Gastarbeiter« Ali, der von El Hedi ben Salem, Fassbinders damaligem Geliebten, gespielt wurde. Als ich Anfang der 2000er Jahre wie viele andere sogenannte »Kulturarbeiter« und »Kulturarbeiterinnen« nach Berlin kam, die von der Offenheit und Bezahlbarkeit der Stadt aus anderen Teilen Europas und den USA angezogen wurden, wunderte ich mich über die sorglose Diskriminierung der immigrierten Bevölkerung, die in einem deutlichen Gegensatz zu meinem erkennbaren Immigrantenstatus stand. Als Nordeuropäerin mit blondem Haar und heller Haut scheine ich dazuzugehören und oberflächlich als Deutsche durchzugehen, während das Englische als meine Muttersprache mir ein sprachliches Privileg beschert. Die Legitimität meiner Anwesenheit hier wurde nie in Zweifel gezogen.

• • • • •

Mein Sohn und ich kommen an einem Baugrundstück vorbei, auf dem anscheinend ein neuer Wohnblock genau auf dem einstigen Verlauf der Mauer errichtet wird. Ob das überhaupt erlaubt ist, frage ich mich. Wir gehen weiter durch das nördliche Kreuzberg, wo seltsam glatte Wohnblocks und Bürogebäude die Straßen in alle Richtungen säumen, vorbei am Axel-Springer-Hochhaus, dann weiter zum Checkpoint Charlie und der Mauerstraße, in der früher einmal der Vater meines Sohnes wohnte, und schließlich zur »Topographie des Terrors« in der Südlichen Friedrichstadt. Mein Sohn verlässt mich, um Freunde zu besuchen, und ich gehe allein zurück nach Hause, über die Schönberger Straße Richtung Kanal. Kurz vor der Brücke, unmittelbar vor dem zweistöckigen Ziegelbau der 1987 im Rahmen der IBA gebauten Grundschule, schaue ich zufällig auf den Boden und bemerke eine kleine, in den Bürgersteig eingelassene Messingtafel, zehn Zentimeter im Quadrat, in deren matte Oberfläche Worte eingraviert sind:

HIER WOHNTE
ADOLF REICH
JG. 1884
DEPORTIERT 1.3.1943
ERMORDET IN
AUSCHWITZ

Die Tafel erinnert an den Bewohner eines Hauses, das nicht mehr da ist. Ein einzelner Fall von Verschwinden, ein einzelnes, aus dem Gewebe der Stadt herausgerissenes Leben. Kleine Messingplatten wie diese sind seit 1996 zu einem weiteren Element der ortstypischen Berliner Bürgersteige geworden. Die »Stolpersteine« sind Berlins wirkungsvollstes Mahnmal für die Verluste. In die Oberfläche der Straßen eingelassen, über die wir tagtäglich gehen, erinnern sie an die anderen gewöhnlichen Bürger, die hier einst gleichfalls lebten, bevor sie abrupt entwurzelt und in den Tod geschickt wurden. Das Internet assistiert und bietet biografische Details zu jeder der genannten Personen. Adolf Reich war der Sohn eines jüdischen Kaufmanns, unverheiratet und kinderlos, ein Textilgroßhändler, der in der Bahnhofstraße 2 wohnte, einer Straße gleich hinter dem Anhalter Bahnhof, die es heute nicht mehr gibt. Ab 1941 wurde er als Zwangsarbeiter in einem Berliner Rüstungsbetrieb eingesetzt, bis er 1943 verhaftet, deportiert und in Auschwitz ermordet wurde.

Die oberflächenbündig in das Pflaster ganz gewöhnlicher Gehwege eingelassenen »Stolpersteine« bilden zusammen ein antimonumentales Mahnmal. Sie erinnern daran, dass die Gräueltaten genau dort, unter Nachbarn in den Straßen und Gebäuden der Stadt, ihren Anfang nahmen. Allein in Berlin sind bislang 8786 Stolpersteine verlegt worden, und inzwischen gibt es davon mehr als 75 000 an Tausenden von Orten in ganz Europa.

Dieses konzeptionell scharfe und auf Erweiterung ausgelegte Mahnmal geht nicht auf staatliche Initiative zurück, sondern ist ein Graswurzelprojekt, das der Künstler Gunter Demnig ins Leben rief, ein 1947 geborener »68er«, dessen Kunst im Protest – ursprünglich gegen den Vietnamkrieg – gründet. Den Anfang machte ein Projekt zum Gedenken an die Sinti und Roma unter den Opfern des Holocaust, später dann bat Demnig Nachfahren von Holocaust-Opfern wie auch lokale Geschichtsvereine, mögliche Orte für Stolpersteine zu benennen. Jeder Stein wird vor der Schwelle der »letzten freiwillig gewählten Adresse« der darauf genannten Person verlegt.

• • • • •

Wie soll Gedenken in einer Stadt mit einer Vergangenheit wie dieser gestaltet werden? Die Frage stellt sich immer wieder, ist sie doch durchsetzt mit konfligierenden Wünschen, politischen Vorstellungen und Prioritäten. Das lässt sich etwa an der »Topographie des Terrors« auf dem Gelände des Prinz-Albrecht-Palais erkennen. In der Nazizeit wurde das Palais von der ss und der Gestapo benutzt; in den Kellerräumen verhörten und folterten sie dort inhaftierte Gefangene. Die von Bomben beschädigten Überreste des Baus wurden 1949 gesprengt, das Gelände wurde freigeräumt und eingeebnet – eine weitere Tabula rasa. Zwischen dort lebenden Bürgern und staatlichen Stellen kam es zu einer Debatte über die Frage, ob man hier eine Gedenkstätte bauen oder das Areal einfach so belassen sollte, wie es war. Es folgten Architekturwettbewerbe und Auseinandersetzungen, doch als eine symbolische Grabung 1985 Gestapozellen ans Licht förderte, initiierte man eine staatlich subventionierte archäologische Ausgrabung. Die 1987 veranstaltete, ursprünglich temporäre Ausstellung »Topographie des Terrors« wurde in eine Dauerausstellung umgewandelt, die ihre Besucher einlädt, das überwachsene Gelände zu erkunden, auf dem Schrift- und Bildtafeln darüber informieren, was dort einst war und geschah. Das Erbe der Gräueltaten von ss und Gestapo wurde dadurch in der aktuellen Geografie Berlins verortet – eine offene Wunde, die für alle sichtbar bleibt.

Die beiden offiziellen Berliner Gedenkstätten – das Jüdische Museum und das Holocaust-Mahnmal – sind seit den späten 1980er Jahren Gegenstand noch leidenschaftlicherer Debatten. Wie soll der Opfer der Shoah gedacht werden? Hier, in der Stadt der Täter? Man wählte schließlich ein Gelände in unmittelbarer Nähe des Brandenburger Tors, und der Bundestag akzeptierte 1999 den Entwurf des Architekten Peter Eisenmann. Das »Denkmal für die ermordeten Juden Europas«, das 2005 fertiggestellt wurde, nutzt nicht Information, sondern das physische Empfinden eines Körpers im Raum als Mittel für das Gedenken an die Grausamkeiten. Anfangs meint man, in einen Wald aus geometrischen Steinblöcken gleichmäßiger Höhe einzutreten, doch der gewellte Charakter des Bodens darunter führt dazu, dass man immer tiefer darin versinkt. Die Stelen rundum scheinen immer höher zu werden. Verwirrung und Desorientierung nehmen zu. Angst schleicht sich ein.

· · · · ·

Als ich 1997 zum ersten Mal nach Berlin kam, war das Holocaust-Mahnmal noch umstritten, das Jüdische Museum befand sich im Bau, und der Potsdamer Platz war ein riesiger offener Krater, der als »größte Baustelle Europas« tituliert wurde. Ich war zur Eröffnung einer Ausstellung in der Galerie des DAAD im ersten Stock der Café-Einstein-Villa gekommen, und hier sah ich auch zum ersten Mal meinen zukünftigen Ehemann. Er fiel mir auf, als er leichtfüßig die Treppe der Einstein-Villa hinuntersprang. Auf halbem Weg drehte er sich um und redete mit jemandem hinter sich auf der Treppe. Ich war angetan von seiner Leichtigkeit. Drei Jahre später, als ich begann, ihn kennenzulernen, verfiel ich dieser geistigen Leichtigkeit und Flexibilität. Er war nicht daran interessiert, etwas zu beherrschen, festzuhalten oder zu fixieren. Er war wandlungsfähig und spontan. Seit sieben Jahren lebte er in einer Wohnung in der Mauerstraße, erst zusammen mit einer Gruppe von Freunden, dann allein, als die anderen nach und nach auszogen. Neben dem riesigen Badezimmer war eines der Highlights dieser Wohnung die Tatsache, dass sie unmittelbar an das E-Werk grenzte, einen in den 1990er Jahren berühmten Technoclub, der in einem ehemaligen Umspannwerk untergebracht war. Ein weiterer legendärer Technoclub, der Tresor in den Kellergewölben des ehemaligen Kaufhauses Wertheim, lag nur einen Steinwurf entfernt in der Leipziger Straße. Die leere Hülle dieser im ehemaligen Osten gelegenen Gebäude wurde nun wieder von einem neugierigen, energiegeladenen Völkchen bewohnt, umgebaut und genutzt. Als ich 2001 hier einzog, hatte das E-Werk bereits geschlossen, und für mich waren die nächtelangen, bis in den frühen Morgen ausgedehnten Clubbesuche fast vorbei. Innerhalb weniger Monate war ich schwanger, und unser Leben nahm eine andere Wendung.

In diesen Jahren erkundete ich Berlin anfangs meist auf dem Fahrrad und später dann, nach der Geburt unseres Sohnes, indem ich ihn in einem großen gefederten Kinderwagen durch die Gegend schob. Wie andere junge Mütter in Berlin hatte ich mit der Qualifizierung als »Rabenmutter« zu kämpfen – eine aus Westdeutschland importierte Bezeichnung für Mütter, die zur Arbeit gehen und ihre Kinder vernachlässigen. Sie reicht bis ins 18. Jahrhundert zurück, auch wenn die Behauptung, dass Raben ihre Kinder vernachlässigten, nur ein Mythos ist. (Ich erinnere mich, dass mein jüngerer Sohn, als ich tief in der Arbeit an einem Buch steckte, mich einmal fragte: »Was ist dir lieber, deine Arbeit oder mit uns zusammen zu sein?«) Ich hatte kurz vor der Geburt unseres ersten Sohns begonnen, über Kunst zu schreiben, und durch meine Besuche in Galerien, Museen und Projekträumen lernte ich auch die Straßen der Stadt kennen. Berlin schien damals einzigartig in der Welt zu sein, da Kreativität dort einsickerte und die vielen Lücken füllte. Von der Mitte der 1990er bis zur Mitte der 2000er Jahre, als auf den Baustellen der Stadt die Grundmauern gelegt wurden, bildete sich daneben ein Saum aus Aktivitäten, und in allen nur vorstellbaren Räumen entstanden improvisierte Bars, Technoclubs, Ausstellungen oder Do-it-yourself-Galerien. Leute wie ich kamen hierher und hatten das Gefühl, die Stadt gehöre ihnen. Wir brauchten uns nicht in einer bestimmten Weise anzuziehen oder zu verhalten, und wir brauchten nicht *produktiv* zu sein. Doch während Kunst geschaffen oder ausgestellt wurde, Clubbesucher sich in den frühen Morgenstunden auf den Heimweg machten und sie alle an die Freiheiten glaubten, die Berlin zu bieten schien, wurden in Sitzungsräumen Deals ausgehandelt. Investoren kauften zu Schnäppchenpreisen ganze Gebäudekomplexe und leere Grundstücke. Ein Ausverkauf an Grund und Boden fand statt. Um 2010 war deutlich erkennbar, dass der Kommerz die Oberhand gewonnen hatte. Überall in der Stadtlandschaft nahmen die baulichen Ergebnisse des Gitterwerks der Stimmann'schen Regeln und der investorenfreundlichen Politik des Regierenden Bürgermeister Klaus Wowereit Gestalt an.

· · · · ·

Das belastete Narrativ des Aufbaus und Gedenkens in den Jahren nach der Vereinigung Berlins findet seinen umstrittensten und sinnträchtigsten Ausdruck im Narrativ um den Palast der Republik und das Berliner Stadtschloss am Ufer der Spree. Der Palast der Republik, ein horizontal liegender, modernistischer

Quader mit einer gold-bronzen glänzenden Fassade, war 1976 am Marx-Engels-Platz als Sitz der DDR-Volkskammer eröffnet worden. Nach der Vereinigung wurde er zusammen mit anderen Verwaltungsgebäuden der ehemaligen DDR zum Abriss bestimmt. In der Zwischenzeit veranstaltete man in der entkernten Hülle des Gebäudes Blockbuster-Ausstellungen. Ich besuchte die letzte davon im Dezember 2005, diesmal kein Blockbuster, sondern eine selbstorganisierte Ausstellung von sechsunddreißig Künstlern aus Berlin. Obwohl sie nur elf Tage geöffnet hatte, kamen zehntausend Besucher, nicht nur um die Ausstellung zu sehen, sondern auch um das Gebäude ein letztes Mal zu besichtigen. In der Ausstellung ging es, wie der Journalist Niklas Maak schrieb, nicht um das Pro oder Contra in der Debatte um das Schicksal des Palasts der Republik. Sie habe vielmehr zu zeigen versucht, »was den Reichtum des notorisch finanzklammen Berlins ausmacht: Die kluge Improvisation im Ruinösen, das Temporäre, das System chaotischer Kreativität«.[220]

Für den Abriss des Palasts der Republik führte man eine Reihe wechselnder Gründe ins Feld, an prominentester Stelle Asbest, doch waren die eigentlichen Motive ideologischer Natur. Es ging um die Auslöschung dieses Teils der politischen Geschichte. Bruno Flierl, ein angesehener ostdeutscher Historiker der Architektur und Stadtplanung und Mitglied der nach dem Mauerfall gegründeten Internationalen Expertenkommission Historische Mitte Berlin, machte den Vorschlag, den Palast der Republik für weitere zwanzig Jahre stehenzulassen. In dieser Zeit solle er als ein Ort genutzt werden, an dem Ost- und Westdeutsche kritisch über die Vergangenheit nachdenken, Wünsche formulieren, über die Zukunft der Stadt debattieren und auf diese Weise den Wandel ein wenig verlangsamen könnten.

Weder idealistische Stadtplaner noch improvisationsfreudige Künstler vermochten jedoch dieses Kapitel in der

ideologischen Umgestaltung des Berliner Stadtbilds abzuwenden. 2002 wurde beschlossen, den Palast der Republik abzureißen. Manche Teile des von innen nach außen abgebauten
Gebäudes wurden zu Sammlerstücken. Das modulare System
der Glaskugellampen, die einst das weiträumige Foyer er-
hellten, diente nun der Beleuchtung der Wände in dem kleinen französischen Restaurant in der Torstraße, das wir häufig besuchten. Im Internet kann man heute noch einen Teller
mit Goldrand und dem Monogramm »PdR« für nur sechzehn
Euro finden. Der Abriss des Gebäudes dauerte zwei ganze
Jahre. Nach Wikipedia wurden 78 000 Tonnen Baumaterial
weggeschafft. Allein schon die graue Energie des Gebäudes
hätte für eine ganze Kleinstadt ausgereicht. Nach dem Abriss
schmierte jemand in weißer Farbe auf die Grundmauern: DIE
DDR HAT'S NIE GEGEBEN.

Das Anfang des 18. Jahrhunderts errichtete Stadtschloss
hatte ursprünglich an dieser Stelle gestanden, war während
des Kriegs jedoch wie so vieles in seiner Umgebung beschädigt
worden. 1950 beschloss der damalige Generalsekretär des ZK
der SED, Walter Ulbricht, die Überreste des Stadtschlosses ab-
zutragen, statt das Gebäude wiederaufzubauen, obwohl die
Schäden nicht irreparabel waren. Diese Entscheidung sorgte
im Westen für Empörung – selbst Gabriele Tergit brandmarkt in ihren Memoiren wütend die »ungeheuerliche Barbarei«, mit der Ulbricht den Bau einebnete, nur weil er ein
»Aufmarschgelände« gebraucht habe. Das habe »nichts mit
Kommunismus zu tun, Russen, Polen, Tschechen pflegen
ihr nationales Erbe, sondern es ist eine Mischung aus völliger Unbildung und Preußentum«, schrieb sie.[221] Die fünfzig
Jahre später getroffene Entscheidung, den Palast der Republik abzureißen, ist eine Rache für Ulbrichts Zerstörungs-
tat und der Wiederaufbau des Stadtschlosses ein Versuch,
eine deutliche Verbindungslinie zwischen der Gegenwart
und den Zeiten vor dem Sündenfall zu ziehen und dabei die

unangenehmen Wahrheiten und Erfahrungen des 20. Jahrhunderts zu überspringen.

Dieter Hoffmann-Axthelm, ein streitbarer Historiker und Stadtplaner, der zu den ersten Initiatoren der »Topographie des Terrors« gehörte, machte einen Vorschlag, der eine Alternative zur destruktiven Zwickmühle der Beseitigung eines Gebäudes und seines Ersatzes durch einen Geist aus der Vergangenheit sein sollte. Er meinte: »Den Palast der Republik braucht man nicht abzureißen. Soweit der steht, bleibt er halt stehen, als Objekt der Auseinandersetzung.«[222] Er schlug vor, den Palast stehenzulassen und in seiner Umgebung Ausgrabungen vorzunehmen, um die Überreste des früheren Schlosses freizulegen, sodass beide Bauwerke und beide Teile der Geschichte in der Gegenwart sichtbar würden.

Wie sich zeigte, trugen die Stimmen eines geschichtlichen Revisionismus den Sieg davon. Aus dem Marx-Engels-Platz ist wieder der Schlossplatz geworden, und inzwischen hat man das wiederaufgebaute Schloss eröffnet. Es ist ein kolossales dreidimensionales Scheinbild, Architektur als fotorealistische Reproduktion – »ein nichtssagendes funktionsloses Bild der Vergangenheit«, wie Bruno Flierl es ausdrückte.[223] Das Humboldt Forum, wie es genannt wird, ist nicht nur eine falsche Darstellung der Vergangenheit, sondern auch eine Fehlinterpretation der Gegenwart. Der Versuch, ferne historische Relikte in die Texturen der Gegenwart einzunähen, führt zu heiklen Verbindungen. In der Zwischenzeit ist einfach zu viel geschehen.

Das Humboldt Forum beherbergt das Ethnologische Museum und das Museum für asiatische Kunst, die aus dem Vorort Dahlem dorthin zurückverlegt wurden – eine Entscheidung, die vor zwei Jahrzehnten getroffen wurde, als die Verfechter des Projekts verzweifelt nach Möglichkeiten suchten, diesen riesigen Raum im Herzen der Stadt zu füllen. Die Einbringung dieser Sammlung von Artefakten aus anderen

Kulturen, die teilweise mit zweifelhaften Mitteln erworben wurden, wirft unliebsame Fragen zur kolonialen Vergangenheit Deutschlands auf. Die Kunsthistorikerin Bénédicte Savoy hielt das für eine erwartbare Katastrophe und trat 2017 aus dem Expertenbeirat des Humboldt Forums aus. Wenn das Forum keine Nachforschungen zur Provenienz der Werke in seinen Sammlungen anstelle, werde es sich selbst entwerten. Und tatsächlich kommt es bei der Eröffnung des Humboldt Forums im Dezember 2020 zu einer Kontroverse, als Nigeria die Rückgabe der »Benin-Bronzen« genannten und in der Sammlung des Forums befindlichen Werke aus dem 16. Jahrhundert verlangt. Die Straßen sind gesäumt von Demonstranten, und die Zeitungen sprechen von einer »Totgeburt«. Die jüngste Entscheidung schließlich, die Kuppel des Museums, das eine ethnologische Sammlung beherbergt, unter Verweis auf geschichtliche Treue mit einem riesigen Kreuz zu zieren, ist vollends unverständlich. »Der Anblick des Schlosses ist wirklich eine Qual«, sagt Louisa Hutton. »Außerdem ist da so viel Beton, dass man es niemals sprengen wird!«

· · · · ·

Grundstücke und Gebäude in der ganzen Stadt werden verkauft und gekauft, während die Kräfte der Gentrifizierung einen Gang höher schalten und das Haus am Ufer erneut den Besitzer wechselt. Melitta Kozlowski-Sala lebt nun nicht mehr im Seitenflügel. Sie hat ihre Wohnung mit den vergoldeten Armaturen und der Gasetagenheizung verlassen und ist in ein freistehendes Haus mit Garten im wohlhabenden Mittelschichtvorort Steglitz gezogen, weit weg vom quirligen Zentrum Berlins im Südwesten der Stadt gelegen. Im selben Jahr verkauft sie den Betrieb an den Drucker, der schon seit vielen Jahren die Erzeugnisse der Sala-Spiele produziert. Der übergibt den Vertrieb der Sala-Spiele ein Jahr später an ein anderes Unternehmen, und 1994 sind die meisten der Spiele vom Markt verschwunden. 1999 kauft ein schwedischer Immobilieninvestor das Haus am Ufer, und 2008 kündigt dieser den Mietvertrag mit der Architektin, die in meiner Wohnung lebt, nachdem er entdeckt hat, dass sie einen Teil der Räume an andere Architekten untervermietet. Er behauptet, der Mietvertrag beziehe sich ausschließlich auf Wohnzwecke. Im Haus am Ufer wird eine Wohnung nach der anderen ihren jeweiligen Mietern gekündigt und an Leute wie mich und meinen Mann verkauft – inzwischen eine verbreitete Praxis in der Stadt: Die Mieten werden erhöht und die Mieter unter dem Vorwand einer Modernisierung zum Auszug gezwungen. Nachdem der neue Besitzer die Architektin vertrieben hat, zieht er selbst dort ein. Wir kaufen die Wohnung direkt von ihm.

Erst nach dem Einzug erkenne ich, dass es in unserem Gebäude zwei Lager gibt. In den nach vorn liegenden Wohnungen sind wir alle Neuankömmlinge: die junge Familie in der Beletage und der Maler im ersten Stock. Im zweiten Stock zogen alle Studenten aus, und eine Firma mietete dort Büroräume (so viel zur Behauptung des Besitzers, die Nutzung wäre auf Wohnzwecke beschränkt). Das Unternehmen ist ein wenig mysteriös; es hat etwas mit dem Online-Vertrieb kosmetischer Erzeugnisse zu tun, und die Belegschaft besteht ausschließlich aus jungen Frauen mit geglättetem Haar und manikürten Nägeln. Der DHL-Mann kommt jeden Tag dorthin, und mein Verkehr mit ihnen beschränkt sich weitgehend darauf, dass ich die Pakete abhole, die sie für mich angenommen haben. Unsere Wohnung liegt ein Stockwerk höher, und darüber schließlich befindet sich die neugestaltete Penthousewohnung, in der nun ein anderer Architekt und Immobilienentwickler lebt. Im Seitenflügel wohnen fast ausschließlich Langzeitmieter. Die beim Bau des Hauses geschaffene Trennung zwischen Vorderhaus und Seitenflügel hat auch ein Jahrhundert später noch Bestand. Das Fabrikgebäude im Hinterhof, in dem sich früher die Druckerei der Salas befand, beherbergt nun, in Stockwerken übereinandergeschichtet, diverse sportliche Aktivitäten: ein Aikido-Studio im Erdgeschoss, gefolgt von CrossFit, Yoga, Boxen und Zumba.

Als wir einziehen, ist das Haus eingerüstet, weil die gemeinsam genutzten Teile renoviert werden: neue Fenster im Treppenhaus und auf dem Boden Linoleum. Die Fassade wird neu verputzt und in einem trüben Grauton gestrichen. Der Name Sala, der in Großbuchstaben über dem Tor zum Hinterhof stand, wird grau überstrichen.

• • • • •

An einem Spätnachmittag im Herbst, drei Jahre nach unserem Einzug, fährt ein Polizeiwagen das Tempelhofer Ufer hinauf und hinunter und informiert die Anwohner über Lautsprecher, dass alle evakuiert werden müssten. Gleich hinter der Tankstelle hat man bei Ausschachtungsarbeiten für ein neues Hotel eine nichtdetonierte 250-Kilogramm-Bombe gefunden. Vierhundert Menschen müssen ihre Wohnungen, Büros oder Hotels verlassen. Die U-Bahnlinie wird unterbrochen, die Brücken und die Straße werden für Autos gesperrt. Immer wenn man den Boden aufbricht und Fundamente für ein neues Gebäude aushebt, wird Energie freigesetzt und Überreste aus der Vergangenheit kommen ans Licht. Wie sähe es hier heute aus, wenn die Bombe detoniert wäre, als sie in den 1940er Jahren abgeworfen wurde? Stünde mein Haus dann noch? Hätten die Salas überlebt? Wäre ich dann am Tempelhofer Ufer gelandet und schriebe nun dieses Buch? In dieser Stadt kann man dem Krieg nicht entkommen. Die Ruinen mögen weggeräumt, neue alte Schlösser wiederaufgebaut, Krater mit banalen Neubauten aufgefüllt worden sein, doch die Spuren des Krieges bleiben.

»Das Vergangene war allgegenwärtig und trotzdem ein geheimnisvolles Tabu«, schreibt Sabine Bode, eine Journalistin, die seit den frühen 2000er Jahren mit bahnbrechenden Forschungen zu den Erfahrungen der Kriegskinder und Kriegsenkel hervorgetreten ist.[224] Nach ihren Forschungen wurden von allen Deutschen, die den Krieg überlebten, die zwischen 1939 und 1945 geborenen, die während der Bombardierungen, der Brände, der Evakuierungen und des Todes in diesen Jahren noch Babys oder Kleinkinder waren, am stärksten traumatisiert und waren zugleich am schlechtesten dafür gerüstet, mit diesen Erfahrungen zurechtzukommen. All ihre psychischen Mechanismen waren äußerst gespannt aufs Überleben ausgerichtet. Bode war selbst ein Kriegskind und wuchs im zerstörten Köln auf. Sie berichtet von der damals vierjährigen Gudrun Baumann, die während eines Luftangriffs in ihrem Bett liegt, entsetzt über die Flammen, die sie aus den Fenstern des gegenüberliegenden Hauses schlagen sieht. Voll Angst ruft sie nach ihrer Mutter, die ihr rät, sich zur Wand zu drehen und die Augen ganz fest zu schließen. »Du hast nichts gesehen«, sagt die Mutter und lässt sie allein im Zimmer zurück.[225] Diese Kinder, inzwischen Senioren, haben ihre Erinnerungen begraben – wie die Bomben, die unberührt unter der Oberfläche im Boden der Stadt liegen.

Der deutsche Psychotherapeut Michael Erdmann veröffentlichte 2009 ein umfangreiches Forschungspapier zum Fortwirken der Traumata, die Kinder während des Krieges erlebten. Er fand heraus, dass die Kriegsenkel all die unaufgearbeiteten Emotionen ihrer Eltern erbten:

[D]as Entwurzelungsgefühl der Vertriebenen, die Beklemmung der Verschütteten, die Angst der von Tieffliegern Gejagten, die Einsamkeit der Kinderlandverschickten, das Misstrauen der Widerstandskämpfer- und Verfolgtenkinder. Und, nicht zuletzt: das Schuldgefühl, das jene empfinden, die Not und Verwirrung nicht lindern können.[226]

Wenn Erinnerungen verdrängt werden, entwickeln sich Eiterbläschen der Scham, die im Stillen genährt und in Vererbungsketten an Kinder und Enkelkinder weitergegeben werden. Auch ich bin eine Kriegsenkelin. Meine beiden Elternteile wurden in den Kriegsjahren geboren, doch war die Geografie auf ihrer Seite. Wenig Bomben wurden über Schottland abgeworfen, auf Ellwood City in Pennsylvania gar keine. Auch der Vater meiner Kinder ist ein Kriegsenkel, nur dass die Nähe bei ihm sehr viel größer ist. Sein Vater war in den frühen 1940er Jahren ein Teenager und stieg in den Straßen Kölns über Leichen, wenn er morgens zur Schule ging. Ich kannte ihn als einen würdevollen Mann, der sein Leben mit stoischer Reserviertheit lebte. Als er vor Kurzem starb und ich mit meinen Kindern zu seinem Begräbnis fuhr, sah ich an der Wand seines Arbeitszimmers eine Luftaufnahme des kriegszerstörten Köln. Er mochte über diese Zeit in seinem Leben, die ein Teil von ihm war, wenig gesprochen haben, doch war sie nie fern von ihm. Familiengeheimnisse jeglicher Art sind eine erdrückende Last. Die Kehrseite einer unbelasteten Existenz ist die Leichtigkeit, mit der man sich zu lösen vermag.

Fortschritte in der Epigenetik haben gezeigt, dass generationenübergreifende Traumata sozial weitergegeben werden können und möglicherweise Einfluss auf die Gene nehmen. Diese Veränderungen lassen sich jedoch rückgängig machen, wenn das Trauma erkannt wird. Melitta war ein Kriegskind und erlebte den Krieg hier an diesem Ort. Was geschieht, wenn es keine Erben gibt, wie es bei ihr der Fall zu sein scheint? Dringen ihre Erfahrungen und Traumata stattdessen in ihre Umgebung ein? Sickern sie in die Oberflächen des Hauses ein, in dem sie fünfzig Jahre ihres Lebens wohnte? Können sie von zukünftigen Bewohnern geerbt oder eher aufgegriffen werden? Können sie spontan in die Gegenwart austreten und sich bemerkbar machen?

· · · · ·

Neben den gelegentlichen Wasserschäden, die wir erleben mussten, träume ich immer wieder von Wasser, das von der Decke der Wohnung tropft, zuweilen in geheimen Räumen, zu denen ich keinen Zugang habe, oder in Teilen der Wohnung, die mir vollkommen aus dem Gedächtnis geschwunden sind. Ich frage eine Astrologin nach diesen Träumen, und sie sagt mir, sie müssten symbolisch gelesen werden. Sie fragt, ob es in der Wohnung einen Raum gibt, der besonders stark von der Vergangenheit berührt ist, und rät mir, in die Ecken dieses Raums dunkle Steine zu legen. So liegt denn jetzt in allen acht Ecken des achteckigen Berliner Zimmers je ein kleiner unbearbeiteter Stein aus schwarzem Turmalin. Einmal in der Woche spüle ich die Steine unter fließendem Wasser ab, um sie von angesammelten Ablagerungen zu reinigen. Die Astrologin erwähnt auch eine Tochter, deren Energien in dem Gebäude stecken. Sie fragt mich, ob ich eine Tochter habe.

· · · · ·

Gabriele Baring, Autorin von *Die geheimen Ängste der Deutschen*, hat aus erster Hand Erfahrungen mit den Entwicklungsproblemen von Kriegskindern und Kriegsenkeln gemacht, und zwar im Rahmen ihrer Arbeit mit dem therapeutischen Instrument der »Familienaufstellung«. Die Fallstudien in ihrem Buch enthüllen die Wurzeln gegenwärtiger Probleme mit ererbten Erfahrungen aus der Vergangenheit. Ich suche im Internet nach ihr und entdecke, dass sie ebenfalls in Berlin lebt. Ich schreibe ihr und bitte sie um ein Treffen. Sie antwortet mit einer Einladung zu ihrem nächsten Seminar über »Familienaufstellung«. Zwei Wochen später sitze ich im Vorderzimmer einer Charlottenburger Erdgeschosswohnung, zusammen mit einem Dutzend anderer Leute, die auf den an den Wänden rundum aufgestellten Stühlen Platz genommen haben. Das einzige Fenster des Raums ist mit Efeu zugewachsen.

Baring, eine elegante Frau Anfang sechzig, führt uns ernst und in der Art einer Schullehrerin in das Thema ein und skizziert die Parameter dieser Praxis. Doch als die Aufstellung beginnt, ist sie von strahlender Wachheit. Die Konstellation ist persönlichen Charakters und gilt jeweils den Problemen eines einzelnen Teilnehmers oder einer einzelnen Teilnehmerin, des Analysanden oder der Analysandin. Die Analysandin umreißt ihre Schwierigkeiten und wählt dann nacheinander Teilnehmerinnen, die als »Stellvertreterinnen« für verschiedene Familienmitglieder und nach Barings Vorschlag auch für abstrakte Entitäten wie »Geld«, »Liebe« oder »die Vergangenheit« fungieren sollen. Eine weitere Stellvertreterin repräsentiert »das Selbst«, wodurch die Analysandin die Möglichkeit erhält, das sich entwickelnde Szenario aus einer gewissen Distanz zu betrachten. Die Analysandin weist allen Stellvertreterinnen einen Platz in der Mitte des Raumes zu, und Baring beginnt, umherzugehen, die Gruppe zu umkreisen und sich die Anordnung aus allen Perspektiven anzusehen und alle Beteiligten zu fragen, wie sie sich fühlen.

In der ersten Aufstellung dieses Tages werde ich nicht als »Stellvertreterin« ausgewählt, bleibe auf meinem Stuhl an der Wand sitzen und beobachte das Geschehen. Aber plötzlich bemerke ich, dass mein Herz heftig zu schlagen beginnt und meine Arme sich mit Gänsehaut überziehen. Ich habe das Bedürfnis, aufzustehen und mich zu beteiligen – und Baring lädt mich dazu ein. Zunächst weiß ich nicht, wohin ich mich stellen soll, doch dann finde ich einen Ort und positioniere mich intuitiv so, dass ich von den übrigen wegschaue. Mein Herz schlägt immer noch heftig, und ich fühle eine tiefe Angst in mir. Ich spüre, dass ich hier für eine verfolgte Person stehe. Baring fragt mich, wie ich mich fühle. »Schrecklich«, sage ich ihr. »Ganz kalt und mit schwitzenden Handflächen, als wäre ich tot.« Wir tauchen direkt ein in das Herz des Krieges, und das geht den ganzen Tag so weiter.

Ich kann nicht erklären, wie es dazu kommt, aber wenn man dort in diesen Konstellationen steht, fühlt man gewisse Dinge. Hitze oder schaudernde Kälte, den Wunsch, sich zu bewegen, wie angewurzelt stehen zu bleiben oder auf die Knie zu fallen. Du wendest dich von einem der Teilnehmer ab oder fühlst dich zur Seite eines anderen besonders hingezogen. All das geschieht ohne das geringste Wissen über die Hintergründe oder Umstände im Fall der jeweiligen Analysandinnen. Die von dem Setup ausgelösten energetischen Empfindungen sind stark und spezifisch: Wogen, die Verhalten und Emotion bestimmen. Die »Stellvertreterinnen« wirken wie Leitungen zu verschütteten Informationen, und Verbindungen tauchen auf, Geheimnisse werden sichtbar aufgrund von Gefühlen, die sich heftigen Ausdruck verschaffen, um lesbar zu werden.

»Magie ist die Anwendung von Resonanz, ob sie nun in Gestalt des Gedankenlesens, der Projektion von Bildern, des Wahrsagens, der Geistheilung oder der Verursachung eines unerklärlichen Todes oder Unglücks bei einem Feind auftritt«, schreibt T. C. Lethbridge, der Erfinder der Steintonband-Theorie. Ihr Potential liegt in der Erschließung ansonsten nur schwer zugänglicher Bereiche, im Ausgraben lange verschütteter Erlebnisse oder ererbter Traumata, die längst vergessen erscheinen mögen, aber in den epigenetischen Code Eingang gefunden haben. Die »Familienaufstellung«, ein esoterisches Fachgebiet, macht es möglich, dass offene Fragen eine körperhafte Façon annehmen. Sie ist eine besondere Form des Lesens: ein Diagramm, das Menschen in den Raum zeichnen, um eine Situation darzustellen, deren Spuren nicht mehr sichtbar sind. Ich sehe förmlich das Adrenalin, das Baring spürt, wenn sie Muster zu erkennen beginnt und wie ein Rätsel zu lösen versucht, indem sie das Narrativ in Richtung Versöhnung lenkt.

Als ich an der Reihe bin, die Rolle der Analysandin zu übernehmen und mein eigenes Problem vorzustellen, zeigt sich, dass in diesem Fall das Diagramm nicht vom Krieg handelt, sondern mein Erbe betrifft. Meine Vorfahren mütterlicherseits erscheinen in einer Wohnzimmerdramaturgie, die mir die Erkenntnis ermöglicht, dass die Gefühle des Unechten, mit denen ich mich plage, nicht nur mit einer unglücklichen Ehe zusammenhängen, mit dem Ausleben einer Rolle, die ich, wie ich meinte, nicht selbst gewählt hatte, sondern auch mit meiner Großmutter. Ich habe unbewusst ihre unerfüllten gesellschaftlichen Sehnsüchte übernommen, ihr Gefühl, besser zu sein als die anderen. Ihr mit Haarspray gefestigter Chignon, die Perlen und die Zigaretten. Das modische Kriegshochzeitskostüm und das geschliffene Kristallglas, aus dem sie ihren täglichen Whisky trank. Die Wohnung, in der meine Großeltern lebten, erschien mir immer als zu klein für meine Großmutter. Sie heiratete einen Schafsfellhändler und war selbst Mathematiklehrerin, aber ihre Aura war weitaus großartiger. Das Leben, das ich mir geschaffen habe, ist das Leben, das sie gerne gehabt hätte. »Allein auf 200 Quadratmetern leben« – so bringt Baring es zum Ausdruck, ohne zu ahnen, wie wahr diese Aussage ist. Hier liegt die Wurzel meiner Orientierungslosigkeit, des Gefühls, wie ein Magnet, der nicht zur Ruhe kommt, zwischen zwei gegensätzlichen Polen hin und her zu schwingen. Die eine Seite wünscht sich eine großartige Fassade, und die andere ist mit einem einfachen, bescheidenen Leben glücklich. Ich kann keine der beiden Seiten aufgeben, sie gehören beide zu mir. Ich lebe in einer Ambivalenz, die aus beiden Richtungen besteht. Bilder aus dieser und den übrigen Konstellationen gehen mir noch Tage danach durch den Kopf, und eine Frage beginnt sich herauszukristallisieren:

Ob Baring mir bei den blinden Flecken in meiner Erzählung helfen könnte? Ob wir wohl eine Aufstellung für das Haus selbst abhalten könnten?

XXI.
AUFSTELLUNG

AUF ALLEN SEITEN DES HAUSES AM UFER wird gebaut. Bei Tag
und bei Nacht kann ich aus dem Fenster des Berliner Zimmers
eine Folge großformatiger, rot erleuchteter Kursivbuchstaben
sehen, die zu einem Reklameschriftzug auf dem Dach eines
hinter unserem Haus neu errichteten Gebäudes gehören: »*a-l-
e-t*«. Das *aletto* Hotel steht auf dem Grundstück, auf dem vor
einigen Jahren der Blindgänger aus dem Zweiten Weltkrieg
entschärft wurde. Wenn ich aus dem vorderen Fenster schaue,
sehe ich zwei strahlend gelb gestrichene Baukräne, deren Arme
sich über der Skyline drehen. Zwischen Hobrechts Pumpwerk
und dem Anhalter Bahnhof, auf einem Grundstück, von dessen Existenz ich gar nichts wusste, entsteht ein Bürogebäude.
Es bleibt abzuwarten, ob es am Ende hoch genug sein wird,
um von hier aus sichtbar zu sein. Unterdessen scheint jeden
Morgen in diesem Winter ein blendendes Licht von einem
dieser Kräne direkt durch das Küchenfenster herein und wirft
nächtliche Schatten auf die Wand. Das Pumpwerk wurde 1972
stillgelegt. Danach diente es dreißig Jahre lang als Lapida-
rium. Im ehemaligen Maschinenraum versammelte man Statuen von langst vergessenen Herzögen und Grafen mit Drei-

spitzhüten und stattlichem Putz. Figuren aus einer obsoleten Vergangenheit, die ihre steinernen Gebärden vollführten und dabei in eine unbekannte Zukunft blickten. Inzwischen ist das Pumpwerk renoviert worden und dient als Büro eines bekannten Berliner Kunstsammlers, der auch einige der Statuen weiterhin ausstellt, neben der Originalpumpe, einem schicken, auf Hochglanz polierten Überbleibsel des Industriezeitalters.

Dem Alten wird Neues gegenübergestellt und dem Neuen noch Neueres, während Berlin sich in eine »Transitstadt« verwandelt, in die Partyhauptstadt Europas. Die relativ geringe Bevölkerungszahl von lediglich 3,5 Millionen schwillt ständig an durch hereinbrechende Wellen von Spaßsuchern. Die Mieten steigen, und hastige Bauprojekte zur Versorgung der nächtlichen Bedürfnisse einer temporären Bevölkerung genießen Priorität: immer mehr Hotels und Hostels, billige Fast-Food-Restaurants und Apartments, die kurzfristig an Touristen vermietet werden. Was bedeutet es für eine Stadt, wenn die Interessen ihrer Besucher Vorrang vor denen der Einwohner haben und diese Interessen sich auf das Nachtleben beziehen? Während die Mieten steigen, finden sich am Landwehrkanal Jahr für Jahr immer mehr Schlafsäcke und Einkaufswagen, chaotische Camps, die Obdachlose unter dem schützenden Dach der über den Köpfen verlaufenden U-Bahn-Gleise anlegen.

Es gibt neue Pläne für das Gleisdreieck, an dessen Rand Investoren einen Streifen erworben haben, um darauf sieben neue Hochhäuser zu errichten. Die Ziegeltorbögen der ehemaligen Eisenbahnbrücke sind inzwischen eingeebnet worden. Der Park am Gleisdreieck fühlt sich wie unser Hinterhof an. Der Grund für die gewaltige Beliebtheit dieser neugestalteten Fläche liegt in der Tatsache, dass sie zu Aktivitäten einlädt, ohne sie vorzuschreiben: ein Korb, aber kein ganzes Basketballfeld; eine Landschaft aus sanften, mit einem Gummibelag überzogenen Hügeln, die Kinder mit Rollern oder Rädern befahren können; zugewucherte Wiesenflächen neben gemähten

Rasenstreifen; Kleingärten an den Rändern und eine Terrasse mit flachen Stufen, auf die man sich setzen kann, um zu sehen und gesehen zu werden. Meine Söhne sind fast jeden Tag dort, seit wir hier einzogen sind, heute vor allem, um ihre Skateboard-Fähigkeiten zu vervollkommnen oder dort abends abzuhängen und Dinge zu tun, die Teenager so tun. Ich gehe hier morgens gern spazieren, schaue mir die wildwachsenden Brombeeren zwischen den rostenden Gleisen an und begrüße die dort lebenden Nebelkrähen. In einem abgezäunten Bereich in der Nähe des Deutschen Technikmuseums kann man inmitten des Gestrüpps zerbrochene Statuen sehen: den unteren Teil einer auf der Seite liegenden Figur, deren Fuß gerade noch sichtbar ist; einen kopflosen Adler, der seine Schwingen ausbreitet. Kreuzweise verstrebte Masten und riesige Glocken ohne Klöppel liegen auf diesem verwilderten Gelände herum, das von ganzen Familien kleiner grauer Kaninchen bewohnt wird. Früh am Morgen lesen Gruppen von Park-Bediensteten den Müll auf, den gedankenlose Nachtschwärmer in der vergangenen Nacht verstreut haben.

Die Gleisdreieck-Aktivisten sind höchst alarmiert über die neuen Pläne – den Bau sieben klobiger kommerzieller Hochhäuser, die den Park mit ihrem Schattenwurf, ihren Windtunneln und ihrem brutalen ästhetischen Übergriff ruinieren werden. Überall im Park sind Protestplakate aufgestellt, und meine Mailbox ist jeden Tag voll von E-Mail-Petitionen und Protestbriefen.

Graswurzelagitation als Mittel zum Kampf gegen kommunalpolitische Entscheidungen ist in Berlin tief verwurzelt. Man verabschiedete ein Gesetz, das einen fünfjährigen Mietendeckel vorsah und das Geld aus den Taschen der Vermieter wieder in die der Mieter zurückfließen lassen sollte. Das Gesetz wurde wenige Monate später zwar für ungültig erklärt, was lautstarke Proteste auslöste, doch das stärkte nur eine weiterverbreitete Unterstützung für eine Begrenzung der

Mieten und sogar für die Enteignung von Wohnungen, die den größten privaten Wohnungsgesellschaften in Berlin gehören. Man redet davon, auf der anderen Seite des Kanals einen Teil des Halleschen Ufers, das sich von Kreuzberg am Pumpwerk vorbei bis zur Potsdamer Straße erstreckt, in eine grüne Fußgängerzone zu verwandeln. Eine mögliche Rückkehr des »grünen Strandes« von Lenné.

· · · · ·

Der Wasserschaden in meiner Wohnung machte mich auf meine Zwangslage in einer unglücklichen Ehe aufmerksam und führte mir die Krise vor Augen, die ich nicht sehen wollte. Ich war in einer Warteschleife gefangen und in eine Abhängigkeit geschliddert, die zugleich bequem und erniedrigend war. Jetzt lebe ich zwar immer noch in der Hülle meines früheren ehelichen Lebens, doch ist es keine leere Hülle. Es gefällt uns hier, und nun, da sie kleiner ist, können wir beginnen, sie mit unserem Leben zu füllen.

Aber dann geschieht es wieder: ein weiterer Vorfall. Im Durchgang zur einstigen Mädchenkammer, die wir jetzt als Waschküche und Abstellraum nutzen, erscheint an der Decke ein brauner Fleck. In der Penthousewohnung darüber ist eine Armatur falsch angeschlossen worden. Ein paar Monate später zeigt sich Feuchtigkeit in der Mädchenkammer, und bald fließt Wasser in schnellen blauen Rinnsalen an der Wand herunter. Irgendwie findet es seinen Weg in die Steuereinheit der Waschmaschine, hangelt sich an den winzigen Kanälen der Leiterplatte entlang, und drei Wochen später gibt die Waschmaschine den Geist auf. Nicht lange danach bilden sich auf dem Fußboden mehrere kleine Pfützen. Ohne erkennbare Quelle oder Ursache scheinen sie aus dem Betonboden selbst hervorgekommen zu sein. Antigravitationspools, die nicht hinabtropfen, sondern aufsteigen. Ich suche alle Rohre nach

Anzeichen einer Beschädigung ab. Die Pfützen verdunsten ebenso geheimnisvoll, wie sie erschienen. Dann beginnt auf dem Balkon des Berliner Zimmers, auf dem Parvatis Zündholzschachtel Feuer fing und ihr Haar versengte, ein Abflussrohr zu lecken, was sich schließlich an einem Streifen grünen Schimmels auf der Innenwand zeigt.

Anfangs schienen all diese baulichen Lecks mit wachsender Dringlichkeit und dramatischen Fanfarenstößen auf eine emotionale Sackgasse hinzuweisen und eine logisch zwingende Folge zu beschreiben: *Blockierung-Leckage-Überschwemmung*. Aber seit der Damm der Gefühlsverdrängung gebrochen und der Beziehungsschutt weggeräumt ist, scheint die Bedeutung des Wasserschadens nicht mehr so klar zu sein. Ich versuche, eine andere Form von Aufmerksamkeit zu entwickeln, damit andere Muster erkennbar werden. Eine poröse, durchlässige Geisteshaltung und eine lockere, siebende Methodik, um Ursache und Richtung zu bestimmen. Was mich zurück zur Ausgangsfrage bringt. Was versucht das Haus mir zu sagen?

• • • • •

Die adoptierte Tochter Melitta, Alleinerbin der Familie Sala, bleibt in dieser Erzählung das größte Rätsel. Ich habe versucht, ihre Umrisse zu füllen, seit ich in den Akten des Grundbuchamts erstmals auf ihren Namen stieß. Die Suche im Internet erbrachte keine Ergebnisse, deshalb wende ich mich an die örtlichen Behörden. Das Einwohnermeldeamt ist meine erste Anlaufstelle, wie für alle Neubürger der Stadt, die sich dort beim Einzug in eine Wohnung anmelden müssen. Ich fülle das Formular für die Anfrage aus und erhalte mehrere Wochen später per Post eine sehr kurz gefasste Antwort. Melitta Kozlowski-Sala, geboren am 7. Mai 1934, ist am 18. Oktober 2013 in Steglitz gestorben. (Damals hatten wir die Wohnung bereits gekauft und mit der Renovierung begonnen.) Ich versuche, das Einwohnermeldeamt telefonisch zu erreichen, bleibe aber erfolglos, und schließlich gehe ich selbst dorthin. Es gelingt mir, an der Pforte vorbeigelassen zu werden, obwohl ich keinen Termin habe, und wenig später sitze ich vor einer Angestellten des Amtes. Sie sagt mir lediglich, ich solle ein weiteres Formular ausfüllen, was ich denn auch tue, und wenige Wochen später erhalte ich eine noch knappere Antwort. Nur Familienmitglieder haben ein Recht auf weiterreichende Auskünfte. Aber was, wenn es keine Familienmitglieder gibt und die betreffende Person das Ende eines Familienzweigs bildet?

Ich rufe die in dem Brief angegebene Telefonnummer an und spreche mit einer Frau Buske, die mir sagt, dass sie dort über keine weiteren Informationen verfügten. Sie rät mir, das Standesamt zu kontaktieren. Frau Lobrecht vom Steglitzer Standesamt verlangt zunächst einen Beleg dafür, dass ich tatsächlich Schriftstellerin bin, und schickt mir dann weitere Bruchstücke von Informationen. Melitta war verwitwet, als sie starb; ihr Mann, Wolfgang Kozlowski, war drei Monate zuvor gestorben. Die beiden hatten 1958 im Kreuzberger Standesamt geheiratet. Ich versuche, ein paar weitere Fragen zu stellen, doch das ist alles, was Frau Lobrecht mir sagen kann. Sie rät mir, das Standesamt in Kreuzberg zu kontaktieren. Ich rufe dort an, ohne Erfolg, versuche es allerdings weiter und erreiche schließlich einen Mann, der mir sagt, ich solle ihm doch eine E-Mail schicken, was ich dann auch tue. Ich warte bis heute auf eine Antwort von ihm. Das Leben dieser Frau – Melitta – bleibt schwer fassbar, zerstreut in biografische Fragmente, die sich in Ämtern an verschiedenen Stellen der Stadt befinden.

Trotz der wenigen lebendigen Anekdoten, die mir die Architektin lieferte, die vor mir in meiner Wohnung lebte, weiß ich nur sehr wenig über Melitta. Die Architektin sagte mir, sie habe sich als ein »angenommenes Kind« bezeichnet. Im Unterschied zu »adoptiert« scheint mir der Ausdruck »angenommen« etwas Widerwilliges an sich zu haben – ein wenig wie die DHL-Pakete, die meine Nachbarn unter mir für mich *annahmen*.

Ich weiß nicht, was mich dazu veranlasste, doch eines Sonntagnachmittags im Juni – genau am Tag der Sommersonnwende – beschloss ich, den nahegelegenen Dreifaltigkeitsfriedhof am Mehringdamm zu besuchen. Er ist riesig, denn irgendwann in der Vergangenheit wurden hier drei getrennte Friedhöfe zusammengelegt. Ich nehme an, im Hinterkopf habe ich dabei den Gedanken, die Gräber der Familie Sala oder vielleicht sogar die der Familie Zimmermann zu finden, aber da ist so viel Raum, da sind so viele Gräber, so viele mögliche Wege, die man gehen kann. Wie lässt sich solch eine Suche bewerkstelligen? Es ist ermüdend, all die Namen auf den Grabsteinen zu lesen, und mir wird rasch klar, dass es ein vergebliches Unterfangen ist. Ich nehme mein Notizbuch heraus und beginne, die Namen von den Grabsteinen aufzuschreiben, um ein Gefühl für das Terrain und diese buchstäbliche Lesearbeit zu erhalten. Röseler, Schwarz, Hensel, Braumüller, Vogt, Schulz, Klein, Neumann, Hoffmann, Salewski, von Graefe, Krause, Gerlach, Meyer, Baugarten, Wolf, Günzl, Schmidt. Ganz hinten stoße ich auf das Grab der Rahel Varnhagen, die, wie ich eben erst entdeckt habe, eine Salonnière des frühen 19. Jahrhunderts war und das Thema von Hannah Arendts erstem Buch bildete. Ich mache mich gerade daran, einzelne Frauennamen aufzuschreiben – Liselotte, Marianne –, gehe um eine Ecke, und plötzlich ist er da: ein Grabstein mit den Namen Bruno und Charlotte Sala. Eine rechteckige, niedrige, dunkelrote Marmorplatte mit eingravierten, in Gold gehaltenen Buchstaben. Daneben ein hohes schwarzes Grabmal mit den Namen Anton und Louise, Adolf und Marie sowie Annelise Sala. Das Familiengrab der Salas. Ich habe es gefunden. Es liegt gar nicht weit von dem Eingang, durch den ich hereingekommen bin. Ich bin durch den ganzen Friedhof gelaufen, habe die Hoffnung bereits aufgegeben und denke daran, stattdessen darüber zu schreiben, dass ich das Grab nicht gefunden habe. Und genau dieser Augenblick des Aufgebens führt mich zur Entdeckung des Grabes.

Drei Generationen der Familie Sala sind hier beerdigt: Anton Sala, der die Druckerei 1845 gründete, im selben Jahr, in dem Adolph Menzel sein Balkonzimmer malte. Antons Sohn Adolf Sala, der 1888 seine Cousine Marie heiratete. (Ihr Mädchenname, Sala, steht gleichfalls auf dem Grabstein.) Ihre Tochter Annelise, die, wie ich nun herausfinde, 1923 im Alter von vierunddreißig Jahren starb. Adolf war Bruno Salas Onkel; es ist überraschend, dass er sich hier begraben ließ und nicht im Grab seines Vaters Fortunato. Weder für Fortunato noch für Brunos Bruder Curt findet sich hier eine Grabstelle. Und auch kein Grab für Melitta. Sie muss entschieden haben, sich nicht im Grab der Eltern beisetzen zu lassen, die sie annahmen. Obwohl sie diejenige sein muss, die Charlotte Salas Namen auf den Grabstein gravieren ließ, als die fünfzehn Jahre nach ihrem Ehemann starb. Auf dem Weg hinaus lese ich auf einer am Eingang angebrachten Tafel, dass dieser Friedhof zerstört worden wäre, wenn Speer und Hitler ihr Germania gebaut hätten. Die letzte Ruhestätte der Gründungsgeneration der Familie Sala wäre beinahe für immer verlorengegangen.

Aber immer noch keine Melitta. Wie komme ich weiter? Ich wende mich an Gabriele Baring und erzähle ihr von der Wohnung, dem Haus, der Familie Sala. Sie ist gleich sehr interessiert und meint, wir könnten die Methode der Familienaufstellung benutzen, um uns dieses Rätsel anzusehen. Sie habe einmal eine Konstellation für ein Paar Schuhe durchgeführt, sagt sie. Ich schreibe mich für ein weiteres Seminar ein, und ein paar Wochen später befinde ich mich wieder in dem Erdgeschosszimmer in Charlottenburg, dessen Fenster von Efeu überwachsen ist.

• • • • •

Da bin ich nun erneut in dieser seltsamen Gruppe, bestehend aus etwa einem Dutzend Leuten, und sitze mit ihnen auf einer Kollektion dürrer hölzerner Küchenstühle und einiger Polstersessel, die ringsum an die Wand gerückt sind, sodass auf dem Parkettboden in der Mitte eine freie Fläche bleibt. Mehrere Konstellationen zu persönlichen Krisen werden durchgespielt, dann kommen wir zu meiner. Inzwischen haben wir einander auf eine indirekte, aber intensive Weise kennengelernt, während wir die verschiedenen Rollen in den dargestellten Auszügen aus dem vergangenen und gegenwärtigen Leben der Beteiligten übernahmen. Wie Fassbinders Ensemble passen wir uns jedem Melodram an, das da zur Aufführung gelangt. Es ist jedoch auch ein Prozess des Einfühlens. Ich stelle Baring und der Gruppe meinen Fall vor. Er hat nichts mit meiner persönlichen Geschichte zu tun, sondern mit der des Hauses, in dem ich lebe. Mit meinem Gefühl, dass es mir etwas zu sagen versucht, ich diese Mitteilung allerdings nicht verstehe. Ich umreiße kurz das Problem: den Wasserschaden, meine zerbrochene Ehe, die Familie Sala, Melitta. Alle sind von meinem Vorschlag begeistert und neugierig darauf, was nun geschehen wird.

Die Aufstellung beginnt mit fünf Stellvertreterinnen und Stellvertretern: für Melitta, für Bruno, für Charlotte, für das Haus und für mich als Initiatorin der Befragung. Mit geschlossenen Augen führe ich die betreffenden Personen an einen Platz in der Mitte des Zimmers und kehre an den Rand zurück, von wo aus Baring und ich das Geschehen aus der Distanz beobachten. Der Stellvertreter für das Haus, ein jüngerer Mann mit scharlachrotem Pullover und glattem schwarzem Haar, beginnt und sagt: »Ich stehe nicht gut. Ich kann keine Rechtecke finden.« Da seien nur Dreiecke. Wir führen einen Stellvertreter für Herrn Zimmermann ein, den Hausbesitzer, der das Haus 1869 baute. Offenbar gibt es da etwas Nichtidentifiziertes, ein Problem irgendeiner Art. Deshalb führen wir eine junge Frau ein, die »das Problem« repräsentieren soll. Sie setzt sich direkt auf den Boden. Scheinbar hat sie etwas mit der Traurigkeit und dem Schicksal des Hauses zu tun, doch dauert es eine Weile, bis wir erkennen, worum es sich handelt. Anfangs kauert sie zwischen Zimmermann und dem Haus, aber dann stellt sie sich hinter ihn. Ich frage sie, ob sie Zimmermanns Frau ist, und sie sagt, sie glaube, dass sie es sei. Ihre Gesundheit hat gelitten, weil ihr Mann sie vernachlässigt und seine ganze Energie in das Haus steckt. Er nimmt keine Notiz von ihrem Leiden und treibt den Bau des Hauses weiter voran.

Als das Haus schließlich an Adolf Sala verkauft wird (für den ich rasch einen Stellvertreter ins Spiel bringe), ist Zimmermann froh und erleichtert, diese Last los zu sein. Die beiden schütteln sich die Hand, Sala freut sich über diesen Kauf für seinen Betrieb. Aber da ist es für Zimmermann schon zu spät. Seine Frau ist gestorben, und das ganze Unternehmen hat nur Unglück gebracht. (Erst sehr viel später finde ich bei weiteren Nachforschungen zu Zimmermann heraus, dass Anna Zimmermann mit siebzehn Jahren heiratete und möglicherweise ein uneheliches Kind verlor.)

Bruno Sala, Adolfs zweitältester Sohn, der sich von Anfang an in der Konstellation befindet, hat die ganze Zeit hinter dem Haus gestanden, aus seinem angespannten, ernsten Gesicht spricht Beunruhigung, als wolle er sich vor dem Geschehen abschirmen. Seine Adoptivtochter Melitta (gespielt von einer herzlichen Österreicherin) schreckt zurück und möchte nicht zu nah bei ihrem Ziehvater oder dem Haus stehen. Eine junge Frau mit offenem Gesicht, die mich vertritt, beobachtet das Geschehen aus einer gewissen Entfernung ein wenig zur Seite. Einmal kommt Melitta ihr sehr nahe. »Ich fühle mich verbunden«, sagt sie. »Sie ist so nett, wir sind Freunde, sie hat so schöne Haare.« Sie weiß nicht, warum ich solches Interesse an ihr zeige, fühlt sich jedoch geschmeichelt und genießt die

Aufmerksamkeit. Es ist seltsam, das aus meiner Position am Rand des Zimmers zu beobachten.

Curt Sala, Brunos jüngerer Brüder, wird nun ins Spiel eingeführt. Er lächelt und lacht in einem fort und hüpft ständig von einem Bein auf das andere. Er zeigt keinerlei Interesse an seiner Frau, der anderen Charlotte, sagt aber immer wieder fröhlich, wie gern er Frauen hat und wie gern er sie »vögelt«. Unterdessen erklärt das Haus immer wieder besorgt, dass da überall Dreiecke seien. Es stimmt, da ist ein Dreieck zwischen Curt, Bruno und Brunos Frau Charlotte und ein weiteres zwischen Melitta, dem Haus und meiner Stellvertreterin. Bruno beobachtet meine Stellvertreterin mit kritischem Blick, zeigt sich ungeduldig, als ich das Haus, Melitta und Curt befrage. Er möchte nicht, dass so viele Fragen gestellt werden.

Baring führt die Regie und leitet die Befragung bei dem rätselhaften Szenario, das sich da entfaltet. Durch Fragen an die Beteiligten lockt sie eine Erzählung hervor, die den Gedanken nahelegt, dass Melitta die uneheliche Tochter von Curt ist, der unablässig lächelt und lacht und von einem Bein aufs andere hüpft. Die Brüder Bruno und Curt hatten einen Handel abgeschlossen: Bruno sollte sich um Curts Tochter Melitta kümmern und erhielt dafür das Haus samt Betrieb, das schließlich an Melitta fallen sollte.

Als wir uns dem Schluss der Aufstellung nähern, beginnt der Stellvertreter für das Haus unkontrollierbar zu weinen. Er steht da und weint und weint. Er – das Haus – ist traurig, er leidet und merkte dabei gar nicht, dass seine Tränen in meine Wohnung liefen. Es ist nicht meine Schuld, sagt er. (Der Mann im scharlachroten Pullover sagt später, er habe seit Jahren nicht mehr so heftig geweint.) Es ist faszinierend, dass dieses unglückliche Haus, das sich verunsichert und schlecht platziert fühlt, sich Sorgen über all diese Dreiecke macht und darauf mit den Tränen reagiert, die immer wieder meine Wohnung überschwemmen. Das Unglück der Zimmermanns, bei denen die gesamte Aufmerksamkeit sich auf Kosten ihrer Ehe auf das Haus richtete, scheint auf unheimliche Weise meine eigene Situation zu spiegeln. Es ist, als wäre das der Grund, weshalb das Haus dazu beitrug, mir meine eigene beschädigte Lebenslage vor Augen zu führen. Als hätten wir unwissentlich die Zimmermanns gespielt und eine uns unbekannte Vergangenheit wiederholt.

Die Geschichte von Melitta und den Beziehungen innerhalb ihrer Familie ist eine Vermutung, die sich nicht verifizieren lässt. Sie könnte auch vollkommen falsch sein. Die Methode der Familienaufstellung ist anfällig für die Erfindung falscher Narrative, in der die Fäden allzu ordentlich zusammengeführt werden. In den Tagen nach dem Seminar stelle ich jedoch fest, dass Melitta meine Fantasie nicht mehr so stark beschäftigt. Und seltsamerweise scheint auch der Wasserschaden nun ein Ende gefunden zu haben.

KODA

MEIN ÄLTESTER SOHN sitzt an unserem Küchentisch und macht sich auf weißen Karteikarten Notizen. Sechs Jahre sind vergangen, seit wir morgens die Überschwemmung in unserer Küche bemerkten. Er ist nun achtzehn Jahre alt und lernt für seine Abschlussprüfung in Geschichte. Der Zweite Weltkrieg und der Kalte Krieg – dieselben Themen, durch die ich mich in den letzten anderthalb Jahren hindurchgearbeitet habe, versunken in der ausladenden Geschichte meiner Wahlheimat. Es ist zwar nicht meine eigene Geschichte, wohl aber die meines Sohns und seines jüngeren Bruders. Und durch meine Kinder, durch ein genetisches und kulturelles Erbe, bin ich gleichfalls mit dieser Vergangenheit verwoben. Auch ich habe einen gewissen Anteil an Berlin, dem Ort, an dem meine Kinder geboren sind.

Der Blick aus diesem Küchenfenster veranlasste mich zu Nachforschungen, die mir anfangs wie die Suche nach den Erinnerungen fremder Menschen erschienen, aber schließlich in mir ein Mitfühlen auslösten, das ich nicht erwartet hatte. In der ganzen Stadt bieten sich Chancen zu Offenbarungen der unterschiedlichsten Art – dieser Blick aus dem Fenster, meine

Perspektive, ist nur eine dieser Möglichkeiten. Beginnt man erst an der Oberfläche zu kratzen und unangenehme Fragen zu stellen, kommt hier überall die Vergangenheit zum Vorschein. Ein aktives, lebendiges Verständnis der Vergangenheit, die immer wieder umgeschrieben wird, wenn Einstellungen und Perspektiven sich ändern und erweitern. Eine Vergangenheit, die durch das Lesen zum Leben erweckt wird.

· · · · ·

Die Hydromantie lehrt uns, bei der Betrachtung des Stoffes der Welt unseren Geist zu reinigen und uns auf das zu konzentrieren, was wir wissen möchten, wenn wir das Wasser beobachten. Diesen Wunsch zu einer einzigen Aussage oder Frage zu verengen. Meine Frage betraf die Unterströme, Gezeiten und den Abwärtssog, die untrennbar mit der Identität Berlins verbunden zu sein scheinen. Statt Schwierigkeiten aus dem Weg zu gehen und wegzuschauen, untersuchte ich Oberflächen, Topografien, charakteristische Merkmale, Bauwerke, Fotografien, Dokumente, Literatur. Ich achtete auf Leerräume und befragte isolierte Lagen. Ich sah mir nicht nur meine Umgebung an, sondern versuchte herauszufinden, was darunter lag, und es in Echtzeit aufzuzeichnen.

Dank dieser Geisteshaltung spricht jedes winzige Detail von etwas Größerem. Standards, Regeln und Verallgemeinerungen wie die in den Geschichtsbüchern meines Sohnes weichen dabei dem Bruchstück, dem Vorfall, der kleinen Beobachtung. Weniger greifbare Bedingungen werden erkennbar. Strömung, Abdrift, die unsichtbaren Spuren, wiedergefundene Stimmen und Verschwundenes werden sichtbar. Das Denken verbindet sich mit Divination, Wahrnehmung überflügelt Erinnerung. So entsteht ein Ort der Mutmaßungen, der die Möglichkeit bietet, mit größerer Freiheit umherzuschweifen.

Mit Hilfe dieser Werkzeuge lassen sich partielle Bilder der Vergangenheit zusammensetzen. Nicht um vergangenes Leben wiederherzustellen oder zerbrochene Stücke zu reparieren. Da gibt es kein Ganzes, das sich rekonstruieren, kein Gesamtbild, das sich gewinnen ließe. Das Leben einzelner Menschen bleibt teilweise im Dunkeln, und jedes Wissen, jedes Verständnis ist weiterhin ein Flickenteppich aus Information und Intuition. Monolithische Bilder Berlins – von den friedlichen Rändern der Industrialisierung zur beschleunigten Mechanisierung, zu den kurzlebigen goldenen Weimarer Jahren oder der totalitären Kriegsstadt, von der Teilung zur Vereinigung – weichen einer zersplitterten, prismenartigen Sicht. Den kleinen Konflikten gelebter Erfahrung. Den Darstellungen aus erster Hand, wie Augenzeugen sie geben können. Da gibt es kein klares Ende, keine sauberen Zusammenfassungen. Alles ist ausufernd und unordentlich wie die Stadt selbst. Der Ort mag derselbe bleiben, ein Wechsel der Perspektive und des Inputs kann allerdings zu einem veränderten Verständnis unseres vermeintlichen Wissens führen. Er kann Dinge sichtbar machen, die im Verborgenen bleiben und über die zu reden wir uns schämen – sodass wir die Gewalt, die Traumata und die politischen Erfindungen erkennen, die Berlins Identität geprägt haben und dort ins Grundwasser eingedrungen sind.

· · · · ·

Zu den ungewöhnlichsten Elementen beim Blick aus meinem Küchenfenster gehört ein Fesselballon, der sich in regelmäßigen Abständen über die Baumlinie erhebt. Er ist grün und blau gemustert, damit er dem Planeten Erde ähnlich sieht, und als Aufschrift trägt er in großen Blockbuchstaben den Namen der bekannten Berliner Tageszeitung DIE WELT. Dieser riesige Globus – die Welt selbst – steigt unmittelbar links neben den Apartmentblocks an der Leipziger Straße in die Höhe. Manchmal kommt mir in den Sinn, wenn ich eine Fahrt in diesem Ballon unternähme und mit ihm in meiner eigenen Skyline aufstiege, könnte ich auch mein Haus in all seinen räumlichen Bezügen sehen.

Ich verabrede mich mit einem Freund, und eines Montagmorgens im Vorfrühling treffen wir uns. Nach der Wettervorhersage des Smartphones soll es heiter und sonnig werden, sodass die Sicht klar sein dürfte. Als wir mit den Fahrrädern die Stresemannstraße entlang und an der »Topographie des Terrors« vorbeifahren, sehe ich den oberen Teil des riesigen kugelrunden Ballons. Die von zahlreichen Seilen umgürtete Kugel rühmt sich, der »größte Fesselballon der Welt« zu sein. Er steigt bis in 150 Meter Höhe auf, sofern der Wind es zulässt, bleibt dabei jedoch stets über ein Tau ortsfest im Boden verankert. Als wir uns an der Ecke Zimmerstraße und Wilhelmstraße dem Betriebsgelände nähern, sehe ich, dass die Tore geschlossen sind. Auf einem Schild steht, dass der Ballon wegen zu starken Winds heute nicht aufsteigen kann. Mein Freund und ich finden es gar nicht windig, und auch die dünnen Wölkchen am Himmel bewegen sich nicht, aber vielleicht fühlt sich das in 150 Metern Höhe anders an. Der große Überblick bleibt außerhalb der Reichweite und ich bin weiterhin erdgebunden. Mein Freund und ich trinken stattdessen eine Tasse Kaffee und fahren wieder nach Hause.

· · · · ·

Der Blick aus meinem Küchenfenster ist nur ein Schnappschuss, die Momentaufnahme einer sich verändernden Skyline. Ein weiteres Hochhaus ist in Planung, das auf einem Grundstück hinter dem Pumpwerk gebaut werden soll. Das Prestigeprojekt des Kreuzberger Stadtplanungsamtes soll ganz aus Holz bestehen und mit hundert Metern Höhe das höchste hölzerne Bauwerk der Welt werden – mit einer Mischung aus Sozialwohnungen, Eigentumswohnungen und der Öffentlichkeit zugänglichen Aussichtsplattformen. Wenn der Bau Stockwerk für Stockwerk in die Höhe wächst, wird er meine Sicht auf die Ruine des Anhalter Bahnhofs, die Apartmentblocks an der Leipziger Straße, den Fernsehturm und am Horizont das Rote Rathaus mit seiner winzigen flatternden Fahne versperren.

Als wir in die Wohnung zogen, traf mich der eindringliche Ausblick völlig unvorbereitet. Es war, als lieferte der Ort – das Haus – mir nicht nur ein Projekt, dieses Buch, sondern gäbe mir auch einen Rat. Es schien mir zu sagen, die Krise, in der ich mich befand, könne eine Chance zu einer Neudefinition sein, wenn ich sie nur in der rechten Weise nutzte. Keine leichte Bewegung hin zur Ganzheit, sondern eine Anerkennung des Verlusts und des Schmerzes und die Bereitschaft, mit Ambivalenzen zu leben. Die Zeit und die langsame Arbeit der Versöhnung haben die scharfen Kanten unserer zerbrochenen Familie stumpfer werden lassen. Wir haben die Struktur unserer Familie neu eingestellt und ihren Terminplan durch einen Online-Kalender synchronisiert, der die Bewegungen der Kinder regelt – bei mir, bei ihm, bei mir, bei ihm. Ich bin nicht länger das von der Schwerkraft geplagte Gegengewicht zu einer entgegengesetzten, unbeschwerten, in freier Bewegung nach oben strebenden Kraft. Das Haus hat mich die Kunst gelehrt, in dieser Wohnung, aber auch in dieser Stadt, dieser Zeit, meinem Körper, meinem Leben zu wohnen. Es hat mich daran erinnert, dass Wohnen auch die Verantwortung mit sich bringt, Zeugnis abzulegen, zu dokumentieren und zu handeln.

• • • • •

Immer noch lässt ein Leck in einem höhergelegenen Balkon etwas Wasser an der Außenwand des Berliner Zimmers herabrinnen und sorgt dafür, dass die Farbe sich wölbt und der Putz abbröckelt. Es sieht scheußlich aus, wie eine ansteckende Hautkrankheit. Noch beschränkt sich der Schaden auf die Außenwand und hat noch nicht den Weg ins Innere gefunden. Ich bemühe mich nach Kräften, meinen Nachbarn zu bewegen, den Schaden reparieren zu lassen. Seit ich den Stammbaum des Gebäudes ans Licht geholt habe, hat sich mein Verhältnis zu dem Haus verändert. Es braucht nun mein alltägliches Leben nicht länger mit absonderlichen Erscheinungen zu stören, die mich anspornen, bestimmten Deutungstangenten zu folgen. Das Haus hat nun weniger Macht über mich. Wir, meine Söhne und unsere Katzen, können ungestört hier leben und die Reibungen des alltäglichen Familienlebens mehr oder weniger harmonisch umschiffen.

Ich bin jetzt in die offizielle Geschichte des Gebäudes am Tempelhofer Ufer eingeschrieben. Mein Name erscheint im Grundbuch als Besitzerin der Wohnung im dritten Stock, Vorderhaus und Seitenflügel. Ich habe jetzt meinen Platz in der historischen Abstammungslinie unter den Namen der früheren Bewohner. Ich stehe am Fenster und lasse meine Gedanken zurückschweifen zum Leben der Architektin, die in den 1980ern hier wohnte, zu Melitta Sala, den beiden Charlotten, zu Frau Zimmermann, und versuche, mir eine weibliche Perspektive des Lebens am Ufer für eine gewisse Zeitspanne vorzustellen. Die Handwerker sind wieder da und beginnen mit der Renovierung im Seitenflügel, damit wir diese Räumlichkeiten vermieten können. Die beiden Jungs und ich sind allerdings der Ansicht, dass die Wohnung immer noch zu groß ist. Irgendwann in naher Zukunft werden wir uns nach etwas Neuem umsehen. Nach etwas, das kleiner, leichter zu handhaben und weniger temperamentvoll ist.

ANMERKUNG DER AUTORIN

Als ich mich daranmachte, über Berlin zu schreiben und ganz besonders über den Teil der Stadt, den ich von meinem Fenster aus sehen kann, dachte ich noch, es würde ein kurzer, schnell verfasster Text von ein paar tausend Wörtern werden. Ich stellte jedoch bald fest, dass sich eine Geschichte von unerwarteter Tiefe entfaltet, sobald man an der Oberfläche dieses Ortes zu kratzen beginnt. Er zieht einen zu sich. Von dieser Stadt gibt es keine einfache Version. Das Endergebnis dieses konzertierten Kratzens – dieses Buch – ist eine partielle und partikulare Erzählung dieses Ortes. Ihre subjektive Perspektive und ihre autobiografische Sicht wirken ebenso als Rahmen wie das Fenster selbst – mein Blickwinkel ist kein endgültiger, sondern stellt bloß eine Perspektive von vielen dar.

Ich halte mich eher für eine Leserin als eine Historikerin, doch kommt diese Arbeit unausweichlich mit verschiedenen schwierigen geschichtlichen Ereignissen meiner Wahlheimat in Berührung. Ich näherte mich dem Thema zunächst über das Material der Stadt an sich – seine Straßen, Gebäude und städtischen Archive –, aber weitete meinen Blick alsbald auf Augenzeugenberichte, Briefe und Tagebücher, journalistische Artikel sowie zeitgenössische Literatur und Kunst dieser Zeit aus. In diese Quellen einzutauchen, gehörte zu den größten Freuden dieses Projekts: die Durchsicht von Adolph Menzels Zeichnungen oder Theodor Fontanes Werken, Rosa Luxemburgs Briefen, Gabriele Tergits Reportagen, Christa Wolfs Romanen und Memoiren und Rainer Werner Fassbinders Filmen nach Hinweisen auf die Zeit, aus der sie stammten. Um allerdings ein Verständnis dieser zeitlichen Kontexte zu erlangen und dann über diese Stadt zu schreiben, habe ich mich stark auf die Arbeiten verschiedener bekannter Historiker gestützt. Alexandra Richies tadellos recherchiertes und wunderschön geschriebenes Werk *Faust's Metropolis* aus dem Jahr 1998 ist und bleibt meine Bibel Berlins. Ich wandte mich Richies spannendem Bericht zu, um die komplexen gesellschaftlichen und politischen Hintergründe der vielen vergangenen Versionen dieser Stadt zu verstehen – von der Gründung im 12. Jahrhundert bis hin zu ihrer wilhelminischen Inkarnation, den Folgen des Zweiten Weltkriegs und den zerbrechlichen Gegennarrativen einer geteilten Stadt –, und so habe ich umfangreich daraus zitiert. Peter Gays und Eric D. Weitz' Einblicke in die Zeit der Weimarer Republik waren ebenso essentiell wie Antony Beevors Bericht über den Untergang Berlins, Brian Ladds 1997er Analyse der Schnittpunkte von Geschichte und Architektur sowie Klaus Theweleits unglaubliche Synthese der deutschen Psyche im späten 19. und frühen 20. Jahrhundert. Historische Quellen unterliegen zwangsläufig Veränderungen und Reinterpretationen, weshalb ich mich so weit wie möglich auf die jeweils aktuellsten Diskurse über umstrittene geschichtliche Ereignisse berufe, vor allem jene des Zweiten Weltkriegs (siehe Helke Sanders and Barbara Johrs Untersuchungen über Vergewaltigungen in der Folgezeit des Krieges oder Christian Goeschels Analyse von Selbstmorden). Zahlen können schwanken, je nachdem, wer wie zählt. Sabine Bodes Forschungen aus den frühen 2000er Jahren über die sogenannten Kriegskinder und Kriegsenkel, also die Generationen, die das elterliche Trauma erbten, waren ein erhellender Wendepunkt für mein Verständnis dessen, wie Vergangenes gegenwärtiges Verhalten beeinflusst. Gleiches gilt für Alexander und Margarete Mitscherlichs bahnbrechende Forschungsarbeit aus dem Jahr 1967 und Hannah Arendts bis heute erkenntnisreiche Schriften. Die Digitalarchive von Lokalzeitungen und Magazinen wie *Der Spiegel* waren für die Bestimmung des zeitgenössischen Gefüges der Berliner Nachkriegsjahre von unschätzbarem Wert.

Ich danke einigen Menschen für ihre Großzügigkeit und Geduld bei meinen Nachfragen, darunter der Feng-Shui-Meisterin Parvati; der Architektin, die in den 1980er Jahren in meiner Wohnung lebte; den Architekten Louisa Hutton und Matthias Sauerbruch; Gabriele Baring, Autorin und Familientherapeutin, sowie nicht zuletzt Melitta Koszlowski-Sala, die ich nie finden konnte und die unwissentlich dennoch zur Protagonistin meines Buches wurde.

ANMERKUNGEN

VORSPIEL

1   Christopher Isherwood, *Leb wohl, Berlin*, Hamburg 2019, S. 13.

2   Walter Benjamin, »Ausgraben und Erinnern«, in: ders., *Denkbilder*, Frankfurt am Main 1994, S. 100–101.

I. GRABEN

3   Peter Joseph Lenné, 29. Mai 1834, Brief an den Direktor der Königl. Porzellanmanufaktur, Georg Friedrich Christoph Frick, zitiert nach Gerhard Hinz, *Peter Joseph Lenné, Das Gesamtwerk des Gartenarchitekten und Städteplaners*, Hildesheim 1989, S. 150.

4   Walter Benjamin, *Berliner Kindheit um 1900*, Frankfurt am Main 2020, S. 23–24.

5   Gerhard Hinz, *Peter Joseph Lenné, Das Gesamtwerk des Gartenarchitekten und Städteplaners*, Hildesheim 1989, S. 197–199.

6   Hinz, *Peter Joseph Lenné*, S. 207–208.

7   Franz Hessel, *Spazieren in Berlin. Ein Lehrbuch der Kunst in Berlin spazieren zu gehn ganz nah dem Zauber der Stadt von dem sie selbst kaum weiß. Ein Bilderbuch in Worten*, Berlin 2012, S. 177–178.

II. ZEUGE

8   Isherwood, *Leb wohl, Berlin*, S. 212.

9   Klaus Theweleit, *Männerphantasien*, Basel 1986, S. 33–38.

10 *Anonyma, Eine Frau in Berlin. Tagebuch-Aufzeichnungen vom 20. April bis 22. Juni 1945*, München 2008, S. 78.

11 Fundus zu den Materialen der Publikation von Karen Meyer, *Die Flutung des Berliner-S-Bahn-Tunnels in den Kriegstagen*, Kunstamt Kreuzberg, 1992, im Archiv des Friedrichshain-Kreuzberg Museum, Berlin.

III. GRUNDSTÜCK

12 Jimmie Durham, *Between the Furniture and the Building (Between a Rock and a Hard Place)*, Ausstellungskatalog Kunstverein München/ daadgalerie, Berlin und Köln 1998, S. 21–22.

13 Marguerite Duras, *La vie matérielle*, Paris 1987; dt.: *Das tägliche Leben*, Frankfurt am Main 1988, S. 59–60.

IV. WASSERLAUF

14 Michael Paton, *Five Classics of Fengshui*, Leiden 2013, S. 135.

15 Ebenda, S. xiii.

16 Ebenda, S. 49.

17 Leslie Wilson, »Diary«, in: *London Review of Books*, Band 16, Nr. 9, 12. Mai 1994.

18 Karl Scheffler, *Berlin. Ein Stadtschicksal*, Berlin 2015, S. 61.

19 Ebenda, S. 63.

20 Florian C. Reuter (Hg.), *Feng Shui and Architecture. International Conference in Berlin*, Wiesbaden 2011, S. 7.

21 Paton, *Five Classics of Fengshui*, S. 30.

22 Ebenda, S. 34.

23 Siehe Arno Brandlhuber und Florian Hertweck, »Das Verhältnis der Stadt zur Natur«, in: Arno Brandlhuber, Florian Hertweck, Thomas Mayfried (Hgg.), *The Dialogic City. Berlin wird Berlin*, Köln 2015, S. 83–84.

24 Siehe Alexandra Richie, *Faust's Metropolis. A History of Berlin*, London 1999, S. 160–166.

25 James Hobrecht, zitiert nach Werner Hegemann, *Das Steinerne Berlin*, Braunschweig 1979, S. 232–233.

26 Richie, *Faust's Metropolis*, S. 163.

V. SUMPF

27 Theweleit, *Männerphantasien*, S. 522–526.

28 Siehe Richie, *Faust's Metropolis*, S. 169.

29 Ebenda.

30 Rosa Luxemburg, »Im Asyl« (1912), in: dies., *Gesammelte Werke*, Bd. 3, Berlin 1973, S. 88.

VI. TREIBEN

31 Joseph Roth, »Das steinerne Berlin«, in ders., *Werke 3. Das journalistische Werk. 1929–1939*, Köln 1991, S. 228–229.

32 Werner Hegemann, *Das steinerne Berlin*, Braunschweig 1979, S. 16.

33 Rebecca Solnit, *Wanderlust. Eine Geschichte des Gehens*, 2. Auflage, Berlin 2019, S. 211.

34 Walter Benjamin, »Franz Hessel, Heimliches Berlin. Roman. Berlin: Ernst Rowohlt-Verlag 1927«, in: ders., *Gesammelte Schriften III (1912–1940)*, Frankfurt am Main 1972, S. 82.

35 Solnit, *Wanderlust*, S. 11.

36 Ebenda, S. 8.

37 Hessel, *Spazieren in Berlin*, S. 23.

38 Harry Nutt, »Sich treiben lassen«, *Berliner Zeitung*, 20. Dezember 2018.

39 Theodor Fontane, *Irrungen, Wirrungen*, Ditzingen 2019, S. 5.

40 Ebenda, S. 56.

41 Ebenda, S. 8.

42 Ebenda, S. 22.

43 Ebenda, S. 166.

44 Ebenda, S. 110–111.

45 Hegemann, *Das steinerne Berlin*, S. 199.

46 Theodor Fontane, Brief an Ernst Gründler, 6.11.1896, zitiert nach »Theodor Fontane und die Bahnen«, Teil 6, *Verkehrsgeschichtliche Blätter*, 2019, Heft 6, S. 160.

47 Theodor Fontane, *Effie Briest*, Ditzingen 2019, S. 290–291.

VII. EISENBAHNZEIT

48 Siehe Peer Zietz, *Franz Heinrich Schwechten. Ein Architekt zwischen Historismus und Moderne*, Stuttgart 1999.

49 Ebenda., S. 140.

50 Wolfgang Schivelbusch, *Geschichte der Eisenbahnreise. Zur Industrialisierung von Raum und Zeit im 19. Jahrhundert*, 5. Auflage, Frankfurt am Main 2011, S. 32.

51 Michael Fried, *Menzel's Realism. Art and Embodiment in Nineteenth Century Berlin,* New Haven 2002; dt.: *Menzels Realismus. Kunst und Verkörperung im Berlin des 19. Jahrhunderts*, München 2008, S. 88–93.

52 Theodor Fontane, *Cécile,* Ditzingen 2019, S. 3–4.

53 Schivelbusch, *Geschichte der Eisenbahnreise*, S. 9–10.

54 Fontane, *Cécile,* S. 124.

55 Ebenda, S. 125.

56 Ebenda, S. 120.

57 Ebenda, S. 151.

VIII. JUNGFER

58   Dieter Fuhrmann (Hg.), *Profession ohne Tradition. 125 Jahre Verein der Berliner Künstlerinnen 1867–1992*, Berlin 1992.

59   Marie von Bunsen, *Die Welt, in der ich lebte. Erinnerungen aus glücklichen Jahren 1860–1912*, Leipzig 1929, S. 157.

60   Theweleit, *Männerphantasien*, S. 345.

61   Ebenda, S. 360 und S. 345.

62   Barbara Beuys, *Die neuen Frauen – Revolution im Kaiserreich 1900–1914*, Bonn 2014, S. 70.

63   Von Bunsen, *Die Welt, in der ich lebte*, S. 159.

64   Rosa Luxemburg, »Die Proletarierin« (1914), in; dies., *Gesammelte Werke*, Band 3, Berlin 1973, S. 411.

65   Rosa Luxemburg, Brief an Leo Jogiches, 17. Mai 1898, in: dies., *Herzlichst Ihre Rosa. Ausgewählte Briefe,* hg. von Anneliese Laschitza und Georg Adler, Berlin 1989, S. 60–61.

66   Ebenda, S. 61–62.

67   Luxemburg, Brief an Leo Jogiches, 20. Mai 1898, ebenda, S. 67–68, 70.

68   Luxemburg, Brief an Leo Jogiches, 27. Dezember 1898, ebenda, S. 116.

69   Luxemburg, Brief an Leo Jogiches, 24. Juni 1889, ebenda, S. 92–93.

70   Luxemburg, Brief an Clara Zetkin, nach dem 23. Januar 1903, ebenda, S. 155.

71   Luxemburg, Brief an Clara Zetkin, 4. Juni 1907, ebenda, S. 217–218.

72   Luxemburg, Brief an Clara Zetkin, 9. März 1916, ebenda, S. 311.

73   Luxemburg, Brief an Clara Zetkin, 13. April 1917, ebenda, S. 344.

74   Luxemburg, Brief an Clara Zetkin, 24. November 1917, ebenda, S. 401.

75   Clara Zetkin, »An die sozialistischen Frauen aller Länder!«, in: dies., *Ausgewählte Reden und Schriften*, Bd. 1, Berlin 1957, S. 638.

76   Luxemburg, Brief an Clara Zetkin, 29. November 1918, ebenda, S. 430.

IX. TRIANGULATION

77   Gaston Bachelard, *Poetik des Raumes*, München 1960, S. 165–166.

78   Anne Carson, »On Corners«, Vortrag auf der Tagung »Visualising Theory« an der City University of New York, 7. Dezember 2018.

79   Joseph Roth, »Bekenntnis zum Gleisdreieck«, in: ders., *Werke 2, Das journalistische Werk, 1924–1928*, Köln 1990, S. 218.

80 Ebenda, S. 221.

81 Ebenda, S. 218–219.

82 Rosa Luxemburg, *Gesammelte Briefe*, Bd. 5., August 1914 bis Januar 1919, Berlin 1984, S. 421.

83 Ebenda, S. 427.

84 Siehe Clara Zetkin, Brief an Lenin, 8. April 1919. Ins Dt. rückübersetzt nach Mike Jones und Ben Lewis (Hgg.), *Clara Zetkin Letters and Writings*, London 2015, S. 63–64.

85 Eric D. Weitz, *Weimar Germany. Promise and Tragedy*, Princeton 2017, S. 43.

86 Joseph Roth, »Betrachtungen über den Verkehr«, in: ders., *Werke 2*, S. 276.

87 Siehe Weitz, *Weimar Germany*.

88 Vicky Baum, *Menschen im Hotel* (1929), Köln 2020, S. 171–172.

89 Ebenda, S. 20.

90 Weitz, *Weimar Germany*, S. 304–305.

91 Ralf Burmeister (Hg.), *Hannah Höch. Aller Anfang ist DADA!*, Berlin und Ostfildern 2007, S. 163–164.

92 Hannah Höch, »Der Maler«, in: dies., *Eine Lebenscollage*, Archiv-Edition, Bd. 1, 2. Abteilung, 1919–1920, Berlin 1989, S. 746.

93 Weitz, *Weimar Germany*, S. 308.

X. ZEICHEN

94 Gabriele Tergit, *Atem einer anderen Welt. Berliner Reportagen*, Frankfurt am Main 1994, S. 200.

95 Ebenda, S. 195.

96 Gabriele Tergit, *Etwas Seltenes überhaupt. Erinnerungen*, Frankfurt am Main 2018, S. 42.

97 Tergit, *Atem einer anderen Welt*, S. 13.

98 Ebenda, S. 14.

99 Ebenda.

100 Ebenda, S. 32.

101 Ebenda, S. 68.

102 Ebenda, S. 46.

103 Ebenda, S. 136–137.

104 Peter Gay, *Weimar Culture. The Outsider as Insider*, New York 2001; dt.: *Die Republik der Außenseiter. Geist und Kultur in der Weimarer Zeit: 1918–1933*, Frankfurt am Main 2004, S. 41.

105 Tergit, *Atem einer anderen Welt*, S. 197.

XI. KOLLISIONSKURS

106 Irmgard Keun, *Das kunstseidene Mädchen*, Düsseldorf 1979, S. 93–95.
107 Ebenda, S. 96, 107.
108 Isherwood, *Leb wohl, Berlin*, S. 244.
109 Keun, *Das kunstseidene Mädchen*, S. 143.
110 Siehe Richie, *Faust's Metropolis*, S. 401.
111 *Verhandlungen des Reichstages, VI. Wahlperiode, 1932*, Bd. 454, S. 1–3.
112 Tergit, *Etwas Seltenes überhaupt*, S. 53.
113 Gay, *Die Republik der Außenseiter*, S. 217.
114 Siehe Peter Gay, »Kurze politische Geschichte der Weimarer Republik«, ebenda, S. 193–218; und Weitz, *Weimar Germany*, S. 356–360.
115 Helmut Heiber (Hg.), *Goebbels Reden 1932–1939*, Bd. 1, München 1972, S. 108 f.
116 Klaus Theweleit, *Männerphantasien*, S. 549.

XII. TRANSPORT

117 Stuart Jeffries, »Claude Lanzmann on why Holocaust documentary Shoah still matters«, Interview in *The Guardian,* 9. Juni 2011.
118 Die dt. Zitate aus Lanzmanns Film nach Claude Lanzmann, *Shoah*, Reinbek bei Hamburg 2011.

XIII. FREIER FALL

119 Peter Gosztony (Hg.), *Der Kampf um Berlin 1945 in Augenzeugenberichten,* Düsseldorf 1970, S. 268–269.
120 Siehe Antony Beevor, *Berlin. The Downfall 1945*, London 2002; dt.: *Berlin 1945. Das Ende*, München 2002, S. 308.
121 Gosztony (Hg.), *Der Kampf um Berlin 1945*, S. 343–344.
122 Christian Goeschel, *Suicide in Nazi Germany*, Oxford 2009, S. 169; dt.: *Selbstmord im Dritten Reich*, Berlin 2011, S. 255.
123 Siehe ebenda, S. 230–241.
124 Anonyma, *Eine Frau in Berlin*, S. 51.
125 Ebenda, S. 54.
126 Peter Hannemann, »Tag eins nach Stunde null«, *Spiegel* (online), 13.10.2011.

XIV. EIN ZWISCHENSPIEL

127 http://www.zwangsarbeit-forschung.de

128 Siehe »Ms. Rita Kuhn. Talking about Silence«, in: Alison Owings, *Frauen. German Women Recall the Third Reich*, New Brunswick, New Jersey, 1993, S. 451–467; dt.: *Eine andere Erinnerung. Frauen erzählen von ihrem Leben im »Dritten Reich«*, Berlin 1999, S. 558–582 (Rita Kuhn, »Ich bin Jüdin und will als Jüdin sterben«).

129 Paul Virilio, *Bunkerarchäologie*, Wien 2011, S. 23, 21, 28.

130 Hannah Arendt, *Eichmann in Jerusalem*, München 1986, S. 16.

131 Ebenda, S. 18.

132 Ebenda, S. 25.

133 Jenny Diski, *Stranger on a Train. Daydreaming and Smoking Around America with Interruptions*, London 2002, S. 8.

134 Jenny Diski, »Diary«, *London Review of Books*, Jg. 14, Nr. 10, 28. Mai 1992.

135 Siehe Fried, *Menzels Realismus*, S. 95.

136 Virginia Woolf, »The Mark on the Wall« (1917); dt. »Das Mal an der Wand«, in: dies., *Das Mal an der Wand. Gesammelte Kurzprosa*, Frankfurt am Main 1989, S. 97.

137 Ebenda, S. 99.

138 Ebenda, S. 103.

139 Claude Keisch und Marie Ursula Riemann-Reyher (Hgg.), *Adolph Menzel. Briefe, 1830–55*, Berlin 2009, Brief an Carl Heinrich Arnold, S. 195.

XV. STILLSTAND

140 Anonyma, *Eine Frau in Berlin*, S. 175.

141 Siehe Helke Sander und Barbara Johr (Hgg.), *BeFreier und Befreite. Krieg, Vergewaltigung, Kinder*, Frankfurt am Main 2005.

142 Gernot und Johanne Nalbach (Hgg.), *Berlin Modern Architecture. Building Activities 1954–1988*, Berlin 1989, S. 64.

143 Janos Frecot, in: Ute Eskildsen (Hg.), *Michael Schmidt: Berlin nach 45*, Göttingen 2005, S. 20.

144 Ebenda.

145 Ebenda.

146 *Waffenruhe* lautet auch der Titel des gefeierten Fotobandes von Michael Schmidt, der 1987 im Verlag Dirk Nishen erschien.

147 Richie, *Faust's Metropolis*, S. 607.

148 Frecot, in *Michael Schmidt: Berlin nach 45,* S. 19.

149 Ebenda, S. 22.

150 T. C. Lethbridge, *Ghost and Ghoul*, London 1961, S. 70.

151 »Scientific Heretic. Rupert Sheldrake on Morphic Fields, Psychic Dogs and other Mysteries«, Interview von John Horgan, *Scientific American*, 14. Juli 2014.

152 Christa Wolf, *Kindheitsmuster*, Berlin und Weimar 1976, S. 9.

153 Ebenda, S. 127.

154 Ebenda, S. 140.

155 Ebenda, S. 18.

156 Ebenda, S. 57.

157 Ebenda, S. 94–95.

158 W. G. Sebald, *Luftkrieg und Literatur*, München 1999, hier zitiert nach der Ausgabe Frankfurt am Main 2001, S. 37.

159 Ebenda, S. 20.

160 Ebenda, S. 6.

161 Ebenda, S. 47–48.

162 Gerald Hüther, *Die neurobiologischen Voraussetzungen für die Entfaltung von Neugier und Kreativität*, Berlin 2015, S. 118.

163 Tergit, *Etwas Seltenes überhaupt*, S. 243–245.

164 Ebenda, S. 253.

165 Ebenda, S. 249.

166 Ebenda, S. 248–249.

167 Hannah Arendt, »The Aftermath of Nazi Rule« (1950); dt.: »Die Nachwirkungen des Naziregimes: Bericht aus Deutschland«, in: dies., *In der Gegenwart. Übungen in politischem Denken II*, München 2000, S. 63.

168 Ebenda, S. 44.

169 Ebenda, S. 45.

170 Alexander und Margarete Mitscherlich, *Die Unfähigkeit zu trauern. Grundlagen kollektiven Verhaltens,* München 1967, S. 37–38.

171 Ebenda, S. 40.

172 Gabriele Baring, *Die geheimen Ängste der Deutschen,* München 2011, S. 58.

173 Ebenda, S. 225.

XVI. SACKGASSE

174 Colonel Byford-Jones, zitiert in Richie, *Faust's Metropolis*, S. 633.

175 Martha Brixius, zitiert ebenda [nach einer russischen Quellen-sammlung, hier aus dem Englischen übersetzt].

176 Richie, *Faust's Metropolis*, S. 612.

177 Arendt, »Die Nachwirkungen des Naziregimes«, S. 48–49.

178 Theweleit, *Männerphantasien*, Bd. 1, S. 522–523.

179 Richie, *Faust's Metropolis*, S. 716.

180 Brian Ladd, *The Ghosts of Berlin*, Chicago und London 1997, S. 19.

181 Mitscherlich und Mitscherlich, *Die Unfähigkeit zu trauern*, S. 15.

182 Ladd, *The Ghosts of Berlin*, S. 28.

XVII. AUSNAHME

183 Interview mit Hanns Zischler in *Gleisdreieck/Park Life Berlin*, Bielefeld 2015, S. 82.

184 Janos Frecot, »Aufgelassene Stadträume. West-Berliner Maueraspekte im Blick der Fotografen«, in: Gerhard Sälter und Manfred Wich-mann (Hgg.), *Am Rand der Welt. Die Mauerbrache in West-Berlin in Bildern von Margret Nissen und Hans W. Mende*, Berlin 2018, S. 25.

185 Germaine Greer, *The Female Eunuch* (1970); dt.: *Der weibliche Eunuch. Aufruf zur Befreiung der Frau*, Frankfurt am Main 1971, S. 14.

186 Christiane F., *Wir Kinder vom Bahnhof Zoo*, Hamburg 1978, S. 15.

187 Ebenda.

188 Ebenda, S. 16.

189 »Hauptstadt der Fixer«, *Der Spiegel,* 1/1978, S. 51–53.

190 »Ich denke oft, Brecht hätte das so gemacht«, David Bowie im Gespräch mit Lars von Törne, *Der Tagesspiegel*, 15.9.2002.

191 Arendt, »Die Nachwirkungen des Naziregimes«, S. 46.

192 Ebenda, S. 47.

193 »Margaret Atwood on How she Came to Write The Handmaid's Tale«, *Literary Hub*, 25. April 2018.

194 Siehe Annett Gröschner, *Berolinas zornige Töchter. 50 Jahre Berliner Frauenbewegung*, Berlin 2018, S. 45.

195 Margarete Mitscherlich, *Die friedfertige Frau*, (1985), Frankfurt am Main 1987, S. 5.

196 Maxie Wander, *Guten Morgen, du Schöne*, Berlin 2007, S. 9.

197 Christa Wolf, »Berührung. Ein Vorwort«, in: Wander, *Guten Morgen, du Schöne,* S. 12.

XVIII. WEITES FELD

198 Fassbinder gegenüber der *Washington Post,* zitiert in Janet Maslin, »Rainer Werner Fassbinder«, *The New York Times,* 11. Juni 1982.

199 Theodor Fontane, *Effi Briest,* S. 39.

200 Ebenda, S. 333.

201 Fassbinder im Gespräch mit Kraft Wetzel, in: *Kino,* Nr. 18/19, 1974.

202 Aldo Rossi, zitiert in Ladd, *The Ghosts of Berlin,* S. 187.

203 Marie-Josée Seipelt und Jürgen Eckhardt (Hgg.), *Vom Himmel an das Reißbrett ziehen. Hermann Henselmann. Baukünstler im Sozialismus. Ausgewählte Aufsätze 1936–1981,* Berlin 1982, S. 9.

204 Ebenda, S. 102.

205 Josef Paul Kleihues, »IBA's assignment«, in: Gernot Nalbach und Johanne Nalbach (Hgg.), *Berlin Modern Architecture. Exhibition Catalogue,* Berlin 1989, S. 61.

XIX. NEUORDNUNG

206 Felix Denk und Sven von Thülen, *Der Klang der Familie. Berlin, Techno und die Wende,* Berlin 2014, S. 82–83.

207 Christa Wolf, *Stadt der Engel,* Berlin 2010, S. 90.

208 Ebenda, S. 129.

209 Ebenda, S. 197.

210 »Angelika Götz, 47, Kostümbildnerin«, *Süddeutsche Zeitung,* 2.–4. Oktober 2020, S. 16.

211 Wolf, *Stadt der Engel,* S. 183.

212 Wolf, *Kindheitsmuster,* S. 18.

213 Zitiert nach »Gegenwart und Zukunft der Architektur. Niklas Maak im Gespräch«, in: *BDA-Preis für Architekturkritik. Niklas Maak,* Berlin 2015, S. 21.

214 Georg Diez, »Wowis Legoland«, *Der Spiegel,* 12/2013, S. 131.

215 Karl Scheffler, *Berlin. Ein Stadtschicksal,* Berlin 2015, S. 57.

216 Werner Düttmann, *Berlin ist viele Städte,* Berlin 1984, S. 16.

217 Florian C. Reuter, »Considerations about the assessment and application of Feng Shui in Berlin«, in: Florian C. Reuter (Hg.),

Feng Shui and Architecture. International Conference in Berlin (9–11 Nov. 2010), Wiesbaden 2011, S. 7–8.

218 Ian White, *This is Information. Mobilise.* London 2016, S. 189.

XX. VERDRÄNGUNG

219 »Die Türken kommen – Rette sich, wer kann«, *Der Spiegel,* 31/1973, S. 24–34.

220 Niklas Maak, »Das Ausstellungswunder von Berlin«, *Frankfurter Allgemeine Zeitung,* 22.12.2005.

221 Gabriele Tergit, »Erste Reise nach Berlin Mai 1948«, in: dies., *Etwas Seltenes überhaupt,* S. 247.

222 Ingo Arend, »Das Erinnerungsprojekt. Gespräch mit Dieter Hoffmann-Axthelm über den Kampf um die Berliner Stadtmitte«, in: *Kunstforum International,* 1993, S. 391.

223 Bruno Flierl, *Kritisch denken für Architektur und Gesellschaft,* erweiterte Neuauflage, Erkner 2017, S. 210.

224 Sabine Bode, *Die vergessene Generation. Die Kriegskinder brechen ihr Schweigen,* Stuttgart 2004, S. 16.

225 Ebenda, S. 35–36.

226 Michael Ermann, zitiert in Merle Hilbk, »Die Versöhnung«, *Der Spiegel,* 19/2013.

DANK

Mein herzlicher Dank gilt Dominic Eichler für seine unermüdliche Ermutigung und kritische Lektüre; Maren Lübbke-Tidow und Kito Nedo für ihre unverzichtbaren Einsichten, von denen viele in dieses Buch eingeflossen sind; Jason Dodge für seine inspirierenden Kartendarstellungen und Silke Haupt für ihre sorgfältige Kartografie; und Nina Sillem, Jacques Testard, Tamara Sampey-Jawad und Gunnar Cynybulk für ihr Vertrauen und ihre Verbundenheit.

Liebe und Dankbarkeit für die tagtägliche Unterstützung gehen an meine Familie und meine Freunde: Der Kern, bestehend aus Oscar, Emil, Tony und Burkhard, sowie meine erweiterte Familie mit Judy, Christine, Jason, Claudia, Leszek, Clarissa und all die vielen anderen, mit denen ich immer wieder über die Gezeiten dieser Stadt spreche.

kanon colours

Tim Staffel
Südstern
Roman · 304 Seiten
ISBN 978-3-98568-136-5

•

Christine Koschmieder
Dry
Roman · 280 Seiten
ISBN 978-3-98568-137-2

•

Lisa Weeda
Aleksandra
Aus dem Niederländischen von Birgit Erdmann
Roman · 304 Seiten
ISBN 978-3-98568-139-6

•

Manfred Krug
Ich sammle mein Leben zusammen
Tagebücher 1996–1997
200 Seiten
ISBN 978-3-98568-117-4

www.kanon-verlag.de

kanon colours

Titus Müller
Feuerland
Roman · 480 Seiten
ISBN 978-3-98568-147-1

•

Titus Müller
Tanz unter Sternen
Roman · 400 Seiten
ISBN 978-3-98568-148-8

•

Domenico Müllensiefen
Aus unseren Feuern
Roman · 336 Seiten
ISBN 978-3-98568-081-8

•

Katharina Volckmer
Der Termin
Aus dem Englischen von Milena Adam
Roman · 128 Seiten
ISBN 978-3-98568-078-8

www.kanon-verlag.de

kanon colours

Bov Bjerg
Deadline
Roman · 174 Seiten
ISBN 978-3-98568-079-5

•

Sophia Fritz
Steine schmeißen
Roman · 222 Seiten
ISBN 978-3-98568-080-1

•

Stine Pilgaard
Meter pro Sekunde
Aus dem Dänischen von Hinrich Schmidt-Henkel
Roman · 254 Seiten
ISBN 978-3-98568-077-1

www.kanon-verlag.de